社会主义发展史
十二讲

曹普 主编

人民出版社

责任编辑:吴继平
封面设计:周方亚
责任校对:吕　飞

图书在版编目(CIP)数据

社会主义发展史十二讲/曹普 主编. —北京:人民出版社,2021.12
　　(2025.8 重印)
ISBN 978 - 7 - 01 - 023969 - 9

Ⅰ.①社…　Ⅱ.①曹…　Ⅲ.①科学社会主义理论-学习参考资料
Ⅳ.①D0-0

中国版本图书馆 CIP 数据核字(2021)第 231359 号

社会主义发展史十二讲
SHEHUIZHUYI FAZHANSHI SHIERJIANG

曹　普　主编

人民出版社 出版发行
(100706　北京市东城区隆福寺街 99 号)

环球东方(北京)印务有限公司印刷　新华书店经销

2021 年 12 月第 1 版　2025 年 8 月北京第 2 次印刷
开本:710 毫米×1000 毫米 1/16　印张:21.75
字数:279 千字

ISBN 978 - 7 - 01 - 023969 - 9　定价:66.00 元

邮购地址 100706　北京市东城区隆福寺街 99 号
人民东方图书销售中心　电话 (010)65250042　65289539

序　言

社会主义从空想到科学，从理论到实践，从一国到多国，从取得巨大成就到遭遇严重挫折，再到以中国共产党和中国特色社会主义为代表，各马克思主义政党和社会主义各国于低潮和逆境中总结经验经受考验、在开拓创新中推动社会主义重新奋起，时长逾 500 年。社会主义代表了人类进步的方向，深刻影响和改变了人类历史发展进程。中国共产党从成立之日起，就始终把为中国人民谋幸福、为中华民族谋复兴作为初心使命，始终坚持共产主义理想和社会主义信念，为在中国实现、建设和发展社会主义不懈奋斗，在艰苦卓绝的探索中走过了一百年光辉历程，浓墨重彩书写了社会主义发展史上的中国篇章。实践证明，只有社会主义才能救中国，只有社会主义才能发展中国，只有坚持和发展中国特色社会主义才能实现中华民族伟大复兴。

党的十八大以来，习近平总书记对广大党员、干部学习了解社会主义发展史特别是中国特色社会主义发展史高度重视，提出明确要求。2013 年 1 月，他在新进中央委员会的委员、候补委员学习贯彻党的十八大精神研讨班开班式上的重要讲话中，分 6 个时段深入阐述了社会主义思想自提出以来的演进发展史，包括空想社会主义产生和发展，马克思恩格斯创立科学社会主义理论体系，列宁领导十月革命胜利并实践社会主义，苏联模式逐步形成，新中国成立后我们党对社会主义的探索和实践，我们党作出进行改革开放的历史性决策、开创和发展中国特色社会主义；强调道路问题是关系党的事业兴衰成败第一位的问题，道路就是党的生命，中国特色社会主义是科学社会主义理论逻辑和中国社会发展历史逻辑的辩证统一，是根植于中国大地、反映中国人民意愿、适应中国和时代发展进步要求的科学社会主义，是全面建成小康社会、加快推进社会主义现代化、实现中华民族伟大复兴的必由之路；强调社会主义从来都是在开拓中前进的，坚持和发展中国特色社会主义是一篇大文章，邓小平同志为它确定了基本思路和基本原则，以江泽民同志为核心的党的第三代中央领导集体、以胡锦涛同志为总书记的党中央在这篇大文章上都写下了精彩的篇章，今天中国共产党人的任务，就是继续把这篇大文章写下去，等等。习近平总书记反复强调，历史是人类最好的老师，"重视历史、研究历史、借鉴历史，可以给人类带来很多了解昨天、把握今天、开创明天的智慧"①。他明确提出，"要组织广大党员、干部深入学习党史、新中国史、改革开放史、社会主义发展史，教育引导广大党员、干部永葆初心、永担使命，自觉在思想上政治上行动上同党中央保持高度一致，矢志不渝为实现中华民族伟大复兴而奋斗"②。

500 多年的社会主义发展史，波澜壮阔、跌宕起伏，既有高歌猛进，又有坎坷曲折，演绎了无数感天动地的故事，被寄予了无限美好的期望，是人类文明几千年历史中最耀眼的光束、最动人的乐章。通过学习社会主义发展史，可以更好地认识和把握人类社会发展规律，坚定理想信念，认清社会主义、共产主义必然胜利这个历史发展不可逆转的总趋势，坚定不移"做共产主义远大理想和中国特色社会主义共同理想的坚定信仰者和忠实践行者"③；可以"不畏浮云遮望眼"，正确对待社

---

① 《习近平致第二十二届国际历史科学大会的贺信》，《人民日报》2015 年 8 月 24 日。
② 习近平：《论中国共产党历史》，中央文献出版社 2021 年版，第 161 页。
③ 习近平：《关于坚持和发展中国特色社会主义的几个问题》，《求是》2019 年第 7 期。

会主义发展进程中的荣耀、曲折、成败得失，在胜利和顺境时不骄傲不急躁，在困难和逆境时不消沉不动摇，坚持"中国特色社会主义是社会主义而不是其他什么主义，科学社会主义基本原则不能丢"，增强"四个意识"、坚定"四个自信"、做到"两个维护"；可以从革命先辈和仁人志士身上汲取继续勇毅奋进的智慧、力量、信心，体会忠诚，向往崇高，看齐典范，接好社会主义发展的"接力棒"，矢志不渝为中国特色社会主义伟大事业和人类进步事业不懈奋斗；可以更加深刻地感悟到中国共产党苦难辉煌的百年史，就是孜孜致力于通过社会主义为中国人民谋幸福、为中华民族谋复兴的历史，始终坚持人民至上，始终站稳人民立场，始终牢记中国共产党是什么、要干什么这个带根本性的问题，永远保持同人民群众的血肉联系，不断实现好、维护好、发展好最广大人民根本利益，在新时代新征程上攻坚克难、埋头苦干，创造属于党、人民和中华民族的更大胜利和荣光。

愿本书的出版能为读者从整体上学习、把握社会主义发展史，特别是学习、了解中国特色社会主义的历史渊源和发展进程有所帮助。

目　　录

第 一 讲

社会主义五百年：大历史和大逻辑

习近平总书记要求广大党员干部学"四史"，党史、新中国史、改革开放史、社会主义发展史，社会主义发展史是其中时间跨度最长的，也是贯通性的。为什么要学习社会主义发展史？习近平总书记强调，之所以要从世界社会主义思想的源头讲起，从中国特色社会主义的历史发展讲起，就是要说明，我们党在推进革命、建设、改革的进程中，是怎样经过反复比较和总结，历史地选择了马克思主义、选择了社会主义道路的；是怎样把马克思主义基本原理同中国实际和时代特征结合起来，独立自主走自己的路的；是怎样历经千辛万苦，付出各种代价，开创和发展中国特色社会主义的。[①]

一、社会主义五百年的六个时间段

2013 年 1 月，习近平总书记在新进中央委员会的委员、候补委员学习贯彻党的十八大精神研讨班开班式上的讲话中，分六个时间段对社会主义五百年的历史进行了系统回顾和梳理，展现了中国特色社会主义

[①] 参见《习近平总书记系列重要讲话读本（2016 年版）》，学习出版社、人民出版社 2016 年版，第 24 页。

的历史渊源和发展进程①，为我们更加充分地认识中国特色社会主义的历史必然性和科学真理性提供了更加广阔、更加深邃的视野。

这六个时间段分别是：第一个时间段，空想社会主义产生和发展；第二个时间段，马克思恩格斯创立科学社会主义理论体系；第三个时间段，列宁领导十月革命胜利并实践社会主义；第四个时间段，苏联模式逐步形成；第五个时间段，新中国成立后我们党对社会主义的探索和实践；第六个时间段，我们党作出进行改革开放的历史性决策、开创和发展中国特色社会主义。②

（一）第一个时间段，空想社会主义产生和发展

为什么叫社会主义500年？为什么不是400年、不是600年？其实，"社会主义"这个概念提出来还不到200年。而人类产生没有剥削、没有压迫的美好社会理想已经有2000多年的历史了，比如古希腊柏拉图的《理想国》、中国先秦《礼运大同篇》等等。那为什么我们要叫社会主义500年？讲社会主义500年，是从1516年莫尔发表的《乌托邦》一书算起的，到现在正好500年左右。《乌托邦》一书中并没有"社会主义"这个概念，为什么被称为"空想社会主义的开山之作"？这是根据"社会主义"这个概念的实质含义来界定的。

什么是社会主义？社会主义是试图用社会合作、社会调节、社会控制的办法克服资本主义固有的（包括前资本主义社会残余的）结构性矛盾和制度性弊端，以实现社会公正、社会进步进而实现人类解放的思潮、运动和制度。简而言之，社会主义是扬弃资本主义的社会思潮、社

---

① 参见《习近平总书记系列重要讲话读本（2016年版）》，学习出版社、人民出版社2016年版，第19页。

② 参见《习近平总书记系列重要讲话读本（2016年版）》，学习出版社、人民出版社2016年版，第19—23页。

会革命和社会形态。也就是说，社会主义是对应于资本主义的一个概念。

社会主义是比资本主义更高级的社会形态，因此人们容易认为资本主义灭亡了社会主义才会出现，起码要比资本主义晚很多。其实不然。社会主义和资本主义都是世界历史的产物，相伴而生。习近平总书记要求学习和实践马克思主义关于世界历史的思想。马克思恩格斯说："各民族的原始封闭状态由于日益完善的生产方式、交往以及因交往而自然形成的不同民族之间的分工消灭得越是彻底，历史也就越是成为世界历史。"① 从民族历史走向世界历史的转折点是 15、16 世纪之交的大航海。14 世纪资本主义开始萌芽，但资本主义真正破土而出是在大航海时代，一般界定为 1492 年哥伦布发现美洲，从那以后资本主义开始蓬勃发展起来。马克思说："资本来到世间，从头到脚，每个毛孔都滴着血和肮脏的东西。"② 也就是说资本主义从一开始就有弊端，相应的批判和试图推翻资本主义的社会主义就作为思潮和运动应运而生了。《乌托邦》这本书深刻揭露了资本主义原始积累过程中的悲惨景象，同时描绘了一个没有剥削、人人平等的理想社会，因此它是空想社会主义的开山之作，是世界社会主义思想的源头。

空想社会主义从 1516 年托马斯·莫尔发表《乌托邦》到 1848 年马克思恩格斯发表《共产党宣言》之前，这段时间有 330 多年，在整个社会主义 500 年中占三分之二。

这三百多年，是欧洲经济、政治、文化全面革命并深刻影响世界的时期。

马克思指出："火药、指南针、印刷术——这是预告资产阶级社会到来的三大发明。火药把骑士阶层炸得粉碎，指南针打开了世界市场并

---

① 《马克思恩格斯选集》第 1 卷，人民出版社 1995 年版，第 88 页。
② 《马克思恩格斯文集》第 5 卷，人民出版社 2009 年版，第 871 页。

建立了殖民地，而印刷术则变成新教的工具，总的来说变成科学复兴的手段，变成对精神发展创造必要前提的最强大的杠杆。"① 应该说，这三大发明为资本主义在政治、经济、文化上全面战胜封建主义，提供了技术支撑。

在经济上，指南针并不是直接的工农业生产技术，但是通过推动大航海而开辟了巨大的世界市场，进而改变了那个时代的生产方式。因为贸易扩大，原先主要服务于本地市场的手工业开始面向遥远的广大市场，规模迅速扩大，生产方式上主要是通过资本主义工场手工业提升效率。18 世纪六十年代工业革命从英国开始兴起，19 世纪进入高潮、席卷西欧北美，人类真正进入机器大工业时代，资产阶级和无产阶级成为社会两大主要的、对立的阶级，自发的工人运动越来越成为重要的社会现象。

在政治上，1566 年爆发尼德兰资产阶级革命，1640 年爆发英国资产阶级革命，1789 年爆发法国大革命，资产阶级逐步上升成为统治阶级。

在文化上，16 世纪的西欧文艺复兴方兴未艾、宗教改革狂飙突起，根本改变了中世纪封建主义和宗教统治的格局，是历史性的思想解放，是资本主义文化的崛起，也是反资本主义的早期空想社会主义的思想资源，早期空想社会主义最重要的两个代表人物，莫尔是人文主义大师，闵采尔是宗教改革家。文艺复兴、宗教改革为从哥白尼、伽利略到牛顿的科学革命创造了思想条件，而科学革命不仅从根本上巩固了文艺复兴、宗教改革的思想革命成果，还使理性至上成为新的信仰，从而带动了进一步的、更深刻的思想革命——启蒙运动。18 世纪开始的空想社会主义在理论上运用的就是启蒙运动的核心思想资源——理性主义，从

---

① 《马克思恩格斯全集》第 37 卷，人民出版社 2019 年版，第 50 页。

摩莱里、马布利到圣西门、傅里叶等直接影响马克思恩格斯的法国空想社会主义者都属于广义启蒙运动的激进左翼。

这三百多年间的空想社会主义可以分为三个时期，16—17 世纪早期空想社会主义思想或叫"刚刚萌生的共产主义思想"，这一时期的代表人物主要有莫尔、闵采尔、康帕内拉、安德里亚等；17 世纪中叶至 18 世纪末的"直接共产主义理论"，这一时期的主要代表人物有摩莱里、马布利、巴贝夫等；19 世纪初的批判的空想社会主义，这一时期的代表人物就是三大空想社会主义者——圣西门、傅里叶、欧文。

空想社会主义者的主要贡献是，揭露资本主义社会的罪恶，批判资本主义制度的全部基础，论证未来社会代替资本主义的合理性，对未来社会提出一些积极主张和有价值的猜测。恩格斯说，三大空想社会主义者"天才地预示了我们现在已经科学的证明了其正确性的无数真理"①。空想社会主义对未来社会的积极主张包括公有制、计划经济、按劳分配或者按需分配等设想，看起来很像科学社会主义，那为什么还说他们是空想社会主义呢？

空想社会主义的空想性主要来源于其历史局限性。空想社会主义的历史局限性核心是两条，一是强烈批判资本主义，但是没有能够证明资本主义必然灭亡；二是精心设计社会主义，但是没有能够找到实现社会主义的道路和力量。

恩格斯指出："不成熟的理论，是同不成熟的资本主义生产状况、不成熟的阶级状况相适应的。解决社会问题的办法还隐藏在不发达的经济关系中，所以只能从头脑中产生出来。"② 马克思也指出，傅立叶、欧文、圣西门等人"由于当时的社会关系还没有发展到足以使工人阶

---

① 《马克思恩格斯文集》第 2 卷，人民出版社 2009 年版，第 218 页。
② 《马克思恩格斯选集》第 3 卷，人民出版社 2012 年版，第 780—781 页。

级组织成为一个战斗的阶级，所以他们必然仅仅去幻想未来的模范社会"①。随着生产状况和阶级状况的发展变化，空想社会主义也走过了一个空想色彩日渐淡化、糟粕成分不断被剔除、科学内涵越来越充实的过程。而质变发生在 19 世纪 40 年代。这就是社会主义五百年的第二个时间段。

（二）第二个时间段，马克思恩格斯创立科学社会主义理论体系

经过马克思恩格斯之手，社会主义实现了从空想到科学的伟大飞跃。马克思恩格斯也是肉体凡胎，他们是如何实现这个伟大飞跃的？恩格斯指出："为了使社会主义变为科学，就必须首先把它置于现实的基础之上。"②

现实是什么？从生产力的角度来讲，机器大工业逐渐成为主流，生产越来越成为真正的社会化大生产。随着生产力的高速发展，工人阶级队伍迅速扩大，工人运动也迅速发展起来。19 世纪三四十年代爆发了欧洲三大工人运动，代表着欧洲工人阶级登上了政治舞台。而且，到这个时候，德国古典哲学、英国古典政治经济学、法国空想社会主义都已经成熟。

现实具备，只欠东风，东风就是马克思恩格斯。不管怎么样，要遇到既了解科学技术和产业发展的最新状态，精通近代以来几乎全部哲学社会科学理论，又具有坚定的无产阶级立场，积极投身社会主义运动的人，都是奇迹。没有马克思恩格斯，科学社会主义也会诞生，但是肯定要在黑暗中摸索更长时间。

马克思恩格斯纵览时代风云，吸收时代精华，开创了科学社会主

---

① 《马克思恩格斯文集》第 3 卷，人民出版社 2009 年版，第 341 页。
② 《马克思恩格斯选集》第 3 卷，人民出版社 2012 年版，第 789 页。

义。1845 年马克思恩格斯写出了《德意志意识形态》，第一次提出了历史唯物主义，阐释了人类社会发展的一般规律。1848 年，马克思恩格斯发表《共产党宣言》，科学社会主义正式诞生。1867 年，马克思出版了《资本论》第一卷，系统地阐释了剩余价值学说，代表马克思主义的成熟。1880 年，恩格斯发表了《社会主义从空想到科学的发展》，系统阐述了科学社会主义理论体系。

社会主义从空想到科学的飞跃得以实现，关键是马克思恩格斯的两大发现，就是唯物史观和剩余价值学说。唯物史观和剩余价值学说揭示了人类社会发展的一般规律和资本主义社会发展的特殊规律，从生产力和生产关系、经济基础和上层建筑的矛盾运动来说明资本主义产生、发展、灭亡的历史必然性，从社会化大生产同生产资料私人占有之间的矛盾来阐释社会主义取代资本主义是自然历史过程，从资本主义社会的阶级对立来分析无产阶级的历史使命，得出无产阶级是资本主义掘墓人、无产阶级政党是社会主义革命领导者的基本结论。

19 世纪 70 年代，第二次工业革命开始兴起，资本主义也开始向垄断资本主义转型。晚年的马克思恩格斯敏锐洞察到了最新的时代变化，提前二三十年预测了第一次世界大战，并且预测了沙皇俄国的崩溃和工人阶级的胜利[1]。承担这一"颠倒世界"的历史使命的是列宁及其领导的布尔什维克党。这就是社会主义五百年的第三个时间段。

（三）第三个时间段，列宁领导十月革命胜利并实践社会主义

19 世纪最后 30 年，世界从"蒸汽时代"进入"电气时代"。与此相适应，资本主义的发展进入到以垄断为特征的帝国主义时代。作为帝国主义薄弱环节的俄国成为社会主义革命的温床。

---

① 　参见《马克思恩格斯全集》第 25 卷，人民出版社 2001 年版，第 654—657 页；《马克思恩格斯文集》第 4 卷，人民出版社 2009 年版，第 331 页。

直到 19 世纪末，从俄国的整体经济状况来看，基本上还是一个主要依靠出口农作物换取国外工业产品的农业国，与同时期的欧美工业国家相比，生产力水平仍十分落后，依然不能适应更加激烈的国际竞争。日俄战争的惨败，激发了 1905 年革命和斯托雷平改革，但依旧是专制王朝迫于形势而推行的自上而下的改革，改革最终目的还是要强化和巩固沙皇专制统治。正如列宁所指出的："俄国当前的资本主义发展是缓慢的。它不能不是缓慢的，因为没有一个资本主义国家内残存着这样多的旧制度，这些旧制度与资本主义不相容，阻碍资本主义发展"①。俄国要改变内部动荡、外部失败的局面，必须加快发展生产力，实行现代化。但是一个经济社会结构固化、封建势力牢固专制、资产阶级薄弱无力的社会是注定无法通过资本主义来加快发展、实行现代化的。到了第一次世界大战，沙皇俄国摇摇欲坠，国内矛盾激化，1917 年首先爆发二月革命，推翻沙皇统治，但薄弱无力的资产阶级同样无法解决日益激化的国内各种经济、社会、政治矛盾。列宁主张应毫不延迟地将资产阶级民主革命推进为社会主义革命，终于在 1917 年 10 月 25 日（俄历）布尔什维克党人推翻了资产阶级临时政府，取得了十月革命的胜利。十月革命的直接成果就是建立了俄罗斯苏维埃联邦社会主义共和国和苏维埃社会主义共和国联盟，这是世界上第一个社会主义国家。列宁领导的十月革命取得胜利，社会主义从理论变为现实，打破了资本主义一统天下的世界格局。

十月革命之后实行了一段"战时共产主义"，以激进的手段实现生产社会化和消费平均主义造成了战后更为恶劣的经济环境，政策失败促使列宁反思说："我们计划（说我们计划欠周地设想也许较确切）用无产阶级国家直接下命令的办法在一个小农国家里按共产主义原则来调整

_____

① 《列宁专题文集·论资本主义》，人民出版社 2009 年版，第 43 页。

国家的产品生产和分配。现实生活说明我们错了。"[1] 对社会主义现代化道路的真正探索始于新经济政策，新经济政策体现出列宁根据新的现实对社会主义的重新定位，认识到社会主义的根本要义是解放和发展生产力，从而使得十月革命为发展生产力扫清制度障碍的真正意义显现出来。

1924 年列宁去世之后，斯大林领导苏联社会主义建设，社会主义进入到第四个时间段。

（四）第四个时间段，苏联模式逐步形成

在列宁逝世之后，斯大林逐步放弃了新经济政策，建立了以单一的生产资料公有制、自上而下的指令性计划经济和权力高度集中的政治体制"三位一体"的苏联模式，以及重工业优先的发展战略。苏联模式不完全是斯大林个人意志的产物，更多是苏联国情、历史传统和当时时代特征的产物，苏联作为当时欧洲生产力最不发达的大国，有发展需要，更有生存危机。要保卫苏联社会主义就必须加快发展。苏联模式曾在短期内爆发出比同期资本主义强大许多的发展生产力的能力，以 1937 年时的工业总产值与 1913 年相比，资本主义世界只增长了 44.3%，而苏联却增长了 7.5 倍，成为仅次于美国的欧洲第一、世界第二的工业强国，从而保证了苏联卫国战争的胜利。列宁时期和斯大林时期的苏联社会主义，属于同一事物的不同阶段，到苏联赢得卫国战争、彻底消除了来自外部的、来自资本主义世界的武力威胁，社会主义从理论到现实的伟大飞跃才最终完成。

苏联模式在斯大林时期的相对成功，根源在于苏联模式比较适应以重工业为主体的第二次工业革命的生产力特点，和以危机、战争与革命

---

[1] 《列宁专题文集·论社会主义》，人民出版社 2009 年版，第 247 页。

为主题的时代特征。

苏联模式的短期成功使得大多数人忽略了其已经暴露的和潜在的问题。苏联模式在实践上的主要缺陷一方面是农业、轻工业发展缓慢，民生改善缓慢；另一方面是权力过度集中破坏了社会主义民主和法制。在理论上的主要缺陷一方面是宣称社会主义生产关系同生产力状况完全适合，阻塞社会主义改革之路；另一方面是从"一大二公"的社会主义生产关系层面规定社会主义的特征，使科学社会主义教条化、自我僵化。

二战后电子信息革命兴起，与资本密集、规模取胜的重工业不同，电子工业既需要供给端的快速迭代，也需要需求端的大众购买力，苏联模式与此隔膜很深。另外，二战后战争与革命的高潮也逐渐过去，具有浓厚备战色彩的军工绝对优先的苏联模式也越来越不适应。但是苏联在赫鲁晓夫时期以及勃列日涅夫早期的改革都没能真正触及苏联模式的核心，没有找到破解模式弊端的科学路径，直到苏联解体。

十月革命一声炮响，给中国送来了马克思列宁主义，中国社会主义用了30多年时间从思潮、运动发展到制度。这就是社会主义五百年的第五个时间段。

（五）第五个时间段，新中国成立后我们党对社会主义的探索和实践

社会主义思潮在五四时期开始迅猛传播，而社会主义运动从1921年中国共产党成立就开始了。我们党成立之初，就鲜明提出党领导的新民主主义革命最终方向是社会主义，所以中国的新民主主义是广义的社会主义发展史的一部分。而且，我们党在新中国成立之前的革命实践中形成了毛泽东思想，毛泽东思想是社会主义发展史、社会主义思想史的重大理论成果。

新中国成立以后，我们"一边倒"、学苏联，但是很快就发现了苏联在建设社会主义过程中的缺点和错误，毛泽东就提出要以苏为鉴，开始独立探索适合中国国情的社会主义建设道路。以毛泽东发表《论十大关系》《关于正确处理人民内部矛盾的问题》为主要标志，我们党对怎样建设社会主义有了自己新的重要认识。在后来的实践中，由于党在指导思想上"左"的错误，甚至发生了"文化大革命"那样的全局性、长时间的严重错误。尽管探索艰辛坎坷，但我们党取得的积极成果是极其宝贵的，为新的历史时期开创中国特色社会主义提供了宝贵经验、理论准备、物质基础。

1978 年中国共产党作出了进行改革开放的历史性决策，世界社会主义进入第六个时间段。

（六）第六个时间段，我们党作出进行改革开放的历史性决策、开创和发展中国特色社会主义

习近平总书记指出："坚持和发展中国特色社会主义是一篇大文章，邓小平同志为它确定了基本思路和基本原则，以江泽民同志为核心的党的第三代中央领导集体、以胡锦涛同志为总书记的党中央在这篇大文章上都写下了精彩的篇章。现在，我们这一代共产党人的任务，就是继续把这篇大文章写下去。"①

党的十八大以来，以习近平同志为主要代表的中国共产党人，确实又为这篇大文章写下了精彩篇章，创立了习近平新时代中国特色社会主义思想。以中国特色社会主义进入新时代为标志，社会主义也实现了从传统到现代的新飞跃。为什么是新飞跃？第二部分讲。

现在我们总结一下 6 个时间段，分别是空想社会主义、科学社会主

---

① 《习近平谈治国理政》第一卷，外文出版社 2018 年版，第 23 页。

义、十月革命、苏联模式、新中国、中国特色社会主义。大家可以看出来，这是一条从中国特色社会主义的历史源流来看世界社会主义发展史的线索，并不是世界社会主义发展史的全部，我们必须要说明这一点。

比如说，跟新中国与中国特色社会主义相并列的，还有其他社会主义国家的建立、建设、改革和探索，还有发展中国家形形色色的社会主义，学术界一般称之为"民族社会主义"。

再往前看，第一次世界大战之后，民主社会主义在西方发达国家，特别是在欧洲较快发展。民主社会主义既不是空想社会主义，也不是科学社会主义。他们和空想社会主义的区别是，他们一定程度上变成了现实。他们与科学社会主义的区别是，他们放弃了科学社会主义的目标和很多原则，他们的一个核心思想就是伯恩斯坦讲的，目标微不足道，运动就是一切。所以说他们总体上属于具有社会主义因素的改良资本主义。

还有，在科学社会主义创立之后，空想社会主义并没有消失，还长期存在。马克思恩格斯在共产党宣言中批评过形形色色的社会主义，广义上都是空想社会主义。马克思恩格斯进行过长期理论斗争的一些社会主义流派也是空想社会主义，近代中国也出现过三次空想社会主义思潮。空想社会主义在 21 世纪还会存在，不仅以思想流派的形式存在，还会以各种实践形式存在。那些失败的社会主义实践，究其根源，多多少少都有一些空想社会主义的影子。需要说明的是，科学社会主义创立之前，空想社会主义是有积极和进步意义的，科学社会主义创立之后，空想社会主义越来越成为消极因素。马克思说过："虽然我们不应该否定这些社会主义的鼻祖，正如现代化学家不能否定他们的祖先炼金术士一样，但是我们应该努力避免重犯他们的错误，因为我们犯这样的错误将是不可饶恕的。"[1] 1848 年之后的空想社会主义者就是现代的"炼金

---

[1] 《马克思恩格斯文集》第 3 卷，人民出版社 2009 年版，第 341 页。

术士"。

所以，就广义的社会主义来说，现在的流派可能比马克思恩格斯时期还要多，但是社会主义的主流是科学社会主义。

二、社会主义发展史上的关键节点

社会主义五百年不是匀速也不是直线发展的，而是以几次飞跃为关键节点实现上升、质变，从而大发展的，理解社会主义的飞跃，是总结社会主义经验和规律的重中之重。

（一）何谓社会主义的飞跃

所谓飞跃，应该说有三个基本标准：一是时代提出了问题，提出了要求。时代没有变化或者时代没有提出问题，就是说时代条件还不成熟，就不可能有飞跃。二是理论上回答了时代提出的基本问题、主要问题。时代提出了问题，如果你回答不了，也就是说你对时代主题、主要矛盾、基本方略没有科学判断和回答，你肯定会裹足不前、遭遇挫折，甚至失败，当然谈不上飞跃。三是在实践上推动了社会主义大发展。

从这三条标准，社会发展史上已经发生四次飞跃，这四次飞跃构成社会主义五百年的关键节点，分别是从空想到科学、从理论到现实、从一国到多国、从传统到现代。

（二）从空想到科学的飞跃

回头看看，为什么是马克思恩格斯创立科学社会主义实现了社会主义从空想到科学的飞跃？

时代条件上。到了19世纪三四十年代，资本主义在欧洲北美已经成为占绝对统治地位的生产方式，自由资本主义进入黄金时代，机器大工业已经成为主流，工人阶级已经登上政治舞台，时代提出了对科学理论的需要。

理论上。马克思恩格斯创立了科学社会主义理论体系，不仅揭示了人类社会的一般规律，还揭示了资本主义的特殊规律，系统科学回答了自由资本主义时代、机器大工业条件下社会主义运动的基本问题。

实践上。现在我们习惯把马克思恩格斯称为经典作家，他们确实是经典作家，但是我们不能因此忘记，他们首先是革命家。马克思恩格斯领导创建了世界上第一个无产阶级政党——共产主义者同盟，领导了世界上第一个国际工人组织——国际工人协会，也就是第一国际，热情支持世界上第一次工人阶级夺取政权的革命——巴黎公社革命，恩格斯晚年还指导建立了第二国际。在他们的指导下，社会主义运动蓬勃发展。

1893年8月12日，第二国际苏黎世代表大会上，会场高悬马克思的肖像。恩格斯作为大会名誉主席用英法德三种语言致闭幕词。他说："你们对我的这种意料之外的盛大接待使我深受感动，我认为这不是对我个人的接待，我只是作为那个肖像就挂在那上面的伟人（指马克思）的战友来接受它的。自从马克思和我加入运动，在'德法年鉴'上发表头几篇社会主义的文章以来，已经整整五十年过去了。从那时起，社会主义从一些小的宗派发展成了一个使整个官方世界发抖的强大政党。马克思已经去世了，但是如果他现在还活着，那末在欧美两大洲就不会有第二个人能怀着这样理所当然的自豪心情来回顾自己毕生的事业。"①

（三）从理论到现实的飞跃

为什么说列宁领导十月革命取得胜利实现了社会主义从理论到现实的飞跃？

---

① 《马克思恩格斯全集》第22卷，人民出版社1965年版，第479页。

时代条件上。那是第二次工业革命时代、帝国主义时代，社会主义运动和人类社会发展都提出的一系列尖锐问题，特别是经济文化相对落后国家可不可以进行社会主义革命、如何进行社会主义革命以及如何进行社会主义建设成为必须解决的问题。

理论上。列宁深刻地把握了从工业革命到第二次工业革命，从自由竞争资本主义到垄断资本主义的深刻变化，提出了一系列重大创新思想，包括帝国主义理论、新型无产阶级政党理论、一国胜利理论、殖民地和民族解放运动理论、无产阶级专政理论和社会主义实践与改革理论，形成了列宁主义。列宁有句名言："没有革命的理论，就不会有革命的运动"。列宁主义就是这样的革命的理论，是马克思主义发展的第二阶段，是帝国主义时代的马克思主义。

实践上。列宁领导十月革命胜利，建立了第一个社会主义国家，并通过新经济政策，积极探索社会主义建设道路。

（四）从一国到多国的飞跃

第二次世界大战结束后，一大批获得独立和解放的民族国家建立起来，彻底瓦解了帝国主义的殖民体系，一大批社会主义国家诞生，特别是中华人民共和国的成立，极大地壮大了世界社会主义力量，实现了社会主义从一国实践到多国发展的飞跃。

有人会说从一国到多国只是个量变，并没有大发展，更不是飞跃。如果单纯只是量变，如果只有苏联和其他华沙条约成员国，确实可以这么说。但是，从一国到多国的实践不仅仅是量变，还有很深刻的质变，一个国家到多个国家有可能只是量变，但是一种模式到多种道路肯定是质变。

时代条件上。二战后，第三次科技和产业革命开始兴起，旧的帝国主义、殖民主义体系瓦解，民族解放运动风起云涌。殖民地半殖民地如何实现民族解放，新独立国家如何进行经济社会建设，成为极为重要的时代课题。

理论上。以毛泽东思想为代表，殖民地半殖民地的共产党人发展了马克思主义、科学社会主义，创立了指导民族解放运动和落后国家社会主义建设的指导思想。

实践上。二战以后新生的社会主义国家，其实包括两种类型，一种是多数东欧社会主义国家，是在被苏联红军解放之后，由苏联帮助建立的，基本上是苏联模式的翻版，是一种外生的社会主义。另一种是中国、越南、古巴等社会主义国家，这些国家是由本国共产党领导本国人民通过长期武装斗争建立起来的，虽然在建设时期深受苏联模式的影响，但与苏联有很多不同，与东欧国家差异更多，意味着不同的社会主义道路。比如说，中国的农村包围城市的革命道路跟十月革命就具体形式而言完全不同。越南、古巴等国的革命道路跟十月革命也不一样。

毛泽东曾经说过："我国是一个东方国家，又是一个大国。因此，我国不但在民主革命过程中有自己的许多特点，在社会主义改造和社会主义建设的过程中也带有自己的许多特点，而且在将来建成社会主义社会以后还会继续存在自己的许多特点"①。这三个"自己的许多特点"说得很深刻，连起来理解就是道路不同。不同道路在历史关头会呈现完全不同的景象。

苏联模式既是样板又是巨大壁垒，敢不敢、能不能突破苏联模式，走符合本国国情的社会主义道路，对新兴的社会主义国家是一个巨大挑战，如果这一步走不出来，社会主义国家就会一荣俱荣、一损俱损。事实是，很多社会主义国家特别是在殖民地半殖民地社会基础上建立的社

---

① 中共中央文献研究室编：《毛泽东年谱（一九四九——一九七六）》第二卷，中央文献出版社 2013 年版，第 603 页。

会主义国家，国情与苏联有实质区别，革命道路也与苏联有实质区别。这种情况下，新中国、越南、古巴这样的内生国家等迅速开始探索符合本国国情的道路，虽然历经曲折，但是经受住了苏东剧变的历史性考验，坚强地生存下来，而且继续发展，就像苏联当年经受住了卫国战争的历史性考验一样，是伟大成就。

中国特色社会主义的成功开创，标志着社会主义从一国到多国飞跃的完成。

中国特色社会主义不仅完成了社会主义从一国到多国的飞跃，中国特色社会主义的不断发展还实现了社会主义从传统到现实的飞跃，这是我们第三部分要讲的内容。

三、中国特色社会主义在社会主义发展史上的地位

中国特色社会主义无疑是具有自己的许多特点的。无论是相对于苏联、东欧等国家实践过的社会主义，还是相对于马克思恩格斯所设想的社会主义，中国特色社会主义都有全面而重大的创新。这些创新不是细节意义上的，甚至也不是形式意义上的，很多是深层次的、实质性的。比如说，传统社会主义把"公有制+计划经济+按劳分配"放在几乎神圣的位置上，当成社会主义的本质来理解。中国特色社会主义在所有制上是公有制为主体、多种所有制共同发展，在分配方式上是按劳分配为主体、多种分配方式并存，在资源配置方式上是市场起决定性作用。这些都是巨大的实质性不同，中国特色社会主义与传统社会主义如此不同，那我们还是不是社会主义？是什么样的社会主义？我们在社会主义发展史上处于什么样的地位？这都是我们需要回答的问题。

（一）科学认识中国特色社会主义在社会主义发展史上的地位是重大课题

改革开放初期，我们主要是强调马克思主义基本原理与中国国情、中国实际相结合。党的十二大，我们强调："把马克思主义的普遍真理同我国的具体实际结合起来，走自己的道路，建设有中国特色的社会主义"①。党的十三大，我们强调："我国社会主义的初级阶段，是一个什么样的历史阶段呢？它不是泛指任何国家进入社会主义都会经历的起始阶段，而是特指我国在生产力落后、商品经济不发达条件下建设社会主义必然要经历的特定阶段。"② 也就是说，改革开放初期，我们从主观上是把中国特色社会主义视为不同于苏联模式的但是与苏联模式相并列的一条基于中国特殊国情的社会主义建设新道路。

随着对新科技革命、和平与发展成为时代主题等关键问题的认识越来越深刻，随着苏东剧变更加深刻暴露苏联模式相当于时代的落后性，我们越来越重视中国特色社会主义的时代性。1992 年之后，我们越来越强调马克思主义基本原理与当代中国实际和时代特征相结合。无论是经济全球化，还是新一轮科技和产业革命，我们都积极拥抱，全面参与。

中国成为世界第二大经济体已经超过 10 年，已经越来越走近世界舞台的中央，我们已经发展到这样一种水平：孤立地谈论中国的道路、理论、制度和文化，或者仅仅就中国谈中国、拒绝考虑中国特色社会主义的世界影响和历史意义，既不客观，也难以服众，严重的话会使我们误判形势、战略失误。

---

① 《邓小平文选》第三卷，人民出版社 1993 年版，第 3 页。
② 中共中央文献研究室编：《十三大以来重要文献选编》（上），人民出版社 1991 年版，第 12 页。

党的十八大以来，我们党特别是习近平总书记越来越自觉地把中国特色社会主义放在世界上、放在历史中、放在社会主义发展史中来考察、来定位。

党的十九大报告指出，中国特色社会主义进入新时代，意味着科学社会主义在二十一世纪的中国焕发出强大生机活力，在世界上高高举起了中国特色社会主义伟大旗帜；意味着中国特色社会主义道路、理论、制度、文化不断发展，拓展了发展中国家走向现代化的途径，给世界上那些既希望加快发展又希望保持自身独立性的国家和民族提供了全新选择，为解决人类问题贡献了中国智慧和中国方案。这是"三个意味着"中两个，分别用了"在世界上"、"给世界上"，这是我们首次在如此重要文件中非常明确地提出中国特色社会主义在世界上的作用和意义。

党的十九大报告还指出，中国特色社会主义进入新时代，在中华人民共和国发展史上、中华民族发展史上具有重大意义，在世界社会主义发展史上、人类社会发展史上也具有重大意义。很明确地把中国特色社会主义放在世界社会主义发展史上，人类社会发展史上来看待。那么十九大报告说的"重大意义"的内涵是什么？

习近平总书记说，邓小平同志开创的中国特色社会主义，开拓了马克思主义新境界，把对社会主义的认识提高到新的科学水平。那么，"新的科学水平"是什么样的水平？内涵又是什么？

这些都需要我们尽量给出明确的判断。我们的判断是：中国特色社会主义实现了社会主义从传统到现代的新飞跃。

（二）中国特色社会主义实现了新飞跃

那么按照前述三条标准，中国特色社会主义是不是实现了新飞跃？答案是肯定的。

首先，第三次科技和产业革命向新一轮科技和产业革命迈进的时代，和平和发展为主题的时代，两种社会制度长期并存、合作和斗争的时代，给社会主义提出了全新的问题。无论资本主义国家还是社会主义国家，特别是大国必须在维持基本和平格局下加快发展，发展不仅是中国的硬道理，而且是普遍的硬道理。国家间竞争看的是谁能更快发展生产力，谁能更有效提升综合国力，谁能更好满足人民需要。这三方面又都取决于国家治理体系和治理能力。习近平总书记指出，"制度优势是一个国家的最大优势，制度竞争是国家间最根本的竞争。"① 讲得很深刻、很到位！在这样的马克思恩格斯列宁都没有想到的时代条件下，社会主义如何发展？

中国特色社会主义通过 12 个方面的重大理论创新，系统回答了时代之问。

社会主义本质理论，是重大原创性理论，革命性地改变了我们对什么是社会主义的认识，使我们对社会主义的认识从外在特征进入到深层本质，实现了在社会主义最根本问题上的巨大的思想解放。

社会主义初级阶段理论，也是重大原创性理论，革命性地改变了我们对社会主义发展阶段的认识，实现了社会主义基本原则与基本国情的有机结合，为开辟新的社会主义建设和改革道路提供了基本依据。

社会主义改革开放理论，将改革开放上升到直接动力、根本动力的高度，深化了我们对社会基本矛盾原理的理解，为社会主义社会不断解放和发展生产力提供了强大理论武器。

公有制为主体多种所有制经济共同发展理论、按劳分配为主体多种分配方式并存理论、社会主义市场经济理论是"三位一体"的，是对科学社会主义核心理论的实质性、原创性、革命性发展，为真正突破、超越苏联模式，跟上时代步伐，提供了基本理论支撑。

---

① 《习近平谈治国理政》第三卷，外文出版社 2020 年版，第 119 页。

党的领导、人民当家作主、依法治国有机统一的政治发展道路理论、社会主义核心价值观都是吸收了人类文明成果的重大创新。

社会主义和谐理论、社会主义生态文明理论，开辟了科学社会主义的新领域。

人类命运共同体理论，为不同文明、不同民族、不同意识形态国家和平相处、合作共赢提供了一个高屋建瓴的指导思想。

党的领导和党的建设理论，进一步厘清了共产党和社会主义的关系，进一步深化了对执政党建设规律的认识。

所有这些涉及社会主义理论各个层面，都有重大发展，很多是原创性的发展，而且这些创新理论自身构成一个科学体系。

中国特色社会主义不仅理论上回答了时代之问，实践上更推动了社会主义的大发展。正如习近平总书记在庆祝改革开放 40 周年大会上的讲话中所指出的，改革开放 40 年间，我国国内生产总值年均实际增长 9.5%，远高于同期世界经济 2.9% 左右的年均增速。我国国内生产总值占世界生产总值的比重由改革开放之初的 1.8% 上升到 15.2%，多年来对世界经济增长贡献率超过 30%。我国建立了全世界最完整的现代工业体系，是世界第二大经济体、制造业第一大国、货物贸易第一大国，中国人民在富起来、强起来的征程上迈出了决定性的步伐。[①] 不仅中国高速发展，以越南为代表的其他社会主义国家，还有很多非社会主义的发展中国家，学习借鉴中国的改革开放经验，也取得了非常好的成绩，初步用实践证明了社会主义可以比资本主义更快更好发展社会生产力，不仅稳住了世界社会主义的阵脚，而且开辟了世界社会主义的光明前景。

所以说，中国特色社会主义是符合刚才我们讲的新飞跃的三个标

---

① 参见习近平：《在庆祝改革开放 40 周年大会上的讲话》，《人民日报》2018 年 12 月 19 日。

准，是真正的新飞跃。

（三）社会主义新飞跃是从传统到现代的飞跃

新飞跃的性质是什么，是社会主义从传统到现代的飞跃。

第一，中国特色社会主义不仅是为传统社会主义增加了一个新的类型——中国类型，更是实现了对传统社会主义模式的全面超越。

第二，中国特色社会主义对传统社会主义的发展不是一般的发展，而是实现了从传统到现代的飞跃，所谓"现代"不是时间概念上的，而是现代化意义上的"现代"。

第三，中国特色社会主义实现了社会主义从传统到现代的飞跃，并不排斥21世纪社会主义实践的多样性，反而是以之为前提的。我们不会要求别国"复制"中国的做法，中国特色社会主义只会通过自身的先进性和实效性凸显人类社会发展规律和社会主义建设规律，从而吸引别人学习借鉴。

中国特色社会主义从邓小平开创伊始就开始飞跃，但是飞跃是过程，实现新飞跃的标志是什么？以中国特色社会主义进入新时代为标志。

中国特色社会主义进入新时代，代表着中国特色社会主义取得了历史性成就和阶段性胜利，意味着世界社会主义发展到新高度和新水平。

中国特色社会主义进入新时代，代表着中国特色社会主义基本完成现代化的第一阶段，意味着社会主义正在开辟一条不同于资本主义的更好更快的现代化道路。

中国特色社会主义进入新时代，代表着中国特色社会主义正式走向世界，意味着中国特色社会主义关于自身历史意义和世界意义的理论觉醒和理论自觉。我们不再回避谈论中国特色社会主义社会与世界社会主义的关系，社会主义本来就是世界性的，它有民族特色，但绝对不是相互隔绝的。我们今天终于正面来谈论这个问题，代表了我们的相关认识从自为升华到自觉水平，标志着我们基本实现了新飞跃。

当然中国特色社会主义进入新时代并不意味着社会主义从传统到现代飞跃的完成，这一次飞跃的最终完成将以中国全面建成社会主义现代化强国为标志。

四、社会主义发展规律与 21 世纪 社会主义发展前景

（一）总规律和总结论

社会主义有没有规律？肯定有。任何事物都有规律，关键是我们能不能认识到。认识规律并不容易，尤其是社会发展规律，人们经常会因为认识不到规律而犯错，而挫折。社会主义 500 年了，它有什么规律？我们能认识到什么规律？这对 21 世纪社会主义能不能走得好、走得稳关系重大。

社会主义有很多规律，最重要的就是总规律，总规律就是人类社会的一般规律，生产力和生产关系、经济基础和上层建筑矛盾运动的规律。一个社会形态包括生产力、生产关系（经济基础）、上层建筑三个层面。生产关系和经济基础是一个层面，经济基础是生产关系的总和。这三个层面的关系，毛泽东在《矛盾论》中有精辟论述："诚然，生产力、实践、经济基础，一般地表现为主要的决定的作用，谁不承认这一点，谁就不是唯物论者。然而，生产关系、理论、上层建筑这些方面，在一定条件之下，又转过来表现其为主要的决定的作用，这也是必须承认的。当着不变更生产关系，生产力就不能发展的时候，生产关系的变更就起了主要的决定的作用。……当着政治文化等等上层建筑阻碍着经

济基础的发展的时候，对于政治上和文化上的革新就成为主要的决定的东西了。我们这样说……不是违反唯物论，正是避免了机械唯物论，坚持了辩证唯物论。"① 制度是生产关系和上层建筑的主要表现形式，生产力具有最终的决定性，对于一个社会来说，生产力最终可以推翻阻碍自身发展的制度。但是，同等条件下，相对于制度能够自觉变革以顺应生产力发展要求的社会，制度被推翻的社会的生产力水平就会相对较低。或者说，同等条件的社会，生产力水平之所以高低不同，制度起着决定性作用。

就社会主义而言，总规律产生的总结论是"两个必然"和"两个决不会"，"两个必然"和"两个决不会"也可以说是社会主义发展的总规律。"两个必然"的意思是资本主义必然灭亡、社会主义必然胜利。"两个决不会"是说，在人类历史上，"无论哪一个社会形态，在它所能容纳的全部生产力发挥出来以前，是决不会灭亡的；而新的更高的生产关系，在它的物质存在条件在旧社会的胎胞里成熟以前，是决不会出现的"②。

社会主义和资本主义都没有一成不变的固定模式，都需要不断调整发展。因此"两个必然"和"两个决不会"都需要动态地看。在相当长时间内，一些国家的资本主义如果能够及时有效调整，还是会长期存在的。

（二）基本规律和基本路线

立足总规律，我们再看看社会主义有什么基本规律，中国特色社会主义是否遵循了基本规律？总规律讲的生产力、生产关系、上层建筑三个层面，社会主义相应的存在三个基本规律。

---

① 《毛泽东选集》第一卷，人民出版社 1991 年版，第 325—326 页。
② 《马克思恩格斯选集》第 2 卷，人民出版社 2012 年版，第 3 页。

一个是生产力层面的生产力中心论。这个不用解释。

一个是生产关系层面的人民主体论，社会主义的生产关系是要解放和发展生产力的，而解放和发展生产力关键要靠确立人民的主人翁地位，发挥人民的主体作用，调动全体劳动者和全体人民的积极性、主动性、创造性。凡是人民主体作用真正体现的地方，社会主义一定蓬勃发展。

再一个是上层建筑层面的先进政党论。社会主义上层建筑的核心是共产党。党是社会主义事业的领导力量。党能否真正发挥好领导核心作用，做到科学执政、民主执政、依法执政，取决于党的先进性，取决于党能否始终代表先进生产力的发展要求，始终代表先进文化的前进方向，始终代表最广大人民的根本利益。

中国特色社会主义为什么行？就是充分遵循了这三个基本规律，集中体现在我们的基本路线上。以经济建设为中心，对应的就是生产力中心论。坚持改革开放对应的就是人民主体论，改革开放的本质说到底是什么？就是调动最广大人民群众的积极性、主动性、创造性，就是发挥人民的主体作用，就是习近平总书记讲的"三个进一步解放"——进一步解放思想，进一步解放和发展社会生产力，进一步解放和增强社会活力。坚持四项基本原则对应的是先进政党论，四项基本原则核心是坚持中国共产党领导。

我们的基本路线为什么是科学的，为什么一百年不能动摇？因为遵循了社会主义发展的基本规律。放弃或者背离基本路线，就会走邪路或者走老路，犯颠覆性错误。

（三）21 世纪社会主义发展前景

从社会主义发展的基本规律看，21 世纪社会主义的发展前景如何？要从三个方面看：

从生产力层面看，人类已经进入新一轮科技和产业革命时期。新一轮科技和产业革命提供的生产力基础之强大，将会前所未有。习近平总书记指出："人工智能、大数据、量子信息、生物技术等新一轮科技革命和产业变革正在积聚力量，催生大量新产业、新业态、新模式，给全球发展和人类生产生活带来翻天覆地的变化。"① "人工智能是引领这一轮科技革命和产业变革的战略性技术，具有溢出带动性很强的'头雁'效应。在移动互联网、大数据、超级计算、传感网、脑科学等新理论新技术的驱动下，人工智能加速发展，呈现出深度学习、跨界融合、人机协同、群智开放、自主操控等新特征，正在对经济发展、社会进步、国际政治经济格局等方面产生重大而深远的影响。"② 从社会主义的角度看，人工智能可以把人从繁重的劳动中解放出来，把人从对物的依赖中解放出来，使人更可能自由全面发展。马克思恩格斯的社会主义理想是"直接把社会必要劳动缩减到最低限度，那时，与此相适应，由于给所有的人腾出了时间和创造了手段，个人会在艺术、科学等等方面得到发展"③。"随自己的兴趣今天干这事，明天干那事，上午打猎，下午捕鱼，傍晚从事畜牧，晚饭后从事批判"④。也就是说新一轮科技和产业革命从根本上来说，是有利于社会主义的。

从生产关系层面看，全世界人民群众对社会主义的认识和追求之普遍，将会前所未有。国内外多项研究表明，人工智能及其驱动的生产自动化水平的不断提高是导致劳动力收入份额持续下降的主要原因。从20世纪80年代以来，美国收入分配不平等程度出现了持续上升的过程，美国人口普查局测算出美国的基尼系数已经从1968年的0.386上

---

① 习近平：《顺应时代潮流　实现共同发展——在金砖国家工商论坛上的讲话》，《人民日报》2018年7月26日。

② 《加强领导做好规划明确任务夯实基础　推动我国新一代人工智能健康发展》，《人民日报》2018年11月1日。

③ 《马克思恩格斯文集》第8卷，人民出版社2009年版，第197页。

④ 《马克思恩格斯文集》第1卷，人民出版社2009年版，第537页。

升到 2018 年的 0.483。随着中等收入阶层的缩水，贫富差距日渐扩大，社会阶层结构趋向不稳。美国近年来日趋激烈的阶层矛盾和政治斗争，根本上是从技术、生产、社会到政治长期连锁反应的结果。未来二三十年，随着人工智能的普及，资本主义社会的普通劳动者会越来越多沦为失业者。有专家预计，在 10—20 年内美国、英国、日本等国家将有 35%—50% 的工作可能会被人工智能和自动化取代。资本主义社会这种发展趋势将倒逼社会主义运动的兴起。不同阶层的劳动者将会走向联合，提出共同的利益诉求，发达资本主义国家的社会主义政党与社会主义运动再次兴起和壮大。2019 年美国的一项民调显示，美国青年中积极看待社会主义的人占比超过积极看待资本主义的人，61% 的美国青年（18 到 24 岁）表示对社会主义持积极看法，而同年龄段积极看待资本主义的人占 58%。

从上层建筑层面看，新一轮科技和产业革命条件下的社会主义实践对领导力量先进性的要求之高，将会前所未有。如上所述，新一轮科技和产业革命条件下，如果纯粹是资本主义生产关系和上层建筑，一定会导致绝大多数人民群众的强烈批判和反抗。但是，如果这种反抗为了消灭资本主义的恶而反对新一轮科技和产业革命，那就等于重新落入空想社会主义的窠臼。社会主义不能反对新一轮科技和产业革命，而是要比资本主义更好地驾驭这种革命性的新生产力。比如，在新生产力要素中数据的比重越来越大、作用越来越强，而信息数据本身具有非排他性、可复制性、传播性高等特点，即共享性很强，原有的私有制、国有制等所有制形式在某些方面越来越不再适用。针对信息数据，新的特定生产资料所有制将出现，很可能是在共有制的基础上实现所有权、使用权和经营权的分置，也就是一种全新的社会所有制。很显然，新一轮科技和产业革命本质上是有利于社会主义的，但是用社会主义的方式驾驭新生产力需要巨大的创新力和领导力，也就是说，21 世纪社会主义事业对领导力量的先进性要求特别高，马克思主义政党在新一轮科技和产业革命浪潮中特别需要坚持马克思主义学习型政党的特色，向时代学习，向世界学习，向人民学习，向科学学习。

　　总而言之，21世纪还是一个资本主义和社会主义两制并存的世纪，还是一个需要社会主义不断证明自己在发展生产力和满足人民需要方面具有显著优越性的世纪。社会主义发展前景是辩证的两个方面，一方面机遇前所未有，一方面挑战前所未有。习近平总书记指出，新一轮科技革命和产业革命"为我们实施创新驱动发展战略提供了难得的重大机遇。机会稍纵即逝，抓住了就是机遇，抓不住就是挑战"①。马克思主义政党特别是中国共产党能够立足新的实际，抓住历史机遇，不断增强自己的先进性，证明自己的优越性，社会主义还能实现新的飞跃！

---

　　① 《敏锐把握世界科技创新发展趋势　切实把创新驱动发展战略实施好》，《人民日报》2013年10月2日。

第 二 讲
从"乌托邦"到"新和谐公社"

　　"大道之行也，天下为公。选贤与能，讲信修睦。故人不独亲其亲，不独子其子，使老有所终，壮有所用，幼有所长，矜寡孤独废疾者皆有所养。"① 2500 年前中国古老经典中，人们就有了对理想社会的美好构想。它的经典场景还有陶渊明的《桃花源记》、康有为的《大同书》等等。同样地，在地球的另一端，西方文明在公元前 4 世纪的古希腊，也孕育出了柏拉图的"理想国"，后来发展出基督教的"天国"。可见，中西文明都有悠久的、对理想社会的设想——一个没有贫穷、没有压迫、没有罪恶，大家各得其所、各得其乐的美好世界。

　　但是，这些都不是社会主义，真正的社会主义是从 16 世纪产生和发展起来的。习近平总书记要求，要从世界社会主义思想的源头讲起。习近平总书记论述的社会主义 500 年就是从这个时候开始的。第一个时间段就是空想社会主义的产生和发展。

　　恩格斯有一本名著《社会主义从空想到科学的发展》，马克思称它为"科学社会主义的入门书"。在这本书中，恩格斯梳理了空想社会主义的产生和发展过程，概括为三个阶段：第一个阶段是 16—17 世纪的早期空想社会主义，第二个阶段是 18 世纪的"直接共产主义"，第三个阶段是 19 世纪初"批判的空想社会主义"。

---

　　① （清）孙希旦：《礼记集解》中册，中华书局 1989 年版，第 581 页。

一、莫尔与 16—17 世纪早期空想社会主义

15 世纪末到 16 世纪上半叶，是世界历史发展的分水岭，是近代史的开端。世界历史得以形成、资本主义时代得以开辟的技术基础是火药、指南针和造纸术。马克思指出，火药、指南针、印刷术——这是预告资产阶级社会到来的三大发明。火药把骑士阶层炸得粉碎，指南针打开了世界市场并建立了殖民地，而印刷术则变成科学复兴的手段，变成对精神发展创造必要前提的最强大的杠杆。应该说，这三大发明为资本主义在政治、经济、文化上全面战胜封建主义，提供了技术支撑。1492 年，哥伦布发现美洲。在地理大发现、技术进步和商业竞争的共同作用下，资本主义兴起了。

纵观人类近代史，资本主义制度的建立及其发展，是人类历史的巨大进步，但这一历史进步又是"用血和火的文字载入人类编年史的"①。资本主义兴起过程中的种种罪恶直接引发了社会主义思想的诞生。空想社会主义思想是直面时代问题而产生的，是时代的产物。

（一）莫尔与《乌托邦》

托马斯·莫尔（Thomas More，1478—1535）是欧洲文艺复兴时期驰名欧洲的英格兰著名政治家，一代人文主义大师，空想社会主义奠基人。他于 1478 年出生在伦敦一个富裕的法官家庭。哥伦布发现美洲的同一年，14 岁的莫尔进入牛津大学读书，后来按父亲的意愿成为一名律师。1504 年，26 岁的莫尔被选为下院议员，曾因阻碍亨利七世筹措款项而遭到报复，他的父亲被关进伦敦塔。

---

① 《马克思恩格斯选集》第 2 卷，人民出版社 1995 年版，第 261 页。

1509 年亨利八世即位后，莫尔开始担任伦敦行政司法次官。在这个职位上，莫尔开始深度涉入英格兰的经济生活，曾受国王派遣，两次出使，解决英格兰商人与他国商人的重大贸易纠纷，恢复通商。随后，他担任过财政大臣、下院议长和英格兰大法官。1535 年，因拒绝承认亨利八世为英格兰教会领袖，莫尔被判处死刑。

恩格斯讲："在对当时历史条件的这种总的论述的背景上，托·莫尔个人是作为自己时代之子出现的。"① 莫尔站在时代的前端，认识了当时世界贸易的发展，见证了资本原始积累的过程，关注和记录了资本主义的血腥后果，从而形成了自己的社会主义思想。

《乌托邦》，全名是《关于最完美的国家制度和乌托邦新岛的既有益又有趣的金书》。正是在这部著作中，莫尔完美展现了自己的卓识远见，创造了一个天才卓荦的概念——"乌托邦"，开创了一种泽被后世的思想传统——社会主义。乌托邦（Utopia）这个词有两个希腊语词源，一个是 Outopos，指现实中不存在的"乌有之乡"，另一个是 Eutopos，指人们理想中的"福地乐土"、"幸福之邦"。空想社会主义的"空想"这个词正是对英文中"乌托邦"的对应翻译。最早翻译过来，被称为理想社会主义，后来是受到日文翻译的影响，又根据当时的革命形势，而延续了"空想社会主义"这一讲法。

《乌托邦》首先是对资本原始积累过程的反映，是近代社会主义先驱反对早期资本主义的最初的呐喊。莫尔立足欧洲、特别是英国的社会和经济事实，对刚刚萌芽的资本主义的罪恶进行了毫不留情的批判。其中最典型、最深刻的就是对"羊吃人"现象的批判。新出现的资本主义生产方式把大批农民从耕地上撵走，无数人无家可归。这就是"羊吃人"的圈地运动。"你们的羊……一向是那么驯服，那么容易喂饱，

---

① 《马克思恩格斯全集》第 38 卷，人民出版社 1972 年版，第 79 页。

据说现在变得很贪婪、很凶蛮，以至于吃人，并把你们的田地，家园和城市蹂躏成废墟。"① 马克思在《资本论》中曾引用，以批判资本主义原始积累的残酷逻辑。

莫尔最早意识到新的时代的本质，显示了其思想的强大穿透力。在资产阶级刚刚登上历史舞台、资本主义部分地组织社会和经济生活的历史阶段，他就意识到这种新兴的生产方式、组织形式以及他们同政治的紧密关联，可能会对欧洲乃至整个人类的经济社会结构、社会组织方式乃至政治运行方式产生重大、长期、深刻的影响。特别是，可能会产生新的奴役。莫尔认为，私有制是问题的根源。"任何地方私有制存在，所有的人凭现金价值衡量所有的事物，那么，一个国家就难以有正义和繁荣。"② 探究这种新的奴役的表现形式和内在逻辑，是莫尔的重大贡献。

更超越同时代人的是莫尔的远大眼光——他大胆想象了替代方案，一种新的生产方式。莫尔的乌托邦中，人们过着吃饭不要钱、视金钱如粪土的生活。在乌托邦，每30户一个食堂。午饭和晚饭，大家在公共食堂一起吃。就餐之前还要请出一位德高望重的老者念一段语录。念完以后，一边吃饭，一边讨论。尤其注重让年轻人发言，以便在他们中间发现人才。吃饭凭什么不给钱呢？在莫尔看来，这是因为每个人都参加劳动，创造的产品全部上交给了国家，国家自然要给我提供吃的、穿的、用的、住的。大家合作生产，每个人进行自己擅长的生产活动，有人养羊，有人炼铁，有人纺织，相互补充。这样合起来，就能获得各种各样的生活资料，能够满足乌托邦人各方面需要。

乌托邦实行公有制，以实现"每人一无所有，而又每人都富裕"③。

---

① ［英］托马斯·莫尔：《乌托邦》，戴镏龄译，商务印书馆1982年版，第21页。
② ［英］托马斯·莫尔：《乌托邦》，戴镏龄译，商务印书馆1982年版，第43页。
③ ［英］托马斯·莫尔：《乌托邦》，戴镏龄译，商务印书馆1982年版，第44页。

但莫尔设计的公有制不同于前人。前人往往强调财产共有、集体消费，而莫尔则将重心放在组织合作生产上，每个人都要参加劳动。在共同生产的基础上，才是共同消费。家庭所需物品到仓库申领，住房每10年要调换一次，以防据为私有。城市和农村的居民也轮流交换，每年都有人结束乡村生活回到城市，又有城市居民来到农村。没有穷人富人的差别，没有城市农村的差别。"公共厅馆和私人住宅等地的粪桶溺盆之类的用具倒是由金银铸成。再则套在奴隶身上的链铐也是取材于金银。最后，因犯罪而成为可耻的人都戴着金耳环、金戒指、金项圈以及一顶金冠。"① 总之，"乌托邦人就是这样用尽心力使金银成为可耻的标记"②。

乌托邦人吃饭不要钱，也不稀罕金银，于是每一天的生活都怡然自得，幸福快乐。每个人都要参加劳动，但每天只劳动6个小时。除了劳动，还有各种精神活动。每天黎明前，组织大家听讲座，主题丰富多彩。每天晚餐后，是文化娱乐时间，夏季在花园里，冬季在集体食堂里，有人演奏音乐，有人闲聊拉拉家常。乌托邦宪法里有规定："在公共需要不受损害的范围内，所有公民应该除了从事体力劳动，还有尽可能充裕的时间用于精神上的自由及开拓。"③

无论中西方文明，对理想社会的美好想象自古就有。那么为什么说莫尔的《乌托邦》是空想社会主义的开山之作，是社会主义思想的源头？首先，《乌托邦》不是针对一般的不合理社会现象的，而是针对资本主义的。其次，《乌托邦》的社会制度设计是社会主义性质的，是建立在公有制基础上的，是通过社会调控实现公平正义的。

（二）康帕内拉、安德里亚、闵采尔和温斯坦莱

资本主义时代是从16世纪开始的，资本主义生产方式最先在欧洲

---

① ［英］托马斯·莫尔：《乌托邦》，戴镏龄译，商务印书馆1982年版，第63页。
② ［英］托马斯·莫尔：《乌托邦》，戴镏龄译，商务印书馆1982年版，第63页。
③ ［英］托马斯·莫尔：《乌托邦》，戴镏龄译，商务印书馆1982年版，第60页。

破土而出，因此，社会主义思想自然也在那个时代的欧洲产生了。在资本主义比较活跃的地区，在莫尔《乌托邦》的启发下，英国、德国、意大利的思想家、都对这一现象作出了深刻思考，主要代表人物还有德国的闵采尔和安德里亚、意大利的康帕内拉、英国的温斯坦莱等人。

康帕内拉（Tommaso Campanella，1568—1639）是意大利文艺复兴时期的空想社会主义者、哲学家、革命者，曾经因为挑战教会权威，参与意大利南部人民起义，先后被关在牢里33年，辗转50处监狱，受尽酷刑。他在阴暗潮湿的监狱中不改初心，向往光明，秘密写成了代表作《太阳城》，描述了一个祥和、公正的理想国度。在那里，"大家都成为富人，同时又都是穷人"，"不是他们为一切东西服务，而是一切东西为他们服务"。① 像莫尔一样，康帕内拉坚决反对资本主义私有制。在实行公有制的前提下，康帕内拉又提出了比莫尔更先进的思想。比如，在"太阳城"中，不以家庭为单位进行劳动，而是建立以技能为核心的生产组织。再比如，重视运用新的科学技术来发展生产力，科学技术使"太阳城"的公民摆脱了繁重的体力劳动。于是，与"乌托邦"中的公民相比，生活在太阳城中的人每天只要付出4小时的时间从事生产活动，其余时间则可以从事各种文体活动，以提高自身的整体素质。② 他说："请把高傲、无知和谎言，放在我从太阳那里偷来的烈火中，销毁吧！"③

安德里亚（Johann Valentin Andreae，1586—1654）是德国神学家、数学家，曾担任牧师、宗教法庭大法官、古老的贝本豪森修道院院长。他积极尝试宗教改革，探索学校教育、贫民救济等社会改革。在他推动下，他所在的符腾堡公国在欧洲历史上第一个开始实行普遍义务教育。

① ［意］康帕内拉：《太阳城》，陈大维等译，商务印书馆1980年版，第24页。
② ［意］康帕内拉：《太阳城》，陈大维等译，商务印书馆1980年版，第24页。
③ ［意］康帕内拉：《太阳城》，陈大维等译，商务印书馆1980年版，第83页。

他为贫苦的印染工人建立的基金会一直存在到 1923 年。安德里亚的代表作是《基督城》，是受到《乌托邦》和《太阳城》的启发而创作的，同样描述了一个孤悬海外、实行公有制、具有浓厚宗教色彩的世外桃源。

《乌托邦》、《太阳城》和《基督城》这三本书并称为"早期空想社会主义的三颗明珠"。这三本书的共同特点，都是用文学游记形式来描绘了一个理想社会，一个社会主义的社会秩序，被恩格斯称为"理想社会制度的空想的描写"①。

正如恩格斯所指出的，在每一个大的资产阶级运动中，都能看到空想社会主义的先驱者的身影，他们领导了发展程度不同的无产阶级的独立运动。②

16 世纪，跟莫尔同时代的德国宗教改革者、社会改革家闵采尔（Thomas Münzer，1498—1525）领导了欧洲历史上规模最大的农民战争。他出生于一个作坊主家庭，家境富裕。但他四处游历，太多太多下层群众的悲苦命运时刻冲击着他的心灵。他选择做一个神学教员和传教士，在教学和布道中揭露社会罪恶，宣传社会变革，进而发动农民，领导起义。他的理想是用暴力建立一个以公有制为基础、消灭压迫和剥削、平等民主幸福的"千年天国"。

17 世纪英国资产阶级革命后期，温斯坦莱（Gerrard Winstanley，1609—1652）领导了掘地派运动。他是最早把自己的理想付诸实践的空想社会主义者。温斯坦莱带领一批失去土地的穷苦农民，到英国圣乔治山上开垦无主的荒地，在山上，一切公有，收成也大家共享，这就是著

---

① 《马克思恩格斯选集》第 3 卷，人民出版社 2012 年版，第 777 页。
② 原文是："在每一个大的资产阶级运动中，都爆发过作为现代无产阶级的发展程度不同的先驱者的那个阶级的独立运动。"《马克思恩格斯选集》第 3 卷，人民出版社 2012 年版，第 777 页。

名的掘地派运动。掘地派运动得到了热烈响应，迅速扩展到周边地区，甚至有的地方出现了上千人组成的公社。这引起了当局的警惕。运动很快被镇压了。1651 年，被镇压的第二年，温斯坦莱出版了代表作《自由法》，系统阐述了自己的设想，呼吁在土地公有制基础上建立一个真正自由的共和国。

16—17 世纪的早期空想社会主义是近代社会主义先驱，是反对早期资本主义的最初的呐喊。他们出现于欧洲近代早期、文艺复兴后期，因此他们解决现实问题的方案是与这个时期的生产力水平和资本主义发展水平相适应的，也带有浓厚的人文主义色彩和宗教色彩。

但资本主义的兴起不可逆转，设想在农业社会形态中、在手工劳动基础上实现平均分配，消灭私有制，建立人人平等的公有制社会，在那个时代是不可能实现的。他们的方案超越了时代的范畴，只能是空想。正如恩格斯所说："不成熟的理论，是同不成熟的资本主义生产状况、不成熟的阶级状况相适应的。解决社会问题的办法还隐藏在不发达的经济关系中，所以只有从头脑中产生出来。"[1] 早期空想社会主义的局限不是个人的局限，而是历史的局限。

二、巴贝夫与 18 世纪"直接共产主义"

18 世纪是革命的时代。经济上，社会生产力已经发展到了集中的工场手工业，大的工场人数已经有上千人。资本主义以更高的速度发展起来，物质也丰裕起来。在政治方面，资产阶级壮大起来，从组织经济领域活动扩展到组织政治领域活动，生产力的革命最终引发了各国的资产阶级革命。

---

① 《马克思恩格斯全集》第 19 卷，人民出版社 1963 年版，第 210 页。

18 世纪也是启蒙的时代。启蒙哲人试图找到支配人类社会的普遍法则①，进而推动社会的"进步"。他们最终找到的就是自由、平等和博爱三大原则。英国完成了资产阶级革命，一个世纪后，在启蒙运动的充分思想准备和动员的基础上，法国旧制度也行将就木。

这一时期，欧洲革命的重心转移到法国。所以这一时期空想社会主义的代表人物也都是法国人。在启蒙运动前夕有梅叶，启蒙运动之中有摩莱里、马布利和巴贝夫。他们都属于启蒙运动的左翼。

（一）巴贝夫与第一个"真正能动的共产主义政党"

巴贝夫（François-Noël Babeuf，1760—1797）出生于法国皮卡迪省，小时候家里很穷，15 岁就离开家独立谋生，一边做学徒，一边努力自学，读了卢梭、狄德罗、摩莱里、马布利等启蒙学者的著作。后来，他从事封建土地法顾问的职业，开始关注和思考封建特权、社会改革等现实问题。

1789 年 7 月 14 日，巴士底狱被攻克，法国大革命爆发。巴贝夫的热情和希望被点燃了。用他自己的话说，1789 年前，他只是档案管理员和土地测量员，而革命一开始，他就一跃成为"自由的宣传者和被压迫人民的维护者"②。巴贝夫在家乡发起领导抗税运动。一位居民说："巴贝夫先生是我们这个地方的英雄。他是包税人及其喽啰们的最不妥协的敌人。"③ 巴贝夫发起请愿活动，在全法国取得广泛响应，八百个村镇的请愿书从各地涌向国民议会。他很快便因此被捕入狱。

---

① ［美］斯塔夫里阿诺斯：《全球通史——从史前史到 21 世纪》（下），北京大学出版社 2006 年版，第 519 页。

② ［法］加·德维尔：《未发表的巴贝夫私人录事》，载《法国革命》1905 年第 49 卷。转引自［法］菲·邦纳罗蒂：《为平等而密谋》下卷，陈叔平译，商务印书馆 2014 年版，第 242 页。

③ 江泓：《法国著名空想共产主义者巴贝夫》，商务印书馆 1987 年版，第 12—13 页。

出狱后，巴贝夫创办《皮卡迪通讯报》，不遗余力地宣传鼓动共同分配共有财产、全面取消封建特权。鲁瓦市政府的公开声明中无奈地说："税收问题刚平息，产业问题又起。这是本市居民弗朗索瓦·诺埃尔·巴贝夫几篇文章的产物。"①

17世纪的英国资产阶级革命中，要求自由的政治革命完成了，要求平等的社会革命却失败了，中下阶层的诉求并没有受到重视。② 过了一个世纪之后，法国大革命竟也出现了同样的趋势，由启蒙原则建立起来的社会制度和政治制度越来越令人失望。1794年7月的"热月政变"推翻雅各宾派专政，大革命的上升势头就此到了尽头，开始倒退。

1795年，巴贝夫被以"煽动叛乱、谋杀和瓦解国民会议"的罪名逮捕了。他被关在监狱7个多月，其间结识了许多爱国者和革命活动家，凝聚为后来"平等派"的核心。那一年的冬天，因为饥饿和寒冷而倒毙巴黎街头的人，不计其数。其中也包括巴贝夫的幼女。甫一出狱，巴贝夫便发表了狱中起草的《平民宣言》和《恢复真正平等的伟大宣言》，阐述了实现真正平等的路径："建立公共的管理，取消私有制，使每一个人从事它能够做的事情……在极其谨慎地遵循平等的情况下分配这些消费品"③。他大声疾呼道："平民们！觉醒吧！……甩掉麻木不仁和颓废精神吧！……愿人民推翻一切陈旧而野蛮的制度……让我们勇敢地走向平等吧！"④ 因此恩格斯指出："无产阶级抓住了资产阶级所说的话，指出：平等应当不仅仅是表面的，不仅仅在国家的领域中实行，它还应当是实际的，还应当在社会的、经济的领域中实行。"⑤

---

① ［法］热拉尔·瓦尔特：《巴贝夫》，刘汉玉译，商务印书馆1992年版，第38页。

② ［美］斯塔夫里阿诺斯：《全球通史——从史前史到21世纪》（下），吴象婴等译，北京大学出版社2006年版，第516页。

③ ［苏］维·姆·达林等：《论巴贝夫主义》，陈林、谷鸣译，商务印书馆1983年版，第173页。

④ 江泓：《法国著名空想共产主义者巴贝夫》，商务印书馆1987年版，第34页。

⑤ 《马克思恩格斯选集》第3卷，人民出版社2012年版，第484页。

巴贝夫是在革命实践中成长起来的无产阶级运动先驱。正如恩格斯所说，在法国大革命之初，资产阶级"有理由认为自己同时代表当时的各个劳动阶级的利益"①。但当革命继续深入，群众逐渐醒悟，现代无产阶级的先驱揭竿而起，为实现本阶级的利益而独立战斗。巴贝夫便是在这一革命斗争中涌现出的杰出领袖。

督政府将巴贝夫视为最危险分子，下令逮捕他，并查封了他的报纸。革命运动被迫转入地下，进入密谋阶段。1796 年 3 月，巴贝夫与狱中认识的革命者们联络建立了"平等派密谋委员会"，被马克思称为第一个"真正能动的共产主义政党"②。

这是一个组织严密的革命团体，成立了"起义督政府"，制定了严格的组织纪律和组织程序，有明确的斗争目的和武装起义计划，还制定了施政计划大纲、经济计划大纲等，计划实施财产公有制和平均分配，成立"平等共和国"③。同时，他们也与巴黎各区的群众保持着密切联系，有联络员专门了解工人要求，宣传革命思想。他们把报纸、标语、小册子等宣传品散发到外省，进行广泛动员，里昂、马恩、诺尔等地区都受到影响。巴贝夫还特别重视对军队进行动员，鼓舞士兵们"为人民而战"④。

平等派定于 1796 年 5 月 11 日发动一万五千人参加的武装起义。然而就在起义前夕，由于叛徒出卖，巴贝夫及其战友们被捕了。1797 年 5 月 27 日，巴贝夫被押上断头台。临刑前的深夜，巴贝夫给亲人写了最后一封信："我是为了最伟大的和最崇高的事业而牺牲自己的……要使

---

① 《马克思恩格斯选集》第 3 卷，人民出版社 2012 年版，第 392 页。
② 《马克思恩格斯全集》第 4 卷，人民出版社 1958 年版，第 334 页。
③ ［法］菲·邦纳罗蒂：《为平等而密谋》下卷，陈叔平译，商务印书馆 2014 年版，第 89—90 页；［法］热拉尔·瓦尔特：《巴贝夫》，刘汉玉译，商务印书馆 1992 年版，第 125 页。
④ 江泓：《法国著名空想共产主义者巴贝夫》，商务印书馆 1987 年版，第 34 页。

你们幸福，我觉得，就要使人人都能得到幸福，除此以外别无他法。"①

"平等派密谋委员会"是第一个明确以革命的名义、以夺取政权为目的建立的严密政治组织，第一次具体计划了实现共产主义的过渡方案，第一次提出"人民革命"的主张，强调人民群众的力量，而不是仅仅将他们视为怜悯和同情的对象。马克思对巴贝夫高度评价："同巴贝夫的密谋活动一起暂时遭到失败的革命运动，产生了共产主义的思想。……这种思想经过了彻底的酝酿，就成为新世界秩序的思想。"②

（二）梅叶、摩莱里与马布利

梅叶（Jean Meslier，1664—1729）出生于法国一个普通的农民家庭，自幼进入宗教学校学习，当了40多年乡村神甫。梅叶深刻认识到农村的社会矛盾，他公开站在农民这一边，多次在布道的讲坛上揭露、痛斥封建领主——不要再虐待农民，不要再掠夺孤儿。在他的晚年，为了"打开穷人的眼界，向他们说明全部真理"，"唤醒人民"③，他开始秘密写作。在他去世后，留给后人三卷本的巨著——《遗书》的手稿。梅叶接受了17世纪以来流行的自然法思想，他认为，社会不平等和私有制是违反人的自然本性、违反社会自然法则的。因此他彻底地批判宗教神学和封建制度，设想以平等原则为出发点，建立一个实行公有制、互相支援、共同繁荣的农村公社联盟。与前一个阶段空想社会主义不同的是，梅叶超出了小私有者的狭隘眼界，超出了平均享有私有财产的追求，贯彻着彻底的无神论和坚定的唯物主义，彻底地批判私有制，向往一个共产主义的公社制度，表达着早期无产者的利益和愿望。很快，

---

① ［法］G. 韦耶德、C. 韦耶德合编：《巴贝夫文选》，梅溪译，商务印书馆1962年版，第96页。
② 《马克思恩格斯文集》第1卷，人民出版社2009年版，第320页。
③ ［法］梅叶：《遗书》第1卷，商务印书馆1959年版，第15页。

《遗书》的手抄本在法国各地秘密流传，对启蒙思想家影响巨大，伏尔泰、霍尔巴赫、狄德罗等思想家曾高度评价并从中吸取了思想素材。[①]同时，他的思想是早期空想社会主义与18世纪空想社会主义之间的桥梁和纽带，深刻影响了18世纪的共产主义思想和革命运动。

摩莱里（Morelly，1720—1780）也是这一阶段空想社会主义的代表人物。他出身平民，当过小学老师，匿名发表了许多著作。他的代表作是《自然法典》。这部书在很长一段时间被认为是启蒙运动巨擘狄德罗的作品，甚至曾被收入狄德罗文集之中。这部书突破了16—17世纪空想社会主义那种文学表现形式，用简明的法律条文的形式建构了一个完善、具体的公有制蓝图，明确提出理想社会的三条基本法则——公有制、劳动权以及各尽所能、各得其所，明确阐述了计划经济的思想，对后世影响很大。

马布利（Gabriel Bonnot de Mobly，1709—1785）是欧洲启蒙时代法国著名的政治家、历史学家，在当时同孟德斯鸠和卢梭齐名。他出生于一个贵族家庭，青年时期就读于耶稣会学院，毕业后曾担任神职人员。后来出任外交部官员，在欧洲各国见到太多专制的黑暗、资本的恶行、人民的痛苦，思想被反复折磨，毅然离开官场，回家专心研究一个理想的"新天地"[②]。他曾出版《希腊史论》《罗马史论》《法国史论》等历史著作，强调治理国家必须研究历史。他曾出版《论公民的权利和义务》《论法制或法律的原则》《欧洲国际法》等著作，广泛讨论政治、经济、社会等问题，曾受波兰贵族委托为波兰起草了宪法。但他最耀眼的贡献在于，他早就看到，私有制导致了欧洲的所有者与一般臣民已经

---

① 蒲国良：《社会主义思想：从乌托邦到科学的飞跃（1516—1848）》，北京师范大学出版社2018年版，第197页。

② 《马布利选集》，何清新译，商务印书馆1960年版，第171页。

分裂为不同集团①。他第一次从理论上和历史上对公有制和按需分配的原则进行了系统论证，他从理论上论证了革命的正当性和合理性，同时也提出了分步骤和平改造现实、进行社会改革的纲领。但同时，马布利也从理论上和历史经验中论证了平均主义和禁欲主义的合理性。

18世纪的空想社会主义不再用文学方式来描绘社会主义，而是用理论探讨和逻辑论证的方式，并用"法典"形式作出明确规定。他们从启蒙思想中独立出来，逐步发展为"更进一步的、更彻底的"革命和思想，被恩格斯称为"直接的共产主义"。正如恩格斯指出的，在梅叶、摩莱里和马布利等启蒙运动的左翼思想家这里，"平等的要求已经不再限于政治权利方面，它也应当扩大到个人的社会地位方面；不仅应当消灭阶级特权，而且应当消灭阶级差别本身。禁欲主义的、禁绝一切生活享受的、斯巴达式的共产主义，是这种新学说的第一个表现形式"②。

然而，他们对社会主义的设计就经济生活而言基本都是农业社会，并且带有浓厚的平均主义和禁欲主义色彩。当时的生产力水平已经从工场手工业发展到了大工业的阶段，直接的共产主义理论显然不能解决时代问题。他们对资本主义进行了深刻的批判，但没有认识到资本主义推动生产力发展的积极意义，没能站在时代前列客观看待城市化和工业化现象。他们的解决方案是倒退的。不过，社会主义并没有就此停步。19世纪初，社会主义开始超越农业社会主义形态。

三、圣西门、傅里叶、欧文与19世纪初"批判的空想社会主义"

18世纪末的法国大革命摧毁了旧制度，开启了一个新的政治传统，

---

① 参见《马克思恩格斯全集》第3卷，人民出版社1960年版，第217页。
② 《马克思恩格斯选集》第3卷，人民出版社2012年版，第777页。

为新兴资本主义扫清了道路，资产阶级取代封建阶级，牢固建立了自己的统治。"当革命的风暴横扫整个法国的时候，英国正在进行一场比较平静，但是并不因此就显得缺乏力量的变革。"① 这就是工业革命。18世纪60年代起，英国各主要经济部门开始从手工业生产向机器生产过渡。19世纪初，法国也开始了工业革命。资本主义从工场手工业发展到了机器大工业的阶段，里昂、曼彻斯特等工业城市兴起。欧洲社会的整个基础发生了革命。

19世纪初，伴随资本主义生产方式和政治统治进一步扩展，社会关系发生根本性变革。工厂制度排斥了小资产阶级和一切中间等级，人们之间的差别简化为资产阶级和无产阶级的对立。资本主义社会内部矛盾开始暴露，社会问题大量涌现，社会危机空前加剧。法国作家巴尔扎克的《人间喜剧》、雨果的《巴黎圣母院》《悲惨世界》、英国作家狄更斯的《雾都孤儿》《大卫·科波菲尔》，都用写实的笔法描述了那个时代社会上层和资产阶级的虚伪、贪婪、凶残，描写了下层民众的悲惨处境，反映了劳苦大众的抗争。②

在这样的时代背景下，19世纪初，法国和英国出现了形态最为完备的空想社会主义——以法国的圣西门、傅里叶，英国的欧文为代表的三大空想社会主义。

（一）圣西门与其"天才的远大眼光"

马克思主义有三大来源，德国古典哲学、英国古典政治经济学和法国空想社会主义。其中最早影响马克思的是法国空想社会主义。马克思小时候在特里尔有位邻居叫威斯特华伦，是市政府要员。威斯特华伦有

---

① 《马克思恩格斯选集》第3卷，人民出版社2012年版，第785页。
② 《科学社会主义概论》编写组：《科学社会主义概论》，人民出版社、高等教育出版社2020年版，第19页。

个女儿叫燕妮，就是后来马克思一生的爱人。老威斯特华伦经常和还在读中学的马克思散步谈话。马克思上学路上穿过简陋拥挤的穷人区，与自己平时看到的上流社会反差极大，回去就请教老威斯特华伦，这是为什么？老威斯特华伦给他介绍了自己钟爱的一位法国思想家①——圣西门（Comte de Saint-Simon，1760—1825）。

圣西门是近代法国著名经济学家、政治学家，对政治学、社会学、经济学和科技哲学有深远影响。他生活的年代，正是法国从旧制度向资本主义转变的过渡时期，他被称为"法兰西的最后一位贵族和第一个社会主义者"②。

圣西门的家族是法国历史悠久的名门望族，相传是 8 世纪查理曼大帝的后裔。他的青少年在旧制度中度过。他是百科全书派的门生。13 岁起受教于著名的启蒙思想家、百科全书主编达兰贝尔，后来还当面请教过卢梭。15 岁时，圣西门规定他的仆人每天早上唤他起床时一定要这样叮嘱："起床啰，伯爵先生！伟大的事业在等着您！"

按照法国贵族传统，圣西门 17 岁到军中服役。1776 年，北美殖民地人民起来反抗英国殖民统治，法国政府公开支持北美独立，1779 年圣西门随军到美国参加独立战争。他作战非常英勇，参加过 5 次战役，多次负伤，升为副团长，上校军衔。战争结束了，华盛顿亲手颁给圣西门共和国勋章。圣西门曾非常自豪地说"我是合众国自由的奠

---

① 参见马·科瓦列夫斯基：《和马克思的会见》，载苏共中央马克思列宁主义研究院编：《回忆马克思恩格斯》，人民出版社 1957 年版，第 348 页。原文是"正如马克思所告诉我的那样，老威斯特华伦是醉心圣西门学说的那类人，并且是最初和'资本论'的未来作家谈起这个学说的人之一"。同时参见［美］玛丽·加布里埃尔：《爱与资本：马克思家事》，朱艳辉译，湖南人民出版社 2018 年版，第 3—5 页。

② ［苏］阿·列万多夫斯基：《圣西门传》，孙家衡、钱文干译，商务印书馆 1983 年版，第 3—4 页。

基人之一"①。

1789 年 7 月，正在欧洲到处游历的圣西门听到祖国爆发了大革命的消息，回国参加革命，这一年他 29 岁。革命初期，圣西门回到母亲的故乡宣传平等和自由思想，他公开声明永远放弃了自己的爵位，并且把自己姓氏从圣西门改为包诺姆，就是庄稼汉的意思。没有了贵族头衔的圣西门开始经商，成功将自己又变成了富豪。但他追求财富的目的不是为了赚钱，而是为了体验和观察组织巨大的实业机构是如何运转，以此为自己创立科学学派的研究素材。② 雅各宾专政时期圣西门曾被关进监狱里一段时间，在监狱里圣西门开始系统地为成为大思想家做准备。

圣西门先后搬到巴黎工业大学和医科大学附近，结交教授学者，学习他们的最新研究成果。一年后，他前往英国、瑞士和德国游历，寻求启发。马克思恩格斯认为，这段从事自然科学研究和旅行的时期是圣西门一生中最重要的一个时期③，不仅使他成为当时最博学的人物，也对他社会主义思想的形成有重大意义。

1802 年，42 岁的圣西门开始著书立说。经过革命的洗礼，体验过军旅和实业生涯，圣西门在他的第一部作品《一个日内瓦居民给当代人的信》中真诚地写道："我已经不是个年轻人了，我十分积极地观察和思考了一生，为你们造福是我生平活动的目的。"④ 圣西门高呼，对全人类来说只有一种共同利益，那就是科学的进步。他设计的未来社会

---

① 《圣西门选集》第 1 卷，王燕生、徐仲年、徐基恩译，人民出版社 2010 年版，第 142 页。

② 参见《圣西门选集》第 1 卷，王燕生、徐仲年、徐基恩译，人民出版社 2010 年版，第 30 页。

③ 参见《马克思恩格斯全集》第 3 卷，人民出版社 1960 年版，第 585 页。

④ 《圣西门选集》第 1 卷，王燕生、徐仲年、徐基恩译，人民出版社 2010 年版，第 1 页。

中，一切人都应当劳动，都应当把自己视为工场的工人。① 他还天才地发现，法国大革命是贵族、市民等级和无产者之间的阶级斗争。这部220多年前的作品展现了圣西门富有远见的想象力，是科学和劳动的颂歌。

埋头于研究工作的前十几年，圣西门多数时间处于贫困和饥饿之中，得以与人数最多、最贫困的阶级同呼吸共命运，使他随时随地关心人数最多、地位最低、受苦最深的无产阶级的命运。这段经历也加深了圣西门对资产阶级时代的认识和厌恶。他指出，那是"黑白颠倒的世界"——对社会作出有益贡献的劳动者没有得到社会任何报酬，而特权阶级则受到尊敬和奖励，没有才能的人统治着有才能的人。

在拿破仑战争结束、波旁王朝复辟时期，法国的工商企业和银行发展迅速。圣西门敏锐地感受到法国经济生活的脉搏，意识到了科学与生产结合能够带来巨大动力。1814—1825年间，圣西门进入思想的成熟期，身边也逐渐聚集了一批青年学生和朋友，形成了一个圣西门主义团体。他先后出版了《论实业制度》等著作，回答了一系列时代问题。

圣西门主张在发展近代工商业的基础上解决社会矛盾，推动社会进步。他的方案是建立实业和科学体系，以和平方式完成社会重建，建立一种全新的社会制度，将人类带入黄金时代。社会进步的标准在于是否有利于社会上的大多数人过上幸福生活，是否有利于生产和科学文化的发展，是否有利于各种人才脱颖而出，是否有利于全社会的团结。圣西门最早提出未来社会的目标是满足人们的需要，超越了18世纪空想社会主义者的禁欲主义倾向，是社会主义发展史上一大突破。

圣西门预言：正在到来的时代是一个经济决定政治的全新时代，经

---

① 参见《圣西门选集》第1卷，王燕生、徐仲年、徐基恩译，人民出版社2010年版，第19、24页。

济状况是政治的基础。对自由的需要源于实业的发展，而自由的扩大只能依赖于实业的加强。圣西门最早提出了"废除国家"的思想，但他并不是一个无政府主义者。他指出，政治的核心问题不是政府形式，而是所有制。在未来社会，政治是关于生产的科学，对人的政治统治应当变成对物的管理和对生产过程的领导。这一思想直接影响了马克思主义国家学说。①

圣西门生命的最后时刻，门徒和崇拜者环绕在身边。医生问他，"你现在难受吗？"圣西门回答："不难受，这样说也许是撒谎，但是，这有什么意思呢，我的最后的时刻只应该献给我的体系。我生平创作的目的，就是要给社会的全体成员创造发挥他们才能的广阔的机会"。圣西门滔滔不绝，说个不停，但声音渐渐微弱。最后，他抬起手，喃喃地说："我们稳操胜券！"② 随后与世长辞。

恩格斯讲："我们在圣西门那里发现了天才的远大眼光，由于他有这种眼光，后来的社会主义者的几乎所有并非严格意义上的经济学思想都以萌芽状态包含在他的思想中"③。

（二）傅立叶与"和谐制度"

傅立叶（Charles Fourier，1772—1837）出生于一个富商家庭，早年丧父，中学毕业后曾经做过店员、推销员、经纪人，往来欧洲各地做生意，亲身体验到资本主义最恶劣的一面。他逐渐强烈希望能改造当时的社会制度，后来便专心投入研究工作，著书立说。

马克思最喜欢傅立叶的辩证法。傅立叶认为人类历史有上升期，也

---

① 参见《马克思恩格斯选集》第 3 卷，人民出版社 2012 年版，第 783 页。
② ［苏］阿·列万多夫斯基：《圣西门传》，孙家衡、钱文干译，商务印书馆 1983 年版，第 231—232 页。
③ 《马克思恩格斯选集》第 3 卷，人民出版社 2012 年版，第 783 页。

有下降期。他把截止那个时候的人类社会发展分为蒙昧时期、宗法时期、野蛮时期和文明时期。当时没有资本主义这个说法，傅立叶称其为"文明制度"。但是所谓"文明制度"并不真正文明。傅立叶对资本主义进行了深刻、尖锐的批判。

孕育中的工业社会，带来富人和穷的没有饭吃的人之间的冲突。如何认识这种冲突和对立？傅立叶对统治阶级——工业和金融的新垄断势力与无产阶级的利益之间进行了明确划分。他说，在资本主义制度下，贫困是由富裕产生的——医生遗忘自己的同胞患寒热病，律师希望每个家庭都打官司，建筑师希望一场大火让城市变为废墟，安玻璃的人希望一场冰雹砸坏所有窗子。因此资本主义是寄生的，是腐朽的，宣扬的权利和道德都是虚假的。资本主义并不是最好的制度，更不是永恒的制度，它当时已经陷入"恶性循环"之中，最终必将被一个更高更好的社会制度所代替。这种批判极其深刻。恩格斯曾赞扬说，在马克思主义以前，对资本主义社会"能够进行这种批评的只有傅立叶一人"①。

傅立叶设想了一种"和谐制度"或称"和谐公社"来代替资本主义，实行全新的劳动组织方式——法郎吉-谢利叶-法伦斯泰尔。它的基本单位叫作法郎吉，就是 1958 年我们设想的人民公社，谢利叶就是生产队，法伦斯泰尔就是人民公社驻地。毛泽东年谱有记载，新中国成立以后，毛主席说了好几次，傅立叶的思想在我们国家是可以实现的。

不过，傅立叶的公社是建立在私有资本基础之上的，也不追求完全平等。分配上的差距还是存在。公社所得利润分为 12 份，其中 5 份给劳工，4 份属于资本家，3 份给技术人员。他认为这样能让每个人发挥所长。傅立叶构想出他的理想社区之后，立即对外宣布，他每天中午在家等着，准备接见对他的计划有兴趣的开明君主或百万富翁，讨论兴建

---

① 《马克思恩格斯全集》第 2 卷，人民出版社 1957 年版，第 659 页。

这样一个公社的事宜。他等了整整十年，直到 1837 年逝世，没有一个人来敲门。

（三）欧文与"新和谐公社"

这三大空想家中，还有一位来自英国，这就是欧文（Robert Owen，1771—1858）。欧文来自英国威尔士地区，父亲是制造马鞍的工匠。欧文比傅立叶幸运，他终于建造出了他的理想公社。当然，这主要是因为，欧文本身就是一位非常成功的企业家。

欧文是英国工业革命的产儿，在他出生的 1771 年，第一台水力纺纱机出现，大大节省了人工劳力。1779 年，骡机发明出来。1785 年，第一家蒸汽纱厂出现。欧文 8 岁就辍学，到一家商店当学徒。16 岁来到当时的"棉花城"曼彻斯特，18 岁借到 100 英镑与人合办了一家只有 3 名工人的织纱厂。20 岁起担任一家大纺织厂的经理，这里已经引入了最新的蒸汽技术，有 500 名工人。

1799 年，28 岁的欧文入股苏格兰新拉纳克工厂，这里拥有 2500 名工人，4 个棉纺织厂，一个大机器制造厂，一个有 2000 多村民的村子以及占地 150 英亩的农场。欧文刚来到拉纳克的时候，这里的工人工资微薄，每天工作十三四个小时，甚至长达 16 个小时，还酗酒赌博，打架斗殴。还有不少十二三岁甚至七八岁的童工。

担任经理以后，欧文进行了一系列改革，把工人劳动时间缩短为 10 个半小时，禁止雇佣 9 岁以下的童工。他还提高工人工资待遇，改善工人居住条件，修建工人新村，在工厂内设立公共食堂、工人医院、公园和广场。这样下来，工人们有了更高的工资、更短的工作时间，但劳动生产率也提高了，企业利润不仅没有减少，反而给股东们赢得了更多利益。

新拉纳克的面貌焕然一新，成了一个模范厂区，是当时欧洲最轰动的旅行目的地，人们视之为人性化的工业传奇。从 1815 年至 1825 年这十年间，新拉纳克的访客登记簿上记录了两万个各地的客人，其中包括维多利亚女王的父亲和后来的俄国沙皇，他们都成了欧文的朋友。报纸称欧文为"善人欧文先生""仁慈的欧文先生"，恩格斯称欧文为"欧洲最有名望的人物"。

欧文自己也努力宣传自己的思想、推广改造拉纳克的经验，发表了《新社会观，或人类性格的形成》等著作，呼吁制定劳动法案、限制童工、缩短工作日，并多次提出建立合作新村或合作公社，以补救产业革命造成的失业和穷困。但是显然，大部分资本家并不愿意把利润都拿出去做慈善。

在遭遇保守势力的排斥甚至围剿后，1824 年，53 岁的欧文带着四个儿子和一些信徒，漂洋过海来到美国，在印第安纳州购买了 3 万英亩土地，建立了一个示范性公有制合作公社，称为"新和谐公社"。

新和谐公社组织法规定，公社财产公有，成年人享有平等的权利和义务。公社成员追求共同的幸福，每个人都要对公共利益作出最大的贡献。公社的首要任务是使全体社员得到最好的德育、智育和体育。先后有 1000 多人加入公社，其中包括美国许多著名人士。

然而，关于宗教、民族等问题的分歧逐渐显现，经营管理中的问题也逐渐暴露。1828 年，新和谐公社宣布解散，欧文损失了大部分财产。后来，欧文又想到墨西哥领取土地重新试验，但未能实现。但是，欧文并未放弃自己的思想和计划，回英国后继续进行宣传和斗争。

1825 年，英国爆发了资本主义世界第一次经济危机，劳资矛盾空前严重。19 世纪 30 年代，在欧文的一力支撑下，英国的合作运动和工人运动蓬勃发展起来。1833 年 10 月，在伦敦举行了合作社和职工会代表大会，成立了"大不列颠和爱尔兰全国产业部门大联合"，也称为"全国生产大联盟"，是英国历史上第一个总工会。欧文当选为主席，成为英国职工会的奠基人和创始人。1834年欧文又组织了各民族各阶级协会，创办了《新道德世界周报》。恩格斯1843—1845年曾为这个周报撰稿。

欧文在工人中活动了30年。他越来越坚信，无产阶级"将成为所有等级中最有力量的等级"，他们的解放是不可阻挡的。他还总结了阻碍社会改革的三大障碍：第一，私有制是万恶之源；第二，宗教束缚人民的思想，造成偏见；第三，当时的婚姻形式都不是建立在爱情的基础之上，而是建立在金钱关系的基础上。

恩格斯高度评价欧文的作用，他说："当时英国的有利于工人的一切社会运动、一切实际进步，都是和欧文的名字连在一起的。"① 1851年，33岁的马克思曾赴伦敦出席了欧文80岁生日聚会，聆听了他的演讲。② 马克思与恩格斯对欧文的评价很高，称欧文的思想为"本来意义的社会主义和共产主义的体系"③。

19世纪的空想社会主义站在时代最前列，客观看待城市化和工业化现象，认识到资本主义推动生产力发展的积极意义，超越了过去农业社会主义的方案，把空想社会主义推向了顶峰。"社会主义"这个词，最早出现在英国空想社会主义者欧文主义的刊物《合作杂志》和法国圣西门主义者的刊物《地球》杂志上，最早就是指19世纪三大空想家创造和影响下的圣西门主义、傅里叶主义和欧文主义体系。

恩格斯曾不止一次地指出："德国的理论上的社会主义永远不会忘记，它是站在圣西门、傅立叶和欧文这三个人的肩上的。虽然这三个人的学说含有十分虚幻和空想的性质，但他们终究是属于一切时代最伟大的智士之列的，他们天才地预示了我们现在已经科学地证明了其正确性

---

① 《马克思恩格斯选集》第3卷，人民出版社2012年版，第788页。
② 季学明编著：《社会主义在中国》，上海三联书店2020年版，第18页。
③ 《马克思恩格斯选集》第1卷，人民出版社2012年版，第431页。

的无数真理。"① 三大空想家对马克思恩格斯思想的发展有直接影响，是科学社会主义的直接来源。

在三位伟大空想者之后，19世纪三四十年代，工人阶级作为一支独立政治力量正式登上了历史舞台，他们迫切需要科学理论的指导。但是当时，圣西门主义、傅立叶主义和欧文主义日趋衰落，而科学社会主义尚未诞生。在这个空隙中，欧洲各国也产生了一些空想社会主义的思想和实践。40年代，马克思在巴黎和布里塞尔，也认识了当时许多空想社会主义的代表人物，如法国的蒲鲁东、路易勃朗、卡贝，德国的魏特林，俄国的巴枯宁等人。在一段时间内，他与蒲鲁东、巴枯宁的私人交往还很密切。但是，在观察和交往中，马克思恩格斯越来越感受到他们存在严重的空想性和局限性，不能适应形势发展，不利于革命运动的推进。

四、空想社会主义的贡献与历史局限性

（一）空想社会主义对科学社会主义的启发

正如恩格斯明确指出的："（现代社会主义）同任何新的学说一样，它必须首先从已有的思想材料出发"②。空想社会主义的主要贡献就在于为科学社会主义提供了重要思想来源。

第一，深刻批判了资本主义。空想社会主义揭露资本主义社会的罪恶，批判资本主义制度的全部基础，论证了未来社会代替资本主义的合理性，为马克思恩格斯提供了许多批判素材。

---

① 《马克思恩格斯文集》第2卷，人民出版社2009年版，第218页。
② 《马克思恩格斯选集》第3卷，人民出版社2012年版，第775页。

第二，提出了对未来社会的天才设想。虽然空想社会主义是空想，但它包含许多进步的、引导人类历史发展方向的真知灼见，也进行了许多积极探索实践，是科学社会主义的重要思想来源。正如恩格斯高度评价的，"使我们感到高兴的，倒是处处突破幻想的外壳而显露出来的天才的思想萌芽和天才的思想，而这些却是那班庸人所看不见的。"[1]

第三，培育了社会主义理想信念。正是空想社会主义，使人类文明形成了一个重要传统——追求一个社会互助友爱、人人全面发展的理想社会。价值理念就是远方的灯塔，是努力期望达到的目标。对现代政党政治而言，价值理念与社会理想就是政党身份归属的基础核心和动员工具。因此，价值与理想是不可或缺的。

总体上来看，空想社会主义的理想追求从吸收中世纪基督教的平等、公有观念，到启蒙时代追求抽象的理性和平等，再到形成比较科学的历史观、追寻工业时代的合作与协同，这样一个发展过程，它的每一次发展都建立在当时最先进思想的基础之上，都反映了那个时代的追求和理想，都激励了当时人们的抗争，推进了人类社会的进步发展。

（二）空想社会主义的历史局限性

但是空想社会主义毕竟是空想的，难以真正对社会发展发生作用。空想性源于历史局限性。空想社会主义的历史局限性核心是两条。

第一，强烈批判了资本主义，但是没有能够证明资本主义必然灭亡，没有揭示社会发展规律。正如恩格斯所说："这种诉诸道德和法的做法，在科学上丝毫不能把我们推向前进；道义上的愤怒，无论多么入情入理，经济科学总不能把它看做证据，而只能看做象征。"[2] 也就是说，空想社会主义对资本主义进行了尖锐批判，但是只论证了资本主义

---

① 《马克思恩格斯选集》第3卷，人民出版社2012年版，第781页。
② 《马克思恩格斯选集》第3卷，人民出版社2012年版，第528页。

应该灭亡，并没有论证资本主义必然灭亡。最终，要通过马克思恩格斯所发现的历史唯物主义和剩余价值理论来实现对资本主义的彻底批判。

第二，精心设计了社会主义，但是没有能够找到实现社会主义的有效途径，没有找到道路和力量。如圣西门，在一定程度上看到了存在阶级和阶级斗争这个事实，但是，却没有认识到阶级斗争是历史发展的动力，甚至对阶级斗争和暴力革命持排斥的态度。而巴贝夫、布朗基等人的暴力革命却没有建立在现实基础之上。在残酷的现实面前，离开实现路径，他们的设想便只能是空话，他们的实践只能是充满幼稚的幻想。同时，大多数空想社会主义都把改造现实社会的历史责任赋予了某个天才人物。比如圣西门认为，下层群众"只有依靠天才的人，才能重新组织起来而成为一股社会力量"①。即便是那些革命的"实干家"们，如巴贝夫、布朗基等人，也只是把希望寄托在少数革命者的密谋上。空想社会主义者没有看到人民群众特别是广大无产阶级群众的力量。

因此，马克思曾指出："这种空论的社会主义实质上只是把现代社会理想化，描绘出一幅没有阴暗面的现代社会的图画，并且不顾这个社会的现实而力求实现自己的理想。"②

必须要强调的是，空想社会主义这个概念绝没有贬低空想社会主义者的意思，从莫尔到三大空想社会主义者，他们都是自己所处时代最伟大的智士，是人类文明史上的伟人。空想社会主义的局限性并不是个人的局限性，而是历史局限性。他们所处时代的生产状况、阶级状况并不成熟，所以他们必然仅仅去幻想未来的模范社会。当然，在整个330多年的发展中，随着生产状况和阶级状况的发展变化，空想社会主义也走过了一个空想色彩日渐淡化、糟粕成分不断被剔除、科学内涵越来越充

---

① 《圣西门选集》第1卷，王燕生、徐仲年、徐基恩译，人民出版社2010年版，第13页。

② 《马克思恩格斯选集》第1卷，人民出版社2012年版，第532页。

实的过程。

（三）在批判空想性中不断发展社会主义

另一个必须要提醒大家注意的是，科学社会主义诞生后，在社会主义思潮、运动和制度中，空想性并没有消失，还长期存在。当然，具有空想性，并不就是空想社会主义，这是两个概念。马克思恩格斯在《共产党宣言》中用了大量篇幅批评形形色色的社会主义，广义上都是空想社会主义。马克思恩格斯进行过长期理论斗争的一些社会主义流派也是空想社会主义。近代中国出现过三次空想社会主义思潮。第一次是洪秀全的农业社会主义，第二次是康有为的大同社会主义，第三次是20世纪初孙中山先生的民生社会主义。

中华人民共和国成立前夕，中国共产党就进行了对农业社会主义思想的批判。在改革开放的关键转折时刻，一个重要问题就是要总结新中国成立后社会主义建设的经验教训，重点批判超越阶段的空想论。1979年，邓小平在党的理论务虚会上，鲜明地提出："我们当然不会由科学的社会主义退回到空想的社会主义"①。1987年党的十三大报告进一步指出："以为不经过生产力的巨大发展就可以越过社会主义初级阶段，是革命发展问题上的空想论，是'左'倾错误的重要认识根源。"②

2019年10月31日，习近平总书记在党的十九届四中全会第二次全体会议上指出："科学社会主义和空想社会主义的一大区别，就在于它不是一成不变的教条，而是把社会主义看作一个不断完善和发展的实践过程。"③ 可以说，科学社会主义正是在对同时代空想社会主义的反思、

---

① 《邓小平文选》第二卷，人民出版社1994年版，第179页。
② 中共中央文献研究室编：《十三大以来重要文献选编》（上），人民出版社1991年版，第10页。
③ 《习近平谈治国理政》第三卷，外文出版社2020年版，第123页。

批判和斗争中产生和确立的，中国特色社会主义也是在与空想性、空想论的不断斗争中发展前进的。

习近平总书记讲：江河万里总有源。中国特色社会主义并不是凭空而来的，我们要倍加珍惜、始终坚持、不断发展中国特色社会主义，就需要回溯世界社会主义思想源头，探本溯源，正本清源，从中探究社会主义发生、发展的背景、过程和规律，在此基础上不断发展社会主义，发展中国特色社会主义。

习近平总书记在 2018 年新年贺词中鼓励我们，要不驰于空想、不骛于虚声。社会主义理想的实现是个持续的过程，既不能忘记远大理想而只顾眼前，也不能离开现实工作而空谈远大理想。我们要积极投身新时代中国特色社会主义伟大实践，在实践中不断探索，在探索中砥砺前行，一定能够把美好向往变为美好现实。

第 三 讲

把社会主义置于现实的基础之上

空想社会主义经过 330 多年的发展，到马克思恩格斯那里发生质变，社会主义从空想变成了科学。马克思恩格斯创立科学社会主义的时代，是一个生产力大发展、社会大变革的时代，是资本主义大踏步前进的时代，是社会急剧转型期。科学社会主义就是这个时代的产物，也是马克思恩格斯观察时代、分析时代的结果。

一、社会主义从空想到科学的历史条件

（一）科学社会主义创立的时代背景

19 世纪 30—40 年代，发端于英国的工业革命正高歌猛进，机器大工业取代工场手工业，英国率先成为先进工业国。此后，各主要资本主义国家经历了不同形式的资产阶级革命，并相继发生了产业革命，实现了从工场手工业到机器大工业的过渡，资本主义生产方式完全确立起来了。

然而，产业革命在使社会生产力迅猛发展的同时，也加剧了资本主义生产力和生产关系的矛盾。一方面，机器大工业的发展，使生产社会化程度越来越高；另一方面，以社会化形式使用的生产资料，却越来越集中在少数大资本家手中。在生产的社会化和生产资料私人占有这一资

本主义基本矛盾的作用下，1825 年英国爆发了世界上第一次以生产的相对过剩为特征的经济危机。在这之后的一个世纪中，大约每隔 10 年周期性地爆发一次。马克思恩格斯称之为"社会瘟疫"。尽管当时资本主义还处在它的上升时期，但是，资本主义生产关系的根本缺陷已经暴露出来。

产业革命引起了社会关系特别是阶级关系的新变化。产业革命在创造出一个工业资本家阶级的同时，也创造出一个在人数上远远超过前者的产业工人阶级；产业革命在不断地刺激资本财富的积累、强化资本的力量的同时，也在不断地扩大工人贫困的积累、聚合工人阶级的反抗力量。1831 年，法国里昂工人发动起义，要求提高工资，他们提出了"不能劳动而生，毋宁战斗而死"的口号，但很快遭到镇压而失败。1842 年英国爆发第二次宪章运动，300 万劳工聚集伦敦在请愿书上签字，要求获得选举权。他们质问为什么女王每天收入 164 镑 17 先令 60 便士，他们却只有两三个便士？1844 年，普鲁士西里西亚地区，3000 多名生活在饥饿线上的纺织工人发动起义，最终还是失败了。这一系列工人运动，揭开了由无产阶级领导的社会革命的序幕。

时代的急剧变化，迫使人们对一些深层次的问题作出反思，其中最重要的就是：资本主义时代扑朔迷离的变化背后潜藏的最根本的力量是什么？推而广之，人类历史发展的动力究竟是什么？陷入经济、政治困境的资本主义究竟向何处去？进而人类向何处去？面对历史和时代发展提出的这些课题，马克思和恩格斯积极投身于革命实践活动和理论研究工作，创立了科学社会主义。

（二）马克思世界观的转变

马克思恩格斯在共同创立科学社会主义之前，各自有一段世界观变化历程。

1818 年 5 月 5 日，卡尔·马克思出生在莱茵省小城特利尔，他的父亲亨利希·马克思，是特利尔高等上诉法院的律师、特里尔市律师公会主席。他母亲罕丽达·普勒斯堡来自一个家世显赫的犹太律法学家的家族。

马克思并没有上过小学，他接受家庭教育。他父亲亨利希·马克思对启蒙思想和文学的兴趣以及对时局的言行，深刻影响了他。他的邻居后来成为他的岳父的威斯特华伦男爵，对他童年有很大影响。他常带马克思在城郊散步，背诵浪漫主义诗歌以及荷马和莎士比亚的著作给他听。威斯特华伦男爵要求马克思关注圣西门的空想社会主义思想。马克思很小就读了空想社会主义著作，这恐怕对他萌发投身人类解放事业产生了不小影响①。

1835 年马克思中学毕业，他的毕业作文《青年在选择职业时的考虑》中说："如果我们选择了最能为人类而工作的职业，那么，重担就不能把我们压倒，因为这是为大家作出的牺牲；那时我们所享受的就不是可怜的、有限的、自私的乐趣。我们的幸福将属于千百万人，我们的事业将悄然无声地存在下去，但是它会永远发挥作用，而面对我们的骨灰，高尚的人们将洒下热泪。"② 志存高远，一个 17 岁的青年，就把自己的职业选择与全人类的命运联系起来了。这就是马克思的初心，他为此奋斗了一生。

中学毕业后，马克思按照父亲的意愿来到了波恩大学学习法律。一年后，他父亲将他转到了柏林大学。

在柏林大学，马克思写了三本诗集献给燕妮：《爱之书》（第一、二部）和《歌之书》。马克思对那里的课程似乎并不十分感兴趣，在 9 个学期当中，他只不过修了 12 门课程。马克思 1859 年说："我学的专

---

① 参见张光明、罗传芳：《马克思传》，天地出版社 2018 年版，第 6—7 页。
② 《马克思恩格斯全集》第 1 卷，人民出版社 1995 年版，第 459—460 页。

业本来是法律，但我只是把它排在哲学和历史之次当做辅助学科来研究。"① 马克思读书能力超强。曾经用两个月的时间阅读了 24 本著作，写下了 255 页的读书笔记。著名的左翼政治活动家梅林在《马克思传》里说，马克思在一年内自修所学到的知识，如果按照学院的"喂养"方法的话，十年也学不完。当时柏林大学哲学的主流是黑格尔哲学，马克思 1837 年加入了青年黑格尔派，并迅速成为"博士俱乐部"的核心人物。黑格尔是德国古典哲学的集大成者，是辩证法大师。他第一次"把整个自然的、历史的和精神的世界描写为一个过程，即把它描写为处在不断的运动、变化、转变和发展中，并企图揭示这种运动和发展的内在联系"②。马克思对其中的辩证法很推崇，但他很快意识到了黑格尔唯心主义的不足。1841 年，费尔巴哈发表《基督教的本质》，认为上帝就是人自身。费尔巴哈恢复了唯物主义的权威，对马克思影响很大。从此，马克思开始将辩证法与唯物主义相结合，试图创建一个新的历史观。

这一年，23 岁的马克思获得耶拿大学博士学位，成为当时普鲁士最年轻的博士之一。尽管他的老师、朋友鲍威尔尽力帮助，因为缺少发表学术论文，加上当时普鲁士对年轻进步学者的迫害，他并没有如愿当上大学教授。1842 年春天，他开始为《莱茵报》撰稿，并最终成为该报的主编。这是马克思大学毕业后谋得的第一份也是唯一一份正式工作。在这里，他首次对共产主义问题发表看法。当时德国地方官方报纸《总汇报》公开指责《莱茵报》进行关于共产主义的宣传，1842 年 10 月 15 日马克思在《莱茵报》上发表了《共产主义和奥格斯堡〈总汇报〉》一文，他肯定了共产主义运动的合理性和重要意义，同时反对空

---

① 《马克思恩格斯选集》第 2 卷，人民出版社 2012 年版，第 1 页。

② 《马克思恩格斯选集》第 3 卷，人民出版社 2012 年版，第 793 页。

想社会主义搞的各种实验，并提出要对共产主义进行理论论证。

在此期间，马克思遇上了"物质利益难题"。19世纪初，莱茵省林木所有者鼓动着议会通过了反林木盗窃法，把农民在森林里捡拾枯枝、采摘野果的行为视为盗窃犯罪，给予刑事处罚。当时欧洲各国资产阶级在所有权问题上都遇到这样的问题，所以后来马克思在不同场合多次提到这样的问题。作为普鲁士《莱茵报》的主编，马克思在1842年10月发表了《关于林木盗窃法的辩论》，他替农民做辩护。他认为，自古以来，农民就有在森林里捡拾枯枝的权利，这是一种习惯权利，是合法的。只是由于农民所处的地位低下，在议会中没有话语权，这种习惯权利还没有具备法律的形式，但其内容同法律形式并不相抵触，因此农民的行为并不违法。为农民辩护的代价是《莱茵报》被普鲁士政府查封，马克思的第一份工作就此终止，并被驱逐出境。

《关于林木盗窃法的辩论》是马克思哲学世界观转变的一个历史性的标志。根据黑格尔的国家观，国家是理性的，是正义的化身。法律由国家意志决定，所以法律是正义的。也就是国家决定社会。而马克思看到的现实则是林木所有者左右着议会，左右着法律。不是国家社会决定市民社会，而是市民社会决定国家。因此，黑格尔的辩证法是唯心的，是头脚倒置的，马克思要把它颠倒过来。他开始深入研究黑格尔关于国家和法的理论，1843年夏他完成了《黑格尔法哲学批判》。这时马克思已经不像过去那样从精神出发去研究问题，而是从实际出发去进行思考，唯物史观已经萌芽。

1843年11月，马克思携新婚妻子燕妮迁居巴黎。他和朋友卢格在巴黎创办了《德法年鉴》。他们希望以《德法年鉴》为武器，再次反对普鲁士的国王，反对教会，反对一切旧秩序。恩格斯称这份刊物为"第一本社会主义的刊物"。《德法年鉴》仅仅在1844年2月29日发行了一本，是两期的合刊，仅发行了2000册，在边境被普鲁士当局收缴了三分之一，马克思、卢格和撰稿人贝尔奈斯、海涅遭到普鲁士当局的通缉。这时，马克思和卢格在政治观点上发生了分歧，杂志的经费发生了困难，不可能再出版了。马克思在《德法年鉴》上发表了两篇论文。一篇是《论犹太人问题》，他区分了"政治解放和人类解放"。马克思认为，资产阶级的政治解放是不彻底的。作为资产阶级政治解放结果的人，只不过是"私人"即市民社会的成员，而作为国家成员的公民则被马克思称为"公人"①。完整的人应当是建立在全面发展的基础上的人。另一篇是《〈黑格尔法哲学批判〉导言》，他提出了"无产阶级历史使命"的思想。马克思不仅明确地把无产阶级看作是人类解放的社会力量，而且公开申明自己的哲学是为无产阶级服务的。这是科学社会主义的主要的一点。他说："哲学把无产阶级当做自己的物质武器，同样，无产阶级也把哲学当做自己的精神武器"。"批判的武器当然不能代替武器的批判，物质力量只能用物质力量来摧毁；但是理论一经掌握群众，也会变成物质力量。"② 这两篇文章的发表，标志着马克思从唯心主义到唯物主义，从革命民主主义到共产主义的转变。

在巴黎，马克思通过走访工人家庭，参加工人集会，与法国的革命民主主义者、社会主义者以及德国秘密的流亡团体"正义者同盟"的领导人建立了联系，同时还研究了法国资产阶级革命的历史、英国古典经济学、法国唯物主义和空想社会主义的大量著作。在这里，马克思撰写了《1844年经济学哲学手稿》，也称《巴黎手稿》，这份手稿直到马克思逝世多年后才被发表。在《巴黎手稿》中，马克思第一次试图对资本主义经济制度和资产阶级政治经济学进行批判性考察，并初步阐述自己的新的经济学、哲学观点和共产主义思想，被视为马克思科学世界观的开端。

---

① 《马克思恩格斯全集》第3卷，人民出版社2002年版，第189页。
② 《马克思恩格斯选集》第1卷，人民出版社2012年版，第16、9页。

（三）恩格斯世界观的转变

如果说马克思是从关注农民开始走向现实的，恩格斯就是从接触工人开始的。

1820 年 11 月 28 日，恩格斯诞生于莱茵省的另外一座城市——巴门。先祖是犹太人。父亲是工厂主，在德国、英国都有纺织工厂。1837 年，他被父亲命令从中学辍学，到营业所学习其厌恶的经商。1838 年 8 月，在父亲的安排下去不来梅当办事员。在这里，他成为一个民主主义者，同青年德意志运动建立联系。1839 年春，在该派机关刊物《德意志电讯》发表《乌培河谷来信》，揭露了工人的悲惨生活。1841 年 9 月，恩格斯到柏林步兵炮团服兵役，业余时间去柏林大学听哲学讲课，并参加了"青年黑格尔派"。在听了谢林的演讲后，1842 年他写作出版了《谢林和启示》一书，对谢林的唯心主义哲学进行了批判。1842 年 11 月，恩格斯到英国曼彻斯特他父亲和别人合营的欧门——恩格斯纺织厂当总经理，在那里他开始真正深入工人阶级的生活。他说，"我抛弃了社交活动和宴会，抛弃了资产阶级的葡萄牙红葡萄酒和香槟酒，把自己的空闲时间几乎都用来和普通的工人交往，对此我感到高兴和骄傲"[1]。恩格斯经常深入到工厂和工人住宅区了解工人生活情况，研究分析工人阶级状况，还时常出席英国工人群众的集会。他看到 5 岁以上的孩子就开始在工厂工作，工作时间常常是每天 14 小时到 16 小时。在贫民窟，恩格斯几乎被眼前的一切震惊了，他写道：大量的工业废料、生活垃圾四处倾倒，生活污水肆意横流，空气中弥漫着腐败的恶臭，工厂无数烟囱排出的浓烟把这里的白天变成了伸手不见五指的黑夜，毫无生气和希望。这一切，都促进了恩格斯世界观和阶级立场的转变，加上

---

[1]　韩毓海：《五百年来谁著史：1500 年以来的中国与世界》，九州出版社 2010 年版，第 367 页。

英国唯物主义经验论的影响，他很快便能以哲学唯物主义立场看待英国社会历史现实。1844 年恩格斯写成《英国工人阶级状况》一书，这本书为科学社会主义理论提供了无可辩驳的经验事实。

这一时期，恩格斯阅读了大量的书籍，研究了英国古典政治经济学、英法空想社会主义和德国古典哲学。1844 年 2 月，恩格斯也在《德法年鉴》上发表了两篇文章。一篇是《英国状况：十八世纪》的一部分，强调了科学技术的进步、机器的发明和应用对生产的发展，对社会生活的影响。另一篇是《国民经济学批判大纲》，被马克思誉为"批判政治经济学范畴的天才大纲"。这是第一篇从无产阶级立场出发的政治经济学文献，以唯物主义和社会主义观点，分析了资本主义的经济问题和社会结构，指出私有制是资本主义社会一切政治经济矛盾的根源，无情地批判了整个资本主义社会制度。

同马克思一样，恩格斯也完成了"两个转变"：从唯心主义向唯物主义、从革命民主主义向共产主义的转变，并开始作为自觉的共产主义者进行思想理论和革命实践活动。

二、"两大发现"与科学社会主义的诞生

（一）唯物史观的创立

1844 年 8 月，恩格斯从英国返回德国巴门老家，途中经过巴黎和马克思见面。马克思恩格斯彼此发现在"一切理论领域中都显出意见完全一致"[①]，他们见面即着手合著一部新书，来清算自己之前的青年黑格尔派思想，捍卫他们已经共同承认的唯物主义和共产主义观点。这

---

① 《马克思恩格斯选集》第 4 卷，人民出版社 2012 年版，第 202 页。

本书于 1845 年出版，名为《神圣家族》，副标题是燕妮取的名字——
《对批判的批判所做的批判》。"神圣家族"原来是意大利文艺复兴时期
一幅名画的名字，马克思用这一名称来讥讽青年黑格尔派代表人物鲍威
尔三兄弟的狂妄。这三兄弟看不起无产阶级，认为无产阶级是一群没头
脑、没文化的人，是"精神的敌人"，是我们"运动的障碍"。马克思
则认为，正是这些无产者，正因为他们无产，才使他们无牵无挂地投身
革命，才最拥有改变整个社会的决心和力量，只有他们才能形成资产阶
级的对立面，并且将由他们推翻整个资产阶级，他们是历史的创造者。
借由《神圣家族》，马克思和恩格斯完成了对青年黑格尔派的告别，开
始了共同创立科学社会主义的战斗历程。

　　1845 年 1 月，马克思由于帮助革命的《前进报》反对普鲁士当局，
而遭到了法国政府的驱逐，来到了比利时的布鲁塞尔。在布鲁塞尔的大
部分时间里，马克思一家的生活极其困窘，身无分文，辗转搬家七八次
才安顿下来。而早已厌倦了经商的恩格斯也在这年 4 月离开曼彻斯特，
赶来与马克思会合。

　　1845 年 9 月到 1846 年 8 月，马克思和恩格斯共同创作了《德意志
意识形态》。这一著作第一次比较系统地阐述了历史唯物主义基本原
理，标志着唯物史观的创立和马克思主义哲学的形成。在《德意志意
识形态》中，马克思恩格斯把"现实的个人"作为唯物史观的前提和
出发点。他们指出，"这是一些现实的个人，是他们的活动和他们的物
质生活条件"[1]。在此基础上，马克思恩格斯阐明了科学的历史观，这
种历史观就在于："从直接生活的物质生产出发阐述现实的生产过程，
把同这种生产方式相联系的、它所产生的交往方式即各个不同阶段上的
市民社会理解为整个历史的基础，从市民社会作为国家的活动描述市民

---

[1]　《马克思恩格斯选集》第 1 卷，人民出版社 2012 年版，第 146 页。

社会，同时从市民社会出发阐明意识的所有各种不同的理论产物和形式，如宗教、哲学、道德等等，而且追溯它们产生的过程……这种历史观同唯心主义历史观不同，它不是在每个时代中寻找某种范畴，而是始终站在现实历史的基础上，不是从观念出发来解释实践，而是从物质实践出发来解释各种观念的形态"①。这种历史观强调"不是意识决定生活，而是生活决定意识"。

《德意志意识形态》第一次系统描述唯物史观，揭示了人类历史发展的客观规律，指明了无产阶级革命的根本原因，说明社会主义代替资本主义是不以人的意志为转移的客观规律，为科学社会主义奠定了第一个理论基石。

而 1845 年马克思的《关于费尔巴哈的提纲》，恩格斯称之为"包含着新世界观的天才萌芽的第一个文件"，则进一步明确了实践的地位。马克思告诉大家，"哲学家们只是用不同的方式解释世界，而问题在于改变世界"，实践成为马克思哲学的核心范畴。

1847 年马克思写作《哲学的贫困》，批判小资产阶级思想家蒲鲁东。蒲鲁东认为革命是梦想家的幻想，真正的出路是改良，改良就是和资产阶级携起手来共同改造这个社会；马克思则指出资本主义生产方式内在矛盾的对抗性必然导致阶级斗争尖锐化，资本主义终将为一个没有阶级和阶级对抗的新社会所代替，而工人阶级就是实现这一历史性变革的伟大革命阶级。这部著作为马克思主义经济理论奠定了初步基础，这一年 12 月马克思又作了《资本和雇佣劳动》的演说。这两部著作，初步提出了剩余价值的思想。当然，对剩余价值学说的系统阐述则在《1857—1858 年经济学手稿》中。剩余价值学说，表面看来是在研究经济问题，其实是在研究人，研究经济关系背后隐藏着的人与人的关系，

---

① 《马克思恩格斯选集》第 1 卷，人民出版社 2012 年版，第 171—172 页。

揭开了资产阶级剥削的秘密，实质上是关于工人阶级革命的理论。这就为科学社会主义奠定了另一个理论基石。

唯物史观和剩余价值学说的发现，把社会主义建立在现实基础之上，建立在对人类社会发展规律和资本主义发展规律基础上，为科学社会主义奠定了两大理论基石。

（二）共产主义者同盟的成立

19世纪三四十年代，随着工人运动的发展，欧洲成立了不少带有政治性质的工人群众组织。他们深受魏特林空想社会主义、蒲鲁东改良主义、德国"真正的社会主义"、布朗基主义等思想的影响。为了肃清这些思想影响，为工人运动提供指导，1845年马克思和恩格斯花了一个多月的时间亲自到英国实地考察工人的生活，曼彻斯特和伦敦都留下了他们考察的足迹。在布鲁塞尔，马克思定期参加在比利时的德国工人协会的会议和辩论。这些活动给他们带来了新的思考，那就是将理论研究和工人无产阶级的斗争结合起来。1846年他们在布鲁塞尔一起建立了"共产主义通讯委员会"，共产主义通讯委员会很快在巴黎、伦敦、汉堡、莱比锡、西里西亚各地都设立了支部。最为重要的一个成果就是，使得建党正式进入筹备阶段。

讲到建党就要讲正义者同盟。这个组织的前身法国的德国流亡者的组织，叫德意志人民联盟，1836年其左翼分裂出来组成正义者同盟。1839年5月，正义者同盟参加了法国四季社发动的起义，起义失败后其领导人有的被监禁、有的被驱逐出境，他们到伦敦重新恢复同盟组织。正义者同盟具有浓郁的帮会性质，成员主要由流亡在外的德国裁缝、木匠、钟表匠、排字工人等手工业者组成。他们希望成为小作坊师傅，宗旨是以少数人的密谋活动建立财产公有的新社会。正义者同盟在法国、瑞士和德国也有支部。

当时正义者同盟内部一些领导成员思想发生了分歧，需要科学理论指导。1847 年 1 月，正义者同盟领导人约瑟夫·莫尔代表同盟专程到布鲁塞尔、巴黎邀请马克思恩格斯参加同盟，帮助同盟起草宣言，实现改组。马克思恩格斯接受邀请参加了同盟。1847 年 6 月 2—9 日，正义者同盟举行第一届代表大会。恩格斯参加了会议，马克思由于经费紧张未能成行。这次会议上，正义者同盟改称为共产主义者同盟，用"全世界无产者，联合起来！"的口号代替"人人皆兄弟"，通过了恩格斯起草的《共产主义者同盟章程（草案）》，规定了新的民主的组织原则。这次大会，把一个狭隘的工人小团体变成了地跨英、法、德、比、瑞士等国家的国际性共产主义组织。

1847 年 11 月 29 日至 12 月 8 日，共产主义者同盟第二次代表大会在伦敦召开，有 300 多人参会。因为很多人白天还要工作，会议只能晚上开，并因此延续了 10 天。在 10 天的议程中，马克思和恩格斯充分阐释了科学社会主义理论。他们理论上的深刻、学识上的渊博，受到了人们的敬佩。大会接受了马克思恩格斯的新理论和新原则，历史上第一个按照科学社会主义原则建立起来的无产阶级政党诞生了。

马克思和恩格斯接受大会委托，经过充分酝酿，由马克思执笔起草了新的政治纲领——《共产党宣言》。

（三）《共产党宣言》的发表

《共产党宣言》是马克思恩格斯第三部合作著作，是科学社会主义诞生的标志。它的前身有恩格斯写的两个版本。

第一份是提交给 1847 年 6 月召开的共产主义者同盟"一大"讨论的《共产主义信条草案》，一共 22 个问答题。第二份是提交给 1847 年 11 月共产主义者同盟"二大"讨论的《共产主义原理》，以问答的形式通俗地回答了诸如"什么是共产主义""什么是无产阶级"等 25 个极为重要的重大问题，阐述了科学社会主义的一系列极其重要的基本原理和策略原则，第一次提出"共产主义是关于无产阶级解放的条件的学说"。《共产主义原理》为《共产党宣言》的诞生提供了大体思路框架和基本思想原理。

1847 年 12 月至 1848 年 1 月，马克思恩格斯合作完成了《共产党宣言》。1848 年 2 月出版，首次印数也只有几百册。《共产党宣言》刚发表，1848 年革命风暴就席卷欧洲。油墨未干的书籍立即分发到各国的同盟盟员手里，成为工人的思想武器。

《共产党宣言》的出版，是马克思主义诞生的标志，是科学社会主义诞生的标志。这本书第一次完整阐述了科学社会主义的基本原理，运用唯物史观的基本原理分析资本主义，得出"两个必然"的结论："资产阶级的灭亡和无产阶级的胜利是同样不可避免的"。无产阶级革命胜利后建立一个什么样的社会？他们提出："代替那存在着阶级和阶级对立的资产阶级旧社会的，将是这样一个联合体，在那里，每个人的自由发展是一切人的自由发展的条件"。如何实现这样的目标？靠无产阶级革命，实行人民民主，与旧的所有制和旧观念彻底决裂；这一切，都离不开无产阶级政党的领导。作为世界上第一个国际性共产党组织的纲领，它把那个时代的科学社会主义理论都讲清楚了，把社会主义建立在现实基础之上。从此，社会主义从空想变成了科学。

三、科学社会主义理论的发展成熟

（一）1848 年欧洲革命以及经验总结

1848 年的欧洲革命，对马克思恩格斯丰富发展科学社会主义意义重大。当时，欧洲封建主义与资本主义、压迫民族与被压迫民族之间的矛盾已经非常尖锐。再加上 1845 年至 1846 年，欧洲一些国家发生了严重的自然灾害，农业歉收。紧接着 1847 年又发生席卷全欧洲大陆的经济危机。一场席卷欧洲的革命爆发了。这场革命，从意大利西西里开始，以法国为中心，波及德国、奥地利、匈牙利等。这场革命总体上是资产阶级性质的革命，要求的是扩大民主和人民自由，参加者范围广泛，工人阶级也参加了，不少人为此献出了生命。工人阶级既然已经强大起来，革命后就必然要提出自己的阶级要求，于是资产阶级与工人阶级之间的矛盾迅速尖锐起来，资产阶级运用一切手段刁难、压制、排挤工人阶级，法国工人阶级最终举行六月起义。经过 6 天激烈的巷战，工人起义被镇压，1.1 万人被枪杀，2.5 万人遭到流放。马克思称之为"分裂现代社会的两个阶级之间的第一次大规模的战斗"。起义虽然失败了，但它却揭开了两大阶级搏斗的时代。

这时，马克思刚刚收到父亲留给他的 6000 法郎遗产。这笔钱相当于马克思前三年收入的总和，也是那时候一个熟练工人一年的收入①。马克思把相当一部分钱拿出来资助革命，并且组织工人游行，此时，他已经成为比利时政府黑名单上的头号人物。他放弃了普鲁士国籍，又被比利时当局驱逐，应法兰西第二共和国之邀去了法国。他把目光投向德意志的革命，马克思恩格斯为共产主义者同盟起草了《共产党在德国的要求》，第一次提出了无产阶级政党在资产阶级民主革命中的基本纲领和路线。此后，他揣着由法国政府颁发的有效期一年的护照，以一个"外国人"的身份回到阔别 5 年的德国。回到德国参加革命的还有恩格斯，以及 300 多名德国工人。到了科隆，马克思恩格斯倾其所有，筹办了《新莱茵报》。

恩格斯直接参加了战斗，曾成功突袭了普鲁士军队的一个军需仓

---

① ［英］戴维·麦克莱伦：《卡尔·马克思传》，王珍译，中国人民大学出版社 2005 年版，第 179 页。

库，后来队伍被打散，撤入瑞士。这时恩格斯身无分文，向马克思求援。马克思将身边仅有的 11 塔勒纸币以及一张 50 塔勒的期票寄给了恩格斯。①

1848 年革命彻底失败后，马克思和恩格斯撰写了大量著作，对 1848 的欧洲革命进行了总结和研究，譬如《共产主义者同盟中央委员会告同盟书》《法兰西阶级斗争》《路易波拿巴的雾月十八日》，进一步丰富和完善了无产阶级革命的理论。第一，提出"革命是历史的火车头"的论断，他们说革命时期时钟变得特别快，5 年胜过 100 年，1 天等于 20 年。第二，要使革命取得胜利，必须有科学理论武装起来的政党。第三，论证了工农联盟的思想，无产阶级革命"在一切农民国度中的独唱是不免要变成孤鸿哀鸣的"。第四，第一次提出了"无产阶级专政"，无产阶级取得政权后，还必须利用自己的阶级专政，实现对社会的彻底改造，直到建立新的制度为止。

欧洲 1848 年革命失败后，31 岁的马克思被祖国作为不受欢迎的外国人驱逐出境。拿破仑的侄子路易·波拿巴当选法国总统后，巴黎也不再欢迎马克思。英国当时还是愿意接受流亡革命者的欧洲国家。1849 年 8 月 24 日，马克思带着他的家人来到英国伦敦，一住就住了 30 年，直到生命的终点。

（二）国际工人协会的创立及其影响

1848 年的革命风暴，沉重地打击了欧洲的封建势力，使资本主义获得进一步的发展，无产阶级的队伍也迅速壮大，50 年代末欧洲产业工人已达八百多万人。1857 年，爆发了第一次世界性资本主义经济危机，工人大量失业，工资普遍降低，人民生活更加恶化，矛盾进一步加

---

① 参见《马克思恩格斯全集》第 27 卷，人民出版社 1974 年版，第 126 页。

剧，工人运动进入了新的高涨时期。欧美各国工人组织陆续建立起来，并开展了活动。

这时，西欧各国之间的工人联系越来越多了。1862 年，伦敦举办世界博览会。法国工人借参观博览会的机会，同英国工人探讨国际无产阶级团结的问题。他们指出，由于没有一个国际的工人联合组织，由于各国工人缺乏组织联系，资本家常常用招募外国雇工的办法来破坏工人的罢工斗争。为了对付国际资本的剥削和压迫，他们呼吁建立一个国际工人的联合组织。他们说："为了工人大众的事业，各国人民必须团结一致。"为了表达无产阶级的国际主义情谊，英、法工人还特意共同举行群众大会，声援波兰人民反抗沙俄专制统治的正义斗争。

1864 年 9 月 28 日，英、法、德、意、波及爱尔兰等国的工人，在伦敦圣马丁堂聚会。马克思应邀出席了大会，会议通过决议宣告了国际工人协会成立（简称"国际"，到 1889 年第二国际成立，改称为"第一国际"），选出了包括马克思在内的 21 人组成的临时中央委员会（后来一般称作"总委员会"）。这是世界上第一个国际工人组织。由于大会是在英国举行，英国工联又有较大的影响，因此，工联领袖奥哲尔和克里默分别被选为主席和总书记。马克思被选为总委员会委员。

从成立大会到 1872 年海牙代表大会，马克思都当选为总委员会委员，马克思还是总委员会的执行机关——常务委员会（小委员会）成员，每星期六晚上，常务委员会都召开会议，开会地点常常在马克思家里。马克思在第一国际一直担任德国通讯书记，还在不同的时期兼任过其他国家的通讯书记。马克思为协会起草《国际工人协会成立宣言》和《协会临时章程》，总委员会所发表的一切文件几乎都出自马克思的手笔。恩格斯说："从这一届起到海牙代表大会时止，每届总委员会的灵魂都是马克思。"

第一国际在马克思和恩格斯的领导下，在欧洲和北美广泛传播了马克思主义，逐步把马克思主义和各国工人运动结合起来。马克思恩格斯同形形色色的主张妥协放弃革命的机会主义，蒲鲁东主义、工联主义、巴枯宁主义，进行了坚持不懈的斗争并取得了胜利，确立了马克思主义在国际工人运动中的领导地位。第一国际以无产阶级国际主义精神教育各国工人，各国工人阶级在革命斗争中相互支援，并支持民族解放运动，为无产阶级国际团结作出榜样。第一国际还在组织上为各国无产阶级建立自己独立的政党奠定了基础。

（三）《资本论》及其对科学社会主义的论证

1848 年欧洲革命后，马克思加强了对经济学的研究，投身写作《资本论》。从 1850 年 6 月马克思拿到了大英博物馆图书馆免费阅览证开始，他成了这里最不知疲倦的读者。马克思从上午 9 点钟图书馆开门，一直待到晚上 7 点，每天工作十个小时。

为了写作《资本论》，马克思阅读过的有关书籍超过 1500 种，记下的各种读书笔记有 100 多本。英国人亚当·斯密出版《国富论》，阐述了劳动是社会财富的源泉。之后，大卫·李嘉图写出了《政治经济学和租税原理》，又进一步指出商品的交换价值决定于被消耗的劳动。这都给马克思的研究提供了思想来源。为了更好地钻研政治经济学，他自学了微积分，而且还精通六种语言。52 岁开始学习俄语。只用了一年的时间，马克思就可以自如地阅读俄文的资料。

《资本论》创作期间是马克思一生最艰难的时光。在英国的最初六年，即使是住在最便宜的住宅区里，他还是多次因为付不起房租而不得不搬家。有的时候，为了还账或是解决生计问题，马克思不得不把衣服拿去典当。他经历了妻子病倒、病痛反复发作，还有三个孩子先后夭折等各种人间痛苦。在给恩格斯的一封信当中，马克思曾经这样说："我已经遭受过各种不幸，但是只有现在我才懂得什么叫真正的不幸，我感到自己已经完全支持不住了。"

追随着马克思的脚步，恩格斯也来到了英国，在曼彻斯特从事商业活动，用这种方式来接济马克思，同时还能够为他写作《资本论》提供翔实的第一手素材，这其中既有市场交易的内幕，也有英国工人阶级生存状况的真实报告。

1857—1858 年间，马克思以《政治经济学批判》为题写了一部手稿，现在叫"1857—1858 年手稿"，这部手稿实现了劳动价值论的革命，创立了剩余价值理论，完成了第二个重大发现。资本家占有了工人的剩余劳动成果，由此产生了剩余价值。"资本是死劳动，它像吸血鬼一样，只有吮吸活劳动才有生命，吮吸的活劳动越多，它的生命就越旺盛。"① 1859 年，他出版了《政治经济学批判（第一分册）》，这本书的序言对唯物史观这第一个伟大发现作出了经典表述，同时提出了两个"决不会"的思想："无论哪一个社会形态，在它所能容纳的全部生产力发挥出来以前，是决不会灭亡的；而新的更高的生产关系，在它的物质存在条件在旧社会的胎胞里成熟以前，是决不会出现的"②。紧接着，他以《政治经济学批判（续）》为标题写作，写出了 23 个笔记本，今天叫"1861—1863 年手稿"。1862 年底马克思决定以"资本论"为标题，以"政治经济学批判"为副标题写作，到 1865 年完成第一二三册初稿。

《资本论》是一部共有 4 卷 6 册近 300 万字的皇皇巨著，马克思花费了整整 40 年的心血。第一卷是《资本的生产过程》，第二卷是《资本的流通过程》，第三卷是《资本主义生产的总过程》，第四卷是《剩余价值理论》。马克思生前写出了手稿，但只出版了第一卷。其余各卷后来由恩格斯等人整理出版。《资本论》是科学社会主义理论的基础性

---

① 《马克思恩格斯全集》第 44 卷，人民出版社 2001 年版，第 269 页。
② 《马克思恩格斯选集》第 2 卷，人民出版社 2012 年版，第 3 页。

著作，它对资本主义生产方式进行了科学解释，为科学社会主义理论提供了资本主义生活的经验基础，又为科学社会主义理论提供了逻辑严密的系统论证。

就《资本论》和《共产党宣言》的关系而言，《共产党宣言》是纲领，《资本论》论证了纲领。可以说，有了《资本论》，科学社会主义的创立过程才算完整，理论本身才走向成熟。

四、科学社会主义理论体系的完善

（一）对巴黎公社经验教训的理论总结

马克思恩格斯不断完善他们的理论的同时，工人运动也在不断发展。理论随着实践的发展而前进，特别是巴黎革命推动了理论的发展。巴黎公社是人类历史第一次无产阶级政权的伟大尝试。法国在普法战争失败后，资产阶级政府的阶级压迫和民族投降政策，激起广大群众的极度不满。1871 年 3 月 18 日，巴黎工人举行起义，推翻了资产阶级反动统治，建立了无产阶级革命政权。3 月 26 日进行公社选举，28 日巴黎公社宣告成立。

巴黎公社采取一系列革命措施：废除资产阶级常备军，代之以人民武装；废除了立法、司法、行政三权分立的机构，实行立法和行政机构统一的制度——公社委员会，建立了军事、财政、粮食、司法等 10 个委员会；废除旧政权的官僚制度，实行普选制和撤换制，规定公职人员的最高年薪不得高于一个熟练工人的薪金（6000 法郎）；废除僧侣特权，实行政教分离；实行免费义务教育；赋予妇女选举权；等等。

巴黎公社只存在了 72 天，但它是无产阶级推翻资产阶级统治，建立无产阶级专政的一次伟大尝试，是无产阶级革命史上的一个光辉节点。公社失败后的第三天，马克思在位于伦敦的第一国际总委员会上宣读了《法兰西内战》。在这部文献中，马克思总结了巴黎公社的经验和教训，发展了马克思主义关于无产阶级革命和无产阶级专政的学说，提出了一系列关于无产阶级国家政权建设的思想。马克思说："公社的原则是永存的，是消灭不了的；这些原则将一再凸显出来，直到工人阶级获得解放。"

（二）科学社会主义基本原理的系统阐述

1871 年巴黎公社失败后，各国加强了对工人运动的镇压。更为重要的是，19 世纪 60 年代末 70 年代初，除荷、英、美、法之外，德国、俄国、意大利、奥匈、比利时、日本等众多国家也都跨入了资本时代，再加上列强所占殖民地遍布全球，便大体形成了资本主义世界体系。资本主义占了优势，西方进入了相对"和平"时期。这一时期，马克思恩格斯在理论研究和思想斗争中系统阐述了科学社会主义原理。

一是同拉萨尔主义的斗争。拉萨尔 1825 年生，出身于德国犹太富商家庭，少年时代曾被称为神童，青年时代在柏林大学学习过黑格尔哲学，后来成了律师。他在欧洲 1848 年革命期间，投身于革命运动，为马克思所领导的《新莱茵报》工作过，并曾被捕入狱。当国际工人运动在 60 代年初开始复苏的时候，拉萨尔积极参加了德国工人运动，1863 年 5 月担任了当时最大的、最重要的德国工人组织——全德工人联合会的第一任主席。而此时的马克思和恩格斯正在英国，主要从事理论工作。拉萨尔在德国工人中的名声和影响，自然要超过马克思和恩格斯，成了当时德国工人运动的领袖人物。

拉萨尔的主张，就是跟俾斯麦搞好关系。他主张资产阶级和工人阶级要互相理解、互相帮助，工人要帮助国家实现帝国的利益，帮着帝国争霸与对外扩张，帝国帮着工人提高地位，"依靠国家帮助工人建立合作社"，在资产阶级的帮助下和无产阶级携手迎来春天。拉萨尔反对无产阶级的暴力革命和无产阶级专政，反对工农联盟，污蔑工人阶级以外的劳动群众是"反动的一帮"。

1862 年，拉萨尔从柏林前往伦敦看望马克思。马克思不赞同拉萨尔的理论，他的观点遭到了马克思的尖锐批评，他们之间发生了激烈争吵。拉萨尔的声音极大，燕妮如此描述："他像风一样横扫过我们的每个房间，我们的邻居都被这恐怖的声音吓坏了"①。七年之后，即 1871年 1 月 18 日，俾斯麦颁布了《非常法案》，取消了社会民主党，并镇压国内工人运动。当初拉萨尔跟俾斯麦谈话后说，"我吃了樱桃，而他吃下了石头"，意思是他占了便宜。马克思描述道："俾斯麦把吞下的这块石头吐了出来，狠狠地砸向工人阶级"。

1864 年 8 月，拉萨尔与人决斗身亡，但他的思想一直影响到后来。可以想象，当资本主义和平发展的时候，互相妥协的思想应该会有不少人接受的，但它决不能解决工人阶级的根本问题。1875 年，德国社会民主工党和全德工人联合会在哥达召开大会合并，他们在纲领草案中采用了许多拉萨尔派的提法。为此，马克思抱病写成了有名的《哥达纲领批判》。

在《哥达纲领批判》中，马克思提出了从资本主义到共产主义过渡的理论，提出了共产主义阶段划分理论。他在预见未来社会发展的基础上，第一次提出了共产主义社会要分为第一阶段和高级阶段两个阶段的理论。马克思指出："在资本主义社会和共产主义社会之间，有一个从前言变为后者的革命转变时期。同这个时期相适应的也有一个政治上的过渡时期，这个时期的国家只能是无产阶级的革命专政。"其分配方式也主要是以等量劳动领取等量产品的按劳分配原则，这是共产主义社

---

① ［英］戴维·麦克莱伦：《卡尔·马克思传》，王珍译，中国人民大学出版社 2005 年版，第 297 页。

会的第一阶段。只有到了高级阶段，"社会才能在自己的旗帜上写上：各尽所能，按需分配！"①

二是同杜林的斗争。欧根·杜林（1833—1921），出生于德国一个大官僚家庭，1856年毕业于柏林大学法律系。1861年获柏林大学哲学系哲学博士学位。不久，因眼疾而双目失明。1863年冬他以未经政府正式任命的私人讲师资格开始在柏林大学讲授哲学、国民经济学和社会主义课程，提出了"新的社会主义理论"和"新哲学体系"，以"革新科学"的姿态出场的他因称赞马拉、巴贝夫和巴黎公社而获得不少工人追随者，被视为"社会主义的行家兼改革家"，当时在工人中有不小的影响力。当马克思《资本论》第一卷问世时，杜林发表文章批判《资本论》中的价值理论和辩证法思想。1871—1875年，杜林先后发表三本大部头著作，以"社会主义改革家"身份提出了社会主义理论和改造社会的详尽计划，创造了一套包罗万象的社会主义体系。他宣扬以庸俗唯物主义为基础的折中主义，倡导资产阶级庸俗政治经济学，把暴力当作一切经济现象的终极原因，鼓吹资产阶级改良主义，建议在不改变资本主义生产方式的条件下实行"劳动平等"和"分配平等"。杜林扬言要用他的"最后的、终极的真理"来一次取代马克思主义的"全面变革"。这种看似全面的理论体系及其通俗表达符合19世纪德国思想界和工人阶级的理论兴趣，迷惑了很多德国社会民主党成员，甚至连党的领导人倍倍尔也受其迷惑。

为了回击杜林对马克思主义的攻击，清除杜林思想对德国社会民主党的影响，在党的领导人李卜克内西的直接建议和马克思的积极支持下，恩格斯放下手头正在做的《自然辩证法》的研究工作，立即着手写书批判杜林的荒谬理论。为了写《反杜林论》，恩格斯曾找了一堆杜

---

① 《马克思恩格斯选集》第3卷，人民出版社2012年版，第373、365页。

林的"大作"，一篇一篇地认真阅读。恩格斯把这一过程，称之为"啃酸果"，并说这个果子"不仅是很酸的，而且是很大的"，但他下决心把它啃完。

1876—1878 年间，恩格斯写了一系列论战性的文章，这些论文集印成书，叫作《欧根·杜林先生在科学中实行的变革》。恩格斯通过批判杜林在哲学、政治经济学和社会主义理论方面的种种谬论，完整地阐述了马克思主义基本原理，即马克思主义三大组成部分的基本内容及其内在关系，使马克思主义世界观第一次以"完整的体系"呈现在世人的面前，它让广大工人和德国社会工人党的领导人都理解了有些艰深的马克思思想："消极的批判成了积极的批判；论战转变成对马克思和我所主张的辩证方法和共产主义世界观的比较连贯的阐述，而这一阐述包括了相当多的领域。"① 后来恩格斯在一封私人信件中，把这本书称作《反杜林论》。所以，这本书后来以《反杜林论》著称。

之后，1879 年 10 月，法国工人党创立。为了在法国工人党中传播科学社会主义，由马克思的二女婿也是法国的工人活动家保尔·拉法格出面，请恩格斯写一本宣传科学社会主义的读物。恩格斯就从《反杜林论》中抽取出三部分，引论的第一章，第三篇的第一章、第二章，修订后成为《社会主义从空想到科学的发展》，系统论述了社会主义的思想来源、理论基础和基本原理，成为科学社会主义的经典文献。

习近平总书记把这本书列为领导干部精读的马克思主义著作"代表性篇目"。他指出，恩格斯的《社会主义从空想到科学的发展》，全面论述了科学社会主义的基本理论，包括资本主义的基本矛盾、社会主义代替资本主义的历史必然性和未来社会主义社会的基本特征。

---

① 《马克思恩格斯选集》第 3 卷，人民出版社 2012 年版，第 383 页。

（三）欧洲无产阶级斗争的新策略

19世纪八九十年代，资本主义在相对和平的环境中呈现新的态势。恩格斯通过考察和游历欧美各国，对资本主义新情况和新特征作出一系列论述。这些态势包括：生产力方面，新技术的发展、第二次产业革命、经济发展迅猛，工人景况也得好转。生产关系方面，"竞争已经为垄断所代替，并且已经最令人鼓舞地为将来由整个社会即全民族来实行剥夺做好了准备"。当然，关于垄断资本主义的系统分析还是列宁的贡献，资本主义生产关系依然没达到阻碍生产力发展的程度。1895年恩格斯指出："历史清楚地表明，当时欧洲大陆经济发展的状况还远没有成熟到可以铲除资本主义生产的程度。"① 政治上，为了缓解阶级矛盾，资本主义国家进行了社会改良，不再寻求同工人直接的、尖锐的对抗，而是将无产阶级纳入政治共同体，通过普选制、代议制等方式让无产阶级获得了部分民主权利，工人阶级有了更多的斗争手段和参与途径。军事上，统治阶级武器更加先进，军队更多了，以往的巷战已经不再适用，暴力革命条件更为困难。

凡此种种，都使工人运动愈来愈将当年的政治抗争转为经济罢工：将武力暴动转为建工会、建政党、办报刊，以及运用投票权将自己信赖的人选入议会，从而表明工人阶级意愿。这便叫作经济斗争与合法斗争，是这一时期工人运动的突出特征。

这一时期，德国工人阶级充分利用了1866年实行的普选权，1890年德国社会民主党人所得选票已增至142.7万张，四分之一以上，在议会中拥有35名议员，成为德国强有力的政党。恩格斯称其为利用普选制的榜样。1895年，恩格斯写下了他一生中最后一篇重要的政治论文

---

① 《马克思恩格斯选集》第4卷，人民出版社2012年版，第384页。

《卡尔·马克思〈1848 年至 1850 年法兰西阶级斗争〉一书导言》。他指出，在德国工人那里，普选权从历来的欺骗手段变成了解放手段，普选权成为无产阶级的一种崭新的斗争方式，应当利用普选权这一合法斗争形式为未来的决战积蓄和准备力量。

这里要注意，暴力革命从来不是目的，是手段。选举的话，工人阶级人数多，这一手段可以利用。但他同时告诫无产阶级决不能放弃革命暴力，决不能放弃革命权，"革命权是唯一的真正'历史权利'——是所有现代国家无一例外都以它为基础建立起来的唯一权利"①。当统治阶级使用暴力时还是要暴力革命的，还是要毫不犹豫地重新像过去一样，拿起武器暴力革命。

策略是灵活的，目的是坚定的。威廉·李卜克内西曾有一段著名的话，把这个思想发挥到了极端：策略没有革命、反动之分，策略是随机应变的。如果一天里情况发生了 24 次变化，我们的策略就要变化 24 次，而目标一点不变②。

这一时期，恩格斯还指导建立一个新的工人联盟——第二国际。1889 年 7 月 14 日法国大革命 100 周年纪念日这天成立，今天的五一劳动节、三八妇女节、八小时工作制都得益于第二国际。第二国际成立以后，对于工人阶级的解放运动，整个国际共产主义运动起了非常大的推动作用。

（四）探求东方落后国家走向社会主义的可能性

随着资本的全球化，资本主义走出欧洲，逐步扩展到世界，马克思恩格斯目光也拓展到世界。特别是，东方社会反抗殖民者和统治者的斗

---

① 《马克思恩格斯选集》第 4 卷，人民出版社 2012 年版，第 727 页。
② 《第二国际第二、三次代表大会文件》，《国际共产主义运动史文献》编辑委员会编译，中国人民大学出版社 1991 年版，第 367 页。

争日益高涨，处于社会革命的前夜。如何认识和把握经济文化相对落后国家的社会革命，成为世界社会主义运动亟待解决的课题。

在马克思晚年，对东方落后国家社会主义发展道路进行了新的探索。1881年2月，回应俄国女革命家查苏利奇的求教，马克思在给《维·伊·查苏利奇的复信（初稿）》中指出，在19世纪70年代末期的俄国是一个庞大而落后的帝国，"仍保留着农村公社，同时存在土地公有制和封建专制的特点"。马克思深刻分析存在这样特征的国家，既有公有制，不必变成资本主义，再转为公有制，马克思说："它有可能不通过资本主义制度的卡夫丁峡谷，而占有资本主义制度所创造的一切积极的成果。"① 恩格斯在给考茨基的信中指出："殖民地半殖民地国家能够避免资本主义的独立发展阶段而走向社会主义。"② 马克思恩格斯在1882年《共产党宣言》俄文版序言中说得很明确，"假如俄国革命将成为西方无产阶级革命的信号而双方互相补充的话，那么现今的俄国土地公有制便能成为共产主义发展的起点"③。马克思恩格斯对俄国进行了科学预测。

马克思恩格斯提出的这种可能性是有条件的。第一，必须以俄国农村公社的存在和发展为基础，这是俄国社会新生的支点；第二，俄国革命必须与西方无产阶级革命相互补充，这是俄国农村土地公有制发展到共产主义的必要条件；第三，必须有西方无产阶级革命的引发、推动和支持，俄国无产阶级革命才能完成。当然，历史的发展并没有完全按照他们的预测。马克思恩格斯的这些思考的意义在于，指出了生产力发展水平不同的国家都有可能走向社会主义，并论证了其重要性和实现

---

① 《马克思恩格斯选集》第3卷，人民出版社2012年版，第828—829页。
② 《马克思恩格斯全集》第19卷，人民出版社1963年版，第451页。
③ 《马克思恩格斯选集》第1卷，人民出版社2012年版，第379页。

条件。①

马克思恩格斯还高度肯定中华文明对人类文明进步的贡献，科学预见了"中国社会主义"的出现，甚至为他们心中的新中国取了靓丽的名字——"中华共和国"。

1895年夏天，就在恩格斯去世的两周前，一名俄国青年从伯尔尼来到巴黎，请求拉法格夫妇介绍他拜会恩格斯，由于此时恩格斯病情已经恶化，这位青年未能如愿。他，就是列宁。历史错失了一个重要的时刻，但是，一个新的篇章就要打开，这就是列宁领导十月革命胜利，社会主义从理论变成现实。

马克思恩格斯穷其一生，运用全新的世界观和方法论，阐述了科学社会主义的理论基础、基本原理以及实现条件，形成了十分完备的理论体系，回答了资本主义往哪里去、人类往哪里去。从他们开始，社会主义摆脱空想、成为科学。

科学社会主义理论，回答了相互联系、浑然一体的问题：（1）人类社会发展是否有规律？是的。就是唯物史观。唯物史观揭示了人类社会发展规律，使社会主义驱散了空想的迷雾，为科学社会主义奠定了第一块基石。（2）资本主义发展是否有规律？是的。就是剩余价值学说。剩余价值学说找到了无产阶级和资产阶级对立和斗争的经济根源，阐明了无产阶级人民群众是历史的创造者，是实现社会变革、推动社会前进的决定力量，为科学社会主义奠定了第二块基石。（3）资本主义发展方向是什么？就是"两个必然""两个决不会"。（4）资本主义向社会主义转变是否有规律？是的。包括无产阶级革命理论和无产阶级专政理论。（5）未来社会是什么样子？马克思恩格斯也对未来社会进行了科学预测。这些内容构成科学社会主义理论体系。170多年来，科学社会

---

① 赵曜等主编：《马克思列宁主义基本问题》，人民出版社2002年版，第164—165页。

主义不仅改变了无产阶级的历史命运，也改变了人类的命运；不仅深刻改变了世界，也深刻改变了中国。

在马克思恩格斯科学社会主义理论的指导下，中国共产党领导中国人民创造了并将继续创造人类历史上前所未有的发展奇迹。习近平总书记在纪念马克思诞辰 200 周年大会上的讲话中指出，可以告慰马克思的是，马克思主义指引中国成功走上了全面建设社会主义现代化强国的康庄大道，中国共产党人作为马克思主义的忠诚信奉者、坚定实践者，正在为坚持和发展马克思主义而执着努力!①

---

① 习近平：《在纪念马克思诞辰 200 周年大会上的讲话》，《人民日报》2018 年 5 月 5 日。

第四讲

开辟人类历史的新纪元：
社会主义从理论到现实的飞跃

1917 年 11 月 7 日，全俄苏维埃第二次代表大会在圣彼得堡的斯莫尔尼宫召开，就在大会召开的时候，彼得格勒的起义部队正在攻打冬宫。最终武装起义获得了胜利，俄国资产阶级临时政府被推翻了，全部政权归苏维埃，这就是我们称为"十月革命"的历史性事件。因为当天是俄历 10 月 25 日，所以称为"十月革命"。列宁所领导的十月革命不仅改变了俄国，也影响了包括中国在内的正在寻找新的发展道路的许多国家，人类历史在新的历史起点上"为之一变"。毛泽东曾说："十月革命一声炮响，给我们送来了马克思列宁主义。"① 列宁的贡献，简单地说，就是把马克思主义发展到马克思列宁主义，他所领导的十月革命，使社会主义实现了从理论到现实的飞跃。

一、布尔什维克党的建立

十月革命又叫 1917 年 11 月 7 日俄国苏维埃武装起义或布尔什维克革命。列宁留给人类文明最重要的政治遗产，莫过于他亲手缔造的共产党（布尔什维克党），这种新型无产阶级政党是十月革命取得胜

---

① 《毛泽东选集》第四卷，人民出版社 1991 年版，第 1471 页。

利的关键。

（一）列宁的建党探索

列宁原名弗拉基米尔·伊里奇·乌里扬诺夫，列宁是他参加革命后的笔名，1870 年出生在俄国辛比尔斯克（今乌里扬诺夫斯克市）。在少年时代，列宁亲眼看到了城乡劳苦大众的悲惨处境，内心产生了深切的同情，他感到沙皇俄国时期的社会制度很不合理，必须改变。1887 年，列宁的哥哥亚历山大因谋刺沙皇未遂，被逮捕杀害。列宁很钦佩哥哥的革命精神，但他也开始反思革命斗争的方法和途径，并逐渐认识到哥哥的办法走不通。列宁明确表示："不，我们要走的不是这条路。不应当走这条路。"① 要真正实现社会变革，彻底推翻沙皇专制制度，必须走新的道路，列宁最终走上了马克思主义的革命道路。1887 年，列宁全家从辛比尔斯克搬到喀山定居，8 月，列宁进入喀山大学法律系学习，同时积极参加进步的学生运动，投身于反对沙皇专制的斗争。12 月列宁就因参加学生集会和抗议活动被捕入狱、开除学籍、流放一年。1888 年，列宁从流放地回到喀山后，参加了费多谢耶夫领导的马克思主义小组，开始系统学习马克思恩格斯的著作。在那个时候，学习和传播马克思主义的组织形式，是这种各地分散的"小组"。1892 年，列宁在萨马拉建立了当地第一个马克思主义小组，带领大家学习马克思主义。萨马拉毕竟是一个偏僻的小城市，列宁渴望去大工业生产和革命运动的中心城市，于是 1893 年前往彼得堡，以做律师助理为掩护，开始整合当地的马克思主义小组，同时积极参加和领导工人运动。

列宁在具体的斗争实践中意识到，俄国的工人运动要取得成功，必须建立一个坚强有力的无产阶级政党。早在 1883 年，普列汉诺夫等人

---

① 苏共中央马克思恩格斯列宁斯大林研究院编：《列宁传略》，人民出版社 1956 年版，第 3 页。

首先在国外成立了"劳动解放社"，这是俄国第一个马克思主义团体，在理论、政治、思想、组织和干部等方面都为俄国建立社会主义政党做了较为全面的准备。列宁曾说，劳动解放社"为俄国社会民主党奠定了基础，为党在理论上和实践上的发展做了许多事情"①。俄国的无产阶级政党如何建立，这是列宁在不断思考的重大问题。为此，1895 年列宁首先做了两件事情：

第一件大事是出国考察西欧工人运动。5 月中旬到 6 月初，列宁主要在日内瓦和苏黎世拜访普列汉诺夫等劳动解放社的重要成员，当普列汉诺夫听说要从俄国来一位被沙皇政府杀害的革命者的亲弟弟时，十分高兴。列宁向普列汉诺夫介绍了喀山和彼得堡马克思主义小组的情况，普列汉诺夫则向列宁讲述了民粹派宣传活动的情况。由于解放社的成员长期在国外，他们的理论研究和实践活动没有和俄国的工人运动紧密结合起来，列宁建议劳动解放社要多关注俄国的工人运动。劳动解放社采纳了列宁的提议，在瑞士为俄国革命者定期出版《工作者》文集。这次会面，列宁更加坚定了筹建俄国社会民主党的决心。为了更多地了解西欧工人运动的情况，6 月和 9 月，列宁先后在巴黎和柏林会见了法国工人活动家、马克思的女婿拉法格和德国社会民主党领袖李卜克内西。列宁 6 月见拉法格时，还提出希望能见恩格斯，但恩格斯那个时候已经病重，禁不起打扰，拉法格未能安排列宁见恩格斯，列宁取消了去伦敦的计划。8 月，恩格斯就去世了。

列宁在 1895 年做的第二件大事是领导成立"工人阶级解放斗争协会"。马克思恩格斯指出："工人阶级在它反对有产阶级联合权力的斗争中，只有组织成为与有产阶级建立的一切旧政党对立的独立政党，才能作为一个阶级来行动。"② 列宁继承了马克思恩格斯的这种思想，认

---

① 《列宁全集》第 4 卷，人民出版社 2013 年版，第 188 页。
② 《马克思恩格斯全集》第 44 卷，人民出版社 1982 年版，第 732 页。

为俄国必须有自己的马克思主义革命政党。只不过，马克思恩格斯指出无产阶级要有自己的政党，但没有也不可能为俄国设想出一个现成的建党方案。当时俄国还处于沙皇封建军事专制统治之下，没有任何自由，无产阶级无法开展公开的、合法的工人运动，在这种情况下，根本无法在俄国建立西欧那种社会民主党类型的党。列宁考察西欧，得出的结论只可能是俄国不能套用西欧各国无产阶级建党的模式，还得根据俄国的实际情况和革命特点来建立一种新型的无产阶级政党。

俄国的党怎么建？建成一个什么样的党？当时俄国拥有的是各地分散的马克思主义小组，列宁认为这种分散状态完全不能适应俄国革命的需要。他说，把阿基米德的那句名言改动一下，"给我们一个革命家组织，我们就能把俄国翻转过来！"[①] 列宁回国后不久，在他的领导下，彼得堡 20 多个马克思主义小组联合成为一个统一的政治组织，定名为"工人阶级解放斗争协会"，协会实行集中制、严格的组织纪律和密切联系群众的原则。协会将工人为改善条件、缩短工作日、增加工资而进行的经济斗争同反对沙皇制度的政治斗争联系起来，开始了马克思主义理论与俄国工人运动的具体实践相结合的历史。这个协会是俄国马克思主义革命政党的萌芽，是建党的第一步。"斗争协会"领导和组织工人罢工，成效很好，影响力越来越大，莫斯科、基辅等地都纷纷建立了类似的团体或组织。当然，这肯定会引起沙皇政府的警觉。1895 年 12 月，列宁被反动当局拘捕，开始了 14 个月的牢狱生活，并在出狱后被判处三年流放。

列宁被捕和流放后，不可能直接参加党的筹建工作，他不断写信给各地的马克思主义者，让他们抓紧时间建党，召开党的代表大会。1898 年 3 月，来自彼得堡、莫斯科、基辅等地的工人组织代表，在明斯克秘

---

① 《列宁选集》第 1 卷，人民出版社 2012 年版，第 406 页。

密召开了俄国社会民主工党第一次代表大会。大会讨论了党的名称、党的组织结构、党的民族政策等问题，但没有制定出统一的党纲、党章，而且大会刚结束不久沙皇政府就大肆搜捕社会民主党人，俄国社会民主工党实际上名存实亡，建党的任务没有完成，各地的党组织仍然处于思想混乱、组织涣散的状态。此时，列宁还在流放期间，他一直在思考：需要做什么，才能把党从困境中拯救出来。列宁的妻子克鲁普斯卡娅后来回忆说，列宁在流放的初期，多半是在总结以前的工作，在流放的后期，更多的是考虑未来的事情。[1] 列宁思考和谋划出来的答案是办报纸，从组织全俄性的报纸着手。列宁感到只有在国外办报，通过报纸统一思想，才能把全国的力量联合起来，在思想上、组织上为建党做充分准备。他说，在国外出版的全俄报纸可能就是这样一种方式：像搭在新造建筑物四周的脚手架一样，党将以这个报纸为脚手架建立起来。[2] 1900 年流放满，7 月，列宁摆脱沙皇政府的监视，到国外筹办俄国第一张马克思主义秘密报纸《火星报》。12 月 24 日，《火星报》在德国莱比锡创刊。列宁除了承担物色撰稿人、编审稿件等编辑部工作，还撰写大量文章阐述了党的理论建设、组织建设和革命斗争的重大问题。

列宁通过办报纸来重建俄国社会民主工党的设想，确实抓住了"关键点"，是符合俄国实际的"锦囊妙计"。列宁不是纯粹为了办报而办报，他说："报纸不仅是集体的宣传员和集体的鼓动员，而且是集体的组织者"[3]，"《火星报》从创办时就不仅作为机关报，而且作为组织细胞在进行活动"[4]。在列宁看来，第一，办报要把思想理论宣传出去，因此他亲自组织领导《火星报》的印刷运送和发行等秘密工作，避开

① 季正炬：《列宁传》，天地出版社 2018 年版，第 99 页。
② 参见《回忆列宁》第 1 卷，人民出版社 1982 年版，第 66 页。
③ 《列宁全集》第 5 卷，人民出版社 2013 年版，第 8 页。
④ 《列宁全集》第 8 卷，人民出版社 2017 年版，第 235 页。

沙皇警察的监视，使得《火星报》在俄国大量发行。到1903年夏天，在俄国100多个城市都能看到《火星报》。第二，以《火星报》为依托进行建党的宣传和组织工作。《火星报》有一个由41人组成的代办员网，这些代办员都是有秘密工作经验的职业革命家，一大批革命者因此迅速成长起来，通过这种方式培养党的骨干，团结和壮大了党的力量。列宁建立的《火星报》的这套组织，为筹备和召开俄国社会民主工党"二大"作出了重要贡献。

（二）布尔什维克党的形成

1903年俄国社会民主工党"二大"先后在布鲁塞尔和伦敦召开，各地的26个组织选出的代表共43名，拥有51票表决权（有6个组织的代表每人享有两票表决权），经过激烈的争论，通过了党纲、党章，选举了党的中央领导机关：《火星报》的编委会、中央委员会、总委员会，大会确定了《火星报》为党的中央机关报。和"一大"相比，这次代表大会完成了建立一个集中统一的革命政党的任务。

由于代表成分比较复杂，因此在一些重大问题上产生了争议。这次大会也预示着俄国社会民主工党内部的"分野"。在讨论党章的第1条文也就是关于党员资格的条文时，出现了两种不同的看法。列宁提出来的草案是"凡承认党纲、在物质上支持党并亲自参加党的一个组织的人，可以作为党员"[1]；马尔托夫反对列宁提出的这个条文，他提出的是"凡承认党纲、并在党的机关监督和领导下为实现党的任务而积极工作的人，可以作为俄国社会民主工党党员"[2]。虽然这两个条文在字面上的差别只是"参加和不参加党的组织"，但这里面却包含着原则性的分歧，列宁是把党看作一个有组织的整体，每个党员必须参加党的一

---

[1] 《列宁全集》第8卷，人民出版社2017年版，第238页。
[2] 《列宁全集》第8卷，人民出版社2017年版，第238页。

个组织，这样才能保证全体党员都能够受到党的教育，养成高度的纪律性，又能保证党对每个党员的活动都能够进行切实的领导，使党成为一个统一的整体。但是马尔托夫的主张是一切愿意加入党的人都可以入党，不要他们参加党的组织，不用党的纪律约束他们，他认为党员越多越好，党组织规模越大越好，对于俄国工人运动来说，只有职业革命家组织是不够的，还要包括各种类型的"松散组织"。用列宁的话说，马尔托夫是要"把各色各样的人都变成党员"①，用习近平总书记的话说，"这实际上是想建立一个'党员俱乐部'"②。围绕党章第 1 条内容所进行的斗争，实际上是关系到建立一个什么样党的问题。列宁主张建立一个集中统一、有坚强战斗力的、组织纪律严密的、革命的无产阶级政党，按照马尔托夫的意见，实际上无产阶级政党就变成了一个成分复杂、不定型的、缺乏组织性和纪律性的社会团体。大会对这个问题有分歧，在这个问题上，马尔托夫的主张占了优势，以 28 票对 22 票（1 票弃权）通过了马尔托夫的条文，应该说这是这次代表大会的一个重大缺陷。不过，在选举党的领导机关时，党中央的 3 个机构共 6 位领导人中，拥护列宁的"火星派"占了 5 位，属于"多数派"，只有马尔托夫 1 人处于少数派。"布尔什维克"是俄语"多数派"的音译，"孟什维克"是"少数派"的音译。俄国社会民主工党在重建伊始就形成了两个派别，产生了"布尔什维克"和"孟什维克"两个专有名词。

列宁为什么十分强调要建立一个实行严格的集中制和严密的组织纪律性的党，主要是有两点考虑：一是这本身就是马克思主义关于无产阶级政党的基本要求。无产阶级政党是以推翻旧政权为目标的，必然遭到旧统治阶级的无情镇压，马克思也说过，革命活动"只有在集中的条

①　《列宁全集》第 7 卷，人民出版社 2013 年版，第 271 页。
②　习近平：《推进党的建设新的伟大工程要一以贯之》，《求是》2019 年第 19 期。

件下才能发挥全部力量"①。列宁的第二点考虑是他对俄国国情的判断。沙皇专制的统治是不允许任何革命组织合法存在和进行公开活动的，这就决定了无产阶级政党只有运用暴力革命的形式和手段才能推翻沙皇专制制度，这是列宁主张建立一个严格集中制政党的基本出发点。因此他说："在黑暗的专制制度下，在流行由宪兵来进行选择的情况下，党组织的'广泛民主制'只是一种毫无意思而且有害的儿戏。"②

两种主张的冲突，以及"二大"之后孟什维克的派别活动，给俄国社会民主工党埋下了分裂的种子。孟什维克继续坚持每个同情党的人都可以自行宣布成为党员，而不用参加党的一个组织。他们把集中制说成是官僚主义和形式主义，认为它把党变成了由中央委员会当厂长的"大工厂"，把党员变成了"小轮子"和"小螺丝钉"，把集中制说成是在党内实行"农奴制"。"二大"后，孟什维克拒不执行党的决议，还夺取了《火星报》和总委会的领导权，列宁退出了编委会和总委会，以示抗议。为了进一步驳斥孟什维克的谬论，列宁在1904年2至5月写作了《进一步，退两步》一书，阐述无产阶级政党的组织原则。为批判孟什维克在组织问题上的机会主义，列宁系统阐述了马克思主义的建党学说，布尔什维克党从理论上到形式上都更加成熟了。布尔什维主义的诞生也就是列宁主义的诞生。布尔什维主义和列宁主义实质上是一样的。这是同一个东西的两个名词。这里说的同一个东西，最主要的就是列宁的建党原则：包括：（1）党由工人阶级中最优秀、最忠于革命事业的人组成，他们是先进的有觉悟的；（2）党只有成为由统一意志、统一行动、统一纪律团结起来的部队，才能起作用；（3）党必须根据集中制组织起来，少数服从多数，下级组织服从上级组织；（4）党是

---

① 《马克思恩格斯选集》第1卷，人民出版社2012年版，第562页。
② 《列宁全集》第6卷，人民出版社2013年版，第132页。

工人阶级一切组织中的最高形式，它与工会、合作社等有着严格的区别，党能够领导这些"其他一切组织"，并通过这些组织，去团结和组织群众。他还强调："无产阶级在争取政权的斗争中，除了组织，没有别的武器。"①

列宁不希望俄国社会民主工党发生分裂，但孟什维克并没有同意他的耐心阐释以及讲和方案，还操纵中央委员会通过决议，把一些布尔什维克开除出中央，扩大孟什维克的人数，并规定未经"批准"，列宁无权刊印任何东西，布尔什维克的刊物不能运回俄国。鉴于孟什维克的分裂活动日益加剧，为了摆脱党内的危机，列宁认为有必要召开党的第三次代表大会。经过列宁的有力推动，"三大"于 1905 年 4 月在伦敦召开，孟什维克拒绝参加，而是在日内瓦单独召开了自己的代表大会。布尔什维克召开的代表大会修订了党章，采用了列宁关于党员资格的表述，选举产生了中央委员会作为党的唯一领导中心等。孟什维克召开的代表大会提出俄国资产阶级革命应由资产阶级领导，反对武装主义，主张用和平方式改良沙皇制度，要让资本主义充分发展至无产阶级占人口大多数再进行社会主义革命等。很明显，孟什维克的路线是第二国际修正主义在俄国的翻版。

"三大"后，在俄国社会民主工党内部实际上形成了两条根本对立的路线。布尔什维克和孟什维克两派并存，在形式上同属一个党的局面一直持续到 1912 年召开的俄国社会民主工党第六次代表大会。除了两名孟什维克取消派代表，与会代表绝大多数是布尔什维克，"六大"重新确定了新的革命形势下的政治路线和策略方针，孟什维克被驱逐出党，从此布尔什维克成为了独立的马克思主义政党，称为俄国社会民主工党（布尔什维克）。

---

① 《列宁选集》第 1 卷，人民出版社 2012 年版，第 526 页。

在和孟什维克的斗争过程中，列宁系统阐述了马克思主义的建党学说，布尔什维克党在理论和组织上都更加成熟了，列宁后来指出："布尔什维主义作为一种政治思潮，作为一个政党而存在，是从1903年开始的。"布尔什维主义的出现，标志着新型无产阶级政党在俄国的建立和列宁主义的诞生。

二、十月革命的伟大胜利

布尔什维克党的建立过程，就是革命的准备过程。十月革命的"一声炮响"有广义和狭义的理解。狭义的理解，指布尔什维克发动武装起义推翻资产阶级临时政府，实现了"全部政权归苏维埃"的历史胜利；广义的理解，则是指以列宁为首的布尔什维克重建俄国社会民主工党、参与和领导1905年革命并创造"苏维埃"新的组织形式、历经1917年二月革命、使苏维埃完全布尔什维克化，直至武装起义推翻资产阶级临时政府的整个革命过程。

（一）革命前的沙皇俄国

十月革命的胜利不是偶然产物，不是历史的巧合，它的发生有深厚的历史背景和条件。马克思恩格斯在19世纪中叶提出一个著名的论断：他们认为社会主义革命"将不是仅仅一个国家的革命，而是将在一切文明国家里，至少在英国、美国、法国、德国同时发生的革命"①。但是现实情况却是革命在俄国这样一个经济社会相对落后的国家首先胜利。为什么会出现这种情况？列宁有一个著名论断：20世纪初的俄国是帝国主义链条上的薄弱环节。理解列宁所说的"薄弱环节"，要从革

① 《马克思恩格斯选集》第1卷，人民出版社2012年版，第306页。

命前的沙皇俄国的国情特点出发。

第一个特点是资本主义经济得到了迅速发展，但民族资产阶级的力量却是弱小的。1861 年沙皇亚历山大二世签署了废除农奴制的法令，俄国开始了一场自上而下的改革，虽然这是一场不彻底的改革，但是从内容上看，它已经是一场资产阶级性质的改革了，客观上为俄国资本主义的发展开辟了道路。通过改革，有 2000 万的农民摆脱了农奴的依附地位，获得了人身自由，这为资本主义的发展提供了大量的劳动力，巨额的赎金成为了工业发展的重要的资金来源，随着自然经济的进一步瓦解，商品流通扩大和活跃了国内市场，俄国的资本主义经济获得了迅速的发展。从 1861 年到 1891 年的三十年里，俄国的生铁的年产量由 32 万吨增加到了 100 万吨，煤炭由 37 万吨增加到了 623 万吨，石油由 0.2 万吨增加到 431 万吨，棉花消费量由 4.2 万吨增加到 15 万吨，铁路从 1500 公里增加到了 3.12 万公里，全国产业工人的人数从 86 万人增加到了 143 万人。到 1900 年，生铁的年产量已经达到了 293 万吨，铁路总长达到了 5.3 万公里，工业产品出口额也由 15 亿卢布增加到了 34 亿卢布。[①] 仅仅从经济上来看，可以说俄国的资本主义"欣欣向荣"。在工业发展方面，俄国的工业总产值已经排到欧洲第 4 位，世界第 5 位，俄国从一个落后的欧洲国家变为了一个能够在世界上参与瓜分殖民地和划分势力范围的帝国主义国家。尽管工业总产值排名靠前，但俄国的发展程度与欧美大国相比又有很大差距，一方面，产业工人主要集中在大的工业中心和大型企业，形成了无产阶级的相对集中，而不是广泛分布；另一方面，外国资本的大量涌入，控制了采矿、冶金、铁路、机器制造等部门，许多大银行的外国资本占到 50%—70%，俄国资本主义对西方帝国主义的依赖日益加深。这样的局面导致俄国无产阶级在俄国资本家

①　参见周尚文、叶书宗、王斯德：《苏联兴亡史》，上海人民出版社 2002 年版，第 2—3 页。

和外国资本家的压榨下命运极为悲惨，同时俄国民族资产阶级的力量又无法壮大起来。

第二个特点是俄国是帝国主义时代各种矛盾的集合点。对于什么是帝国主义时代，毛泽东曾经有过一个简明形象的说法，他说："资本家撞了资本家，市场少了，有的抢到的地方广一些，有的抢到的地方狭一些，因此打起来。这就是所谓帝国主义时代。"[①] 列宁通过大量的研究发现，19世纪末20世纪初，资本主义在各国的发展是极不平衡的，资本主义大国之间的力量对比发生了很大变化。一些后起的资本主义国家，由于采用先进的科学技术，经济获得跳跃式的发展，赶上或超过了一些老牌的资本主义国家。后起的资本主义国家发展起来后，发现世界领土和殖民地已被瓜分完毕，为了重新瓜分殖民地，它们不得不采用武力和战争的办法。这样，战争就不可避免。帝国主义战争一方面给劳动人民带来巨大灾难，在一些国家造成革命形势；另一方面也削弱了帝国主义自身的力量，造成帝国主义链条上的薄弱环节，这个薄弱环节就在俄国。在这样一个时代，沙皇俄国面临着来自各方面的危机和矛盾，包括地主和农民的矛盾、资产阶级和无产阶级的矛盾、沙俄与东西方列强争夺世界霸权的矛盾。总体上看，俄国社会存在的最突出的社会矛盾是沙皇专制制度与人民大众的矛盾。各种经济、政治、社会危机积聚在一起，当俄国在日俄战争中又失败时，终于触发了1905年革命的总爆发。

（二）1905年革命和1917年二月革命

1905年1月16日，彼得堡普梯洛夫工厂爆发了罢工，很快就发展成为全市的大罢工。1月22日星期日当天，有14万工人及家属前往宫廷广场向沙皇请愿。请愿书中哀求道："我们，住在彼得堡的工人，特

---

① 《毛泽东文集》第三卷，人民出版社1996年版，第288页。

来求见陛下。我们是些不幸的、受到侮辱的奴隶，我们备受专横暴政的欺压。当我们忍无可忍的时候，我们停止了工作，请求我们的厂主哪怕是给我们生活中必不可少的东西。但是这个要求被拒绝了，因为厂主认为这一切都是不合法的"，"陛下！请不要拒绝帮助您的人民！请消除陛下和人民之间的隔阂吧！请陛下降旨，并宣誓实现我们的请求……我们只有两条道路：不是自由和幸福，就是坟墓。"[①] 残暴的沙皇尼古拉二世对如此恳切的请求无动于衷，结果是示威群众遭到军队排枪射击、骑兵砍杀，一千多人被杀，数千人受伤，据在场采访记者编制的死亡名单不完全统计，"死伤人数共达 4600 人"，"工人们向军官们喊道，他们打俄国人民比打日本人还有成绩"[②]，史称"流血星期日"，工人阶级终于放弃了最后一点对沙皇本人和沙皇政府的幻想，这一事件揭开了1905 年至 1907 年俄国第一次资产阶级民主革命的序幕。布尔什维克一般把这场革命视为 1917 年革命的先驱和预演。

列宁敏锐地洞察到"流血星期日"事件的影响，他认为俄国工人阶级已经觉醒，并开始了推翻沙皇专制制度的伟大斗争，这一斗争将成为世界历史的转折点。在罢工运动中产生了工人阶级的政治组织：工人代表苏维埃。1905 年工人罢工此起彼伏，农民运动蓬勃发展，军队中的革命情绪也不断高涨，6 月俄国的海军"波将金"号装甲舰的水兵发动了起义。到了 10 月，国内的斗争形势出现了新的局面，政治罢工浪潮不断地高涨，从莫斯科、彼得堡扩展到了全国所有的工业中心和城市，甚至蔓延到了边疆地区，形成了全俄政治总罢工，参加罢工的人数达到了 200 多万。10 月份的罢工迫使沙皇在月底的时候颁布了宣言，许诺公民有言论、集会、结社的自由，而且还许诺要召开具有立法职能的国家杜马。虽然这是沙皇不情愿的改革，但俄国革命的风暴确实带来

---

① 《列宁全集》第 28 卷，人民出版社 2017 年版，第 313、314 页。
② 《列宁全集》第 9 卷，人民出版社 2017 年版，第 206 页。

了资产阶级的联合，资产阶级的各种政治党团就纷纷成立了。

沙皇的诏书颁布以后，列宁马上就看穿了沙皇的欺骗手法，他说这是沙皇的缓兵之计，要求工人阶级擦亮眼睛，丢掉幻想，继续斗争，要彻底地铲除沙皇专制制度。由于斗争形势的需要，1905 年的 11 月 21 日，列宁从国外回到了彼得堡，直接领导布尔什维克的工作。12 月莫斯科的政治总罢工转变为了武装起义，工人们奋不顾身地战斗了 9 天，虽然遭到了沙皇政府的残酷镇压，但是我们说 12 月武装起义成为俄国第一次革命的高潮，标志着无产阶级的群众性斗争进入了新的阶段。列宁在这一期间，通过编辑刊物、发表文章、进行演说等指导党的工作和革命工作。1906 年夏天，为摆脱警察迫害，列宁移居芬兰。沙皇在抗议浪潮前的承诺很快就成了一纸空文。1907 年 6 月 16 日，沙皇政府解散了第二届国家杜马，逮捕了杜马中的社会民主党党团的全部代表，这就是俄国历史上反革命的"六三政变"。革命的工人组织不能公开存在了，无产阶级革命政党只能转入地下。1907 年底，沙皇警察在芬兰到处搜寻列宁，列宁前往瑞士，开始了长达 10 年的第二次国外流亡生活。

1914 年第一次世界大战爆发，沙皇政府迅速地参加了这场战争。沙皇参加战争的目的，一方面是想从奥匈帝国和土耳其手中夺取领土，打通俄国从黑海通往地中海的通道。还有一个重要的目的是要转移国内民众对沙皇不满的视线。资产阶级政党在杜马里，最初是一致投票支持沙皇政府的战争政策的，但俄军在战场上接连失败，在战争的前两年，俄国军队就损失了 350 万人，战争使俄国的国内经济陷入了崩溃，导致了一系列的国内社会危机、经济危机和政治危机，特别是引发了上层统治危机，资产阶级与沙皇政府间的矛盾逐渐激化。正当资产阶级喋喋不休地在国家杜马和沙皇政府讨价还价的时候，布尔什维克彼得格勒委员会就向工人发出了"彻底推翻沙皇专制制度"，"人人都起来斗争，人人都上街"的号召。1916 年末至 1917 年初，俄国的很多人感觉国家已经陷入严重的危机和困境，报纸上刊载着俄国已经走入"死胡同"、"无路可走"的言论。1917 年 1 月 1 日，新年第一天，冬宫举行盛大的新年招待会。杜马主席罗将柯面见沙皇时向他报告："我认为国内局势从未这样危险和紧急，全国范围内的情绪发展可能发生最严重的动乱……在您的周围，陛下，已经没有一个可靠的、诚实的人……我预感到会发生可怕的事件……人民正在疏远自己的沙皇"①。罗将柯甚至开诚布公地指出尼古拉二世"22 年来走在错误的道路上"。沙皇对罗将柯的建言，态度是漫不经心，甚至不耐烦。

从 1917 年起，俄国国内的社会危机更加严峻。沙皇军队在前线屡战屡败，军费开支庞大，政府向国内加征各种苛捐杂税仍入不敷出，又向英、法借了高达 80 亿卢布的外债，人民生活必需品紧缺，物价暴涨，首都彼得格勒食品短缺，工人要求提高工资、供应面包，加上冬天特别寒冷，比往年低了 10 摄氏度，粮食和燃料紧张。这时，和平、土地和面包已成为广大人民的三大迫切要求。3 月 10 日（俄历 2 月 25 日），彼得格勒的 10 万工人发动了总罢工，沙皇政府决定动用武力进行管控和镇压，部队很快就控制了首都，要求工人复工，否则就把工人送到战争前线。政府的这些镇压措施进一步激怒了工人，而且由于布尔什维克抓紧做军队士兵的工作，彼得格勒的卫戍部队倒向了工人一边，工人罢工和示威转变为以士兵为主体的武装起义。二月革命的爆发促使资产阶级和沙皇政府分道扬镳，形势急转直下，内阁瓦解、政府职能瘫痪，沙皇被迫退位，统治俄国 304 年的罗曼诺夫王朝被推翻了。形势发展如此迅速，说明沙皇专制制度已完全背离时代潮流，俄国面临的各种深刻危机，已无法通过沙皇制度的自身变革来解决。

二月革命后，俄国组成了资产阶级临时政府，由于当时布尔什维克

① 姚海：《俄国革命》，人民出版社 2013 年版，第 61—62 页。

党的力量相对弱小，只有党员 2.3 万人，彼得格勒只有 2000 名党员，第一次世界大战期间，列宁提出的两个策略口号，"变帝国主义战争为国内战争"、"使本国政府在此次战争中失败"，这两个策略性的口号当时还没有能够取得多数民众的理解和接受，另外党的主要领导人基本上也都不在彼得格勒，列宁、季诺维也夫在国外流亡，加米涅夫、斯大林在遥远的流放地，而立宪民主党有党员 6.5 万到 8 万人，孟什维克有党员 20 万人，社会革命党有党员 50 万人，所以二月革命后建立的临时政府主要是由立宪民主党、十月党、孟什维克、社会革命党等政党所控制。与此同时，在资产阶级临时政府之外，还诞生了一个新的政权：工兵代表苏维埃，这样俄国出现了资产阶级临时政府和工兵代表苏维埃两个政权并存的局面。

虽然说是两个政权并立，但还是有明显的差别。资产阶级临时政府没有根本改变沙皇政府的政策，特别是继续参加世界大战的政策没有变，也没有消除贫困和饥荒，没能解决农民的土地问题，实际上俄国国内的各方面的危机都没有得到有效的解决，俄国人迫切要求的"和平、土地、面包"三个问题全都落空。而彼得格勒工兵代表苏维埃则拥有在二月革命中武装起来的几十万工人和起义的士兵，资产阶级临时政府从一开始就在人心向背和军事实力上处于劣势。

（三）苏维埃的布尔什维克化

1917 年 3 月中旬，列宁在瑞士得知俄国爆发二月革命、沙皇专制政权被推翻以后，决定尽快回国。回国前列宁撰写了多篇文章，全面阐述了布尔什维克在这个重要的历史关头，必须坚持的革命原则和策略原则。列宁提出，二月革命只是第一阶段，布尔什维克要揭露资产阶级临时政府的反动本质，要努力争取大多数工农群众，把革命引向第二阶段，实现社会主义革命的胜利，建立真正的工农政府。4 月 16 日晚上，列宁回到了俄国，在彼得格勒芬兰车站，受到了成千上万工人和士兵的欢迎。他站在车站广场的装甲车上，向群众发表演说，号召俄国无产阶级为社会主义革命斗争。第二天，4月17日，列宁参加全俄工兵代表苏维埃会议的布尔什维克代表会议，作了关于革命无产阶级任务的报告，逐条讲解了自己拟定的提纲，随后提纲在《真理报》发表，这就是著名的《四月提纲》。

列宁提出，俄国当前形势的特点是由民主革命向社会主义革命阶段过渡，第一个阶段由于无产阶级的觉悟和组织性不够，所以政权落到了资产阶级手中，第二阶段要把政权拿回来。他的策略方针是两个口号："不给临时政府任何支持"、"全部政权归苏维埃"。这个时候，列宁并未要求马上建立纯粹的工人革命专政，而是提出"全部政权归苏维埃"的口号，主张以和平的方式，将政权从临时政府手中接过来，向社会主义革命过渡。列宁在《四月提纲》中提出来的向社会主义革命转变的方针，人们都毫无思想准备，孟什维克说列宁违背了马克思历史唯物主义的基本观点，不顾俄国的基本国情，试图超越资本主义发展的历史阶段，普列汉诺夫则指责列宁的提纲是在"说梦话"。即使在布尔什维克党内，一些人也认为列宁是错误的，他们认为这是列宁长期侨居国外、脱离俄国生活而提出来的"乌托邦式"的计划。但列宁坚持自己的观点，通过不断的宣传、解释和说服持不同意见的党内同志，终于取得了党内多数人的支持。

和"全部政权归苏维埃"的方针相配套的措施是扩大和增加布尔什维克党在苏维埃中的影响，剥夺孟什维克和社会革命党所窃取的权力，使苏维埃完全置于布尔什维克党的领导之下。这是因为，苏维埃里一直占据优势地位的是孟什维克。1917年6月在彼得格勒召开了全俄工兵苏维埃第一次代表大会，出席大会的代表一共822名，其中布尔什维克代表是105名，社会革命党代表285名，孟什维克代表248名。从代表人数的分布来看，列宁所领导的布尔什维克处于劣势，是少数派，因此孟什维克控制了全俄苏维埃中央执行委员会的领导权，主席和副主席都是由孟什维克的人担任，列宁只是当选了中央执委会委员，布尔什维克里只有加米涅夫一人被选进了中央执委会主席团。

布尔什维克是如何改变这种局面的？二月革命后，资产阶级临时政府决定继续参加第一次世界大战。1917 年 7 月初，俄军在西南前线向德国和奥匈帝国军队发动进攻，遭遇惨败。当俄军死伤六万多人的消息传回国内，17 日，彼得格勒再次爆发大规模的示威游行。临时政府命令反动军队开枪镇压，死伤达 400 多人，酿成"七月事变"。原本布尔什维克参加并领导这次游行示威活动是为了把它变成一次和平的、有组织的运动，但把持苏维埃的孟什维克和社会革命党人反而同意临时政府镇压工人和革命士兵，成了反革命势力的帮凶，两个政权并存的局面结束了。大屠杀后，临时政府改组，社会革命党人克伦斯基登上临时政府总理宝座，下令解除首都工人武装，大肆搜捕示威游行参加者，并查封了布尔什维克报纸，白色恐怖再次笼罩俄国。布尔什维克和平取得政权的尝试失败了。列宁和临时政府总理克伦斯基是同乡，克伦斯基比列宁小 11 岁，列宁的父亲是省国民教育总监，而克伦斯基的父亲是列宁中学时代的校长、语文老师，两家人很熟悉。就是这个"同乡"，给列宁扣上"德国间谍"等罪名，全国通缉，甚至下令"发现列宁就地枪决"。列宁被迫秘密藏身在彼得格勒郊区的拉兹里夫湖畔，后来又转移到芬兰的一个小镇。

在俄国重大的历史选择关头，以列宁为首的布尔什维克党人继续坚持深得人心的"和平、土地和面包"的口号，绝大多数工人、农民、士兵站到了布尔什维克一边。1917 年 8 月以来，在莫斯科、彼得格勒、乌拉尔等全国主要的工业基地，发生了工人罢工，矿区工人和临时政府派来的军队进行武装对抗。农民夺取地主土地的运动扩展到了全国

90%以上的县，一些地方的农民通过了把全部政权归苏维埃的决议。全国武装的工人赤卫队已经有 20 万人，而彼得格勒就有 2 万人。特别是，临时政府的军队情况也发生了根本变化，波罗的海舰队成立了以布尔什维克为首的革命委员会，在靠近彼得格勒、莫斯科的北方战线和西方战线的 170 万军队中，大部分士兵接受了布尔什维克的主张。克伦斯基的日子过得"很艰难"。9 月 7 日，临时政府军队总司令科尔尼洛夫发动叛乱，把前线军队调回进攻彼得格勒，要求临时政府辞职交权。走投无路的临时政府只好乞求布尔什维克抗击叛军。列宁审慎分析了时局：如果科尔尼洛夫阴谋得逞，革命党人将面临一个更加凶残的敌人，如果善用敌人之间的矛盾，则反而有可能争取到对革命最有利的局面。布尔什维克党中央采纳了列宁的意见。彼得格勒四万多武装工人和两万多卫戍部队开赴前线，粉碎了科尔尼洛夫叛乱。在此之后，俄国国内政治力量的形势大变，包括彼得格勒、莫斯科在内的 156 个城市的苏维埃都拥护布尔什维克党。9 月 24 日在参加莫斯科杜马选举中的 1.7 万名士兵中，有 1.4 万名投票支持布尔什维克。列宁和布尔什维克党根据这种情况，认为革命和平发展阶段结束，武装起义的时机成熟了。

（四）社会主义革命首先在俄国胜利

列宁虽然在芬兰隐匿居住，但一直关注着俄国局势的变化，而且多次要求回彼得格勒。1917 年 10 月 14 日，列宁致信中央委员会，提出应当立即举行起义。不久，布尔什维克党中央同意列宁返回彼得格勒，以便更好地投入武装起义的准备工作。10 月 23 日，布尔什维克党中央召开紧急会议，讨论起义问题，列宁、季诺维也夫、加米涅夫、托洛茨基、斯大林等 12 人参加会议，最后以绝对多数票通过了列宁起草的决议，10 票赞成，2 票反对。这 2 票反对票是加米涅夫和季诺维也夫投的。他们认为起义的条件还不具备，起义是冒险主义。10 月 26 日，党中央委员会扩大会议再次通过起义的决议，随后成立革命军事总部。10月31日，加米涅夫和季诺维也夫在孟什维克的《新生活报》发表了反对起义声明，因此，布尔什维克的武装起义对于临时政府、对于俄国的其他政治势力来说，已不是什么秘密。起义消息曝光后，起义不得不提前举行。11月6日下午，武装起义开始，工人赤卫队占领了中央电报局和一些重要的桥梁。当天晚上列宁化装来到斯莫尔尼宫，亲自指挥起义。从6日深夜到7日上午，彼得格勒的各个重要据点基本上被起义部队占领。下午6点，起义部队包围了资产阶级临时政府的所在地冬宫，晚上9点40分，停泊在涅瓦河上的"阿芙乐尔"号巡洋舰，发出了攻打冬宫的炮声，此时全俄苏维埃第二次代表大会正在召开，宣告临时政府已经被推翻，彼得格勒武装起义取得胜利。临时政府的垮台和彼得格勒武装起义胜利的消息迅速传遍了俄国，各地苏维埃在布尔什维克党的领导下夺取了政权。到1918年春全国大部分地区的政权已经转归由布尔什维克领导的苏维埃，十月社会主义革命在俄国取得了胜利，世界上第一个社会主义国家诞生。

三、建立世界上第一个社会主义国家

夺取政权以后，捍卫和巩固新政权，成为布尔什维克党和人民面临的紧迫任务。被推翻了的资产阶级临时政府的首脑克伦斯基发动一些反革命的旧军队向彼得格勒进攻，社会革命党和孟什维克组织了"拯救祖国和革命委员会"策动士官生发动叛乱，千方百计地破坏苏联国家的建设。当时第一次世界大战还没有结束，苏维埃政权还受到帝国主义国家的敌视和包围。1917年12月美国国务卿向总统威尔逊提交了一份关于如何对待俄国事件的长篇报告，他建议在俄国建立以旧俄将军为首的军人独裁政权，并且向他们提供巨额贷款。美国总统威尔逊亲自签署命令，抽调军队参加英、法、美联军，以武力干涉俄国事务，支持反对苏维埃的势力建立了"北方政府"、"西伯利亚自治临时政府"等。要巩固新的政权，首先必须摆脱帝国主义战争和赢得必要的"喘息"时机，争取一个有利的国际环境。苏维埃政权成立的第二天就颁布了《和平法令》，呼吁交战国停止战争，缔结不割地不赔款的公正的合约，但这一建议遭到了协约国的拒绝。当时对苏维埃政权威胁最大的是德国，列宁巧妙地利用帝国主义国家的矛盾，决定与德国单独谈判，并在国内力排众议，最终签订了《布列斯特和约》，使新生的苏维埃政权赢得了"喘息"时机，为恢复经济，建立和扩大红军提供了宝贵的时间和条件。

历史证明，列宁与德国暂时签订和约的想法非常具有战略眼光。很快，更大规模的帝国主义国家的干涉就来了。1919 年 5 月，第一次世界大战已经结束半年，刚得到一些喘息机会的协约国军队组织了第二次武装干涉，参加的国家有 14 个之多，这次进攻的主要战场在南方，反动军队直逼新首都莫斯科。在这种极端危急的情况下，布尔什维克把全国的政治、经济、文化生活转入战时轨道，动员国内一切人力、物力、财力保证战争需要，实施了"战时共产主义"政策。经过 3 年的斗争，终于赢得了抗击国外武装干涉和国内战争的胜利，使新生的政权站稳了脚跟，社会主义革命的胜利成果得到了巩固。

在抵御国内外反革命势力进攻的同时，布尔什维克党也开展了建立新型国家政权的工作。布尔什维克党的宗旨是要建立一个崭新的社会主义制度，这也是它领导十月革命的主要目的。新政权建立后就颁布法令，废除了俄国旧有的一切等级、身份、封号和官僚制度，宣布全体人民一律享有平等、自由和民主的权利；废除了地主土地所有制，实现土地国有化并分给农民使用，完成了土地改革；产生了第一批社会主义性质的农业组织，即国营农场和集体农庄；实行了工业和商业初步的国有化，奠定了社会主义国营经济的基础；实行工人监督制度，实现了工人阶级在经济领域当家作主的第一步。苏俄管理国家的最高行政机构是在全俄苏维埃第二次代表大会上成立的人民委员会，列宁担任了第一届人民委员会主席职务，下设内务、外交、农业、劳动、财政、司法、工商业、粮食、教育等12个部和1个陆海军人民委员会。根据《关于成立工农政府的法令》的规定，政府权力属于人民委员会，即工农政府。工农政府管理国家，人民委员会各个部分工负责国家生活的各个具体部门，人民委员会有权颁布一切法令、指令和训令，为维护国家的经济和安全可采取一切措施。人民委员会对全俄工兵代表苏维埃负责，后者拥有对人民委员会的监督权及撤换权。以人民委员会为核心的工农政府在这时虽然还有许多不完善的地方，但它是人类历史上第一个社会主义性质的政府，也是一个新型的政府。与此同时，新政权还大力吸收来自基层的优秀工人和士兵参加新型国家机关建设，并积极扩大和农民的联系，壮大布尔什维克党在广大农村地区的力量，巩固地方苏维埃政权。1922年12月，苏联成立后，苏维埃体制也随之扩大，包括全苏苏维埃代表大会、加盟共和国和自治共和国苏维埃代表大会、省县乡苏维埃代表大会和市村镇苏维埃。国家的武装力量也逐步系统建立起来，人民委员会颁布了组建红军和红海军的法令，在国内战争期间还逐步形成了自己的中央军事指挥体制。

苏俄是一个小农经济占主导地位的国家，列宁自己就曾说，这是"一个落后的、被反动和不幸的战争严重破坏、又远远早于先进国家开始社会主义革命的国家"①，"在文明程度方面，在从物质和生产上'实施'社会主义的准备程度方面，却比西欧最落后的国家还要落后"②。按照马克思恩格斯的观点，社会主义是建立在高度发达的资本主义生产

---

① 《列宁选集》第3卷，人民出版社2012年版，第507页。
② 《列宁选集》第4卷，人民出版社2012年版，第498页。

力基础之上的，而现实的历史发展是社会主义首先在经济文化相对落后的俄国建立，在这样的条件下，如何巩固和建设社会主义，是列宁必须思考的现实问题。在 1918 年夏至 1920 年底的国内战争时期，苏维埃政权为了击退国内外反革命武装的进攻，在经济上实行了按照军事共产主义原则调整产品生产和分配的"战时共产主义"政策，包括实行余粮收集制；禁止私人自由贸易，实行配给制；实行工业的全部国有化；实行普遍劳动义务制等。1920 年，战争基本结束后，继续实施这个政策引发了全面危机，严重威胁到俄共（布）的执政地位。面对这种情况，列宁开始进行反思。他说："我们计划（说我们计划欠周地设想也许较确切）用无产阶级国家直接下命令的办法在一个小农国家里按共产主义原则来调整国家的产品生产和分配。现实生活说明我们错了。"①1921 年 3 月俄共（布）十大决定，立即废止"战时共产主义"，实行从战时共产主义政策向新经济政策的转变，主要措施包括：用粮食税代替余粮征集制；允许多种经济成分存在；恢复贸易自由，大力发展商业；加强同资本主义国家的经济交往与合作。1985 年，邓小平指出："社会主义究竟是个什么样子，苏联搞了很多年，也并没有完全搞清楚。可能列宁的思路比较好，搞了个新经济政策，但是后来苏联的模式僵化了。"② 此外，列宁在晚年时期还提出了通过合作制引导农民走向社会主义，利用资本主义文明成果建设社会主义，要加强苏维埃国家政权，特别是执政党的建设，要建立高度发展的文化与科学等思想，初步形成了社会主义建设理论。

列宁作为世界上第一个社会主义国家的缔造者和领导人，在理论和实践上都与时俱进地继承和发展了科学社会主义，从总体上回答了一个经济文化相对落后的国家如何建设社会主义的问题。十月革命后，究竟

---

① 《列宁选集》第 4 卷，人民出版社 2012 年版，第 570 页。
② 《邓小平文选》第三卷，人民出版社 1993 年版，第 139 页。

如何搞社会主义，也没有先例，列宁的深入思考和艰辛探索，使社会主义从此变为一个现实的、活生生的事物。

四、打破资本主义一统天下的世界格局

十月革命是建立社会主义制度的第一次成功实践，十月革命的胜利验证了列宁的帝国主义理论和社会主义可能在一国或数国首先取得胜利的理论，并为经济文化比较落后的国家走上社会主义道路提供了宝贵经验，深刻改变了人类历史发展进程。习近平总书记指出："列宁领导的十月革命取得胜利，社会主义从理论变为现实，打破了资本主义一统天下的世界格局。"①"打破"主要体现在四个层面：

第一，社会主义实现了从理论到现实的伟大飞跃，在当时还是资本主义占主导地位的世界体系中诞生了第一个社会主义国家。列宁深刻地洞悉资本主义发展的新特征，提出了帝国主义理论，把马克思主义基本原理和俄国革命具体实践结合起来，形成了列宁主义，创造性地提出了社会主义可能在一国或数国首先取得胜利的理论。在列宁和布尔什维克党的领导下，俄国无产阶级把资产阶级的民主革命转变为社会主义革命，通过武装斗争打碎了旧的国家机器，取得了震撼世界的十月社会主义革命的伟大胜利，建立了无产阶级专政的苏维埃制度。苏维埃俄国初步建立了社会主义性质的经济、政治、文化教育等制度，在人类历史上第一次建立了社会主义国家，使社会主义从理论变为活生生的现实社会制度。

第二，促成了不发达国家在"资本主义道路"以外探索实现现代化的新模式。十月革命成功以后，当时俄国和第二国际的一些颇有影响

---

① 习近平：《在纪念马克思诞辰 200 周年大会上的讲话》，《人民日报》2018 年 5 月 5 日。

的理论家，如普列汉诺夫、考茨基、苏汉诺夫等人，对俄国的这场革命提出了一系列的批评和否定。他们认为，十月革命违背了马克思主义，违背了历史发展规律，是在"制造神话"；俄国还没有发展到可以实行社会主义的高度，在不发达的国家推行社会主义是冒失行为，是"早产儿"，注定要失败。他们都认为，俄国没有经历"资本主义阶段"，是不可能实现社会主义的，也就是说，在还不具有资本主义现代化的前提下，搞不成社会主义。在这些人看来，不发达国家先走资本主义现代化道路是不可避免的，然后才能走上社会主义道路。列宁提出："世界历史发展的一般规律，不仅丝毫不排斥个别发展阶段在发展的形式或顺序上表现出特殊性，反而是以此为前提的。"① 俄国虽然生产力水平不高，但是，当社会主义革命的主客观条件已经具备的时候，就应当先进行革命，然后利用革命后无产阶级政权的优势，去创造实现社会主义所必需的物质文化条件。列宁实际上提出了一种和马克思恩格斯的设想不同的社会主义发展公式：先夺取政权后发展生产力。后来的历史证明，从十月革命胜利后实行的战时共产主义政策到新经济政策，再到苏联模式，建立了世界历史上从未有过的新的现代化模式，苏联一度成为世界性强国。虽然苏联模式最后也僵化了，但中国特色社会主义的成功，又继续开辟出一条全新的现代化道路，资本主义一统天下的格局在苏东剧变之后依然没能"复辟"。

第三，社会主义作为一种崭新的社会形态和社会制度，引领着人类社会的发展方向。在十月革命的影响下，社会主义成为许多国家赢得民族独立、民族解放和国家发展的重要选择，一些国家先后走上社会主义道路，世界上近三分之一的人口一度生活在社会主义制度下，社会主义力量大大增强。以中国为例，十月革命的胜利，给中华民族提供了一种

---

① 《列宁选集》第4卷，人民出版社2012年版，第776页。

新的选择和一条新的道路。1918年11月和12月，李大钊相继发表了《庶民的胜利》的演说和《布尔什维主义的胜利》一文。他热情地赞颂十月革命，认为中国革命也要走俄国的道路，"一九一七年的俄国革命，是二十世纪中世界革命的先声"①。俄国十月革命的胜利和马克思列宁主义在中国的传播，预示着一个伟大的政党即将在中国诞生。毛泽东说："十月革命帮助了全世界的也帮助了中国的先进分子，用无产阶级的宇宙观作为观察国家命运的工具，重新考虑自己的问题。走俄国人的路——这就是结论。"②十月革命的胜利，促进了民族解放力量的崛起，推动了殖民地半殖民地国家的民族解放运动，加速了世界范围内帝国主义殖民体系的整体瓦解，深刻改变了国际力量对比和世界格局。此外，世界社会主义的发展和社会主义制度的优越性，使许多资本主义国家不断调整统治策略，利用社会主义制度的一些举措来修补自身弊端，缓和了资本主义日趋尖锐的基本矛盾。

第四，列宁创建的新型无产阶级政党为人类政治文明的发展作出了新贡献。布尔什维克党在十月革命的过程中逐渐发展壮大起来，预示着一种既不同于西欧社会民主党，也不同于资本主义政党的新型政党的诞生。布尔什维克作为新型无产阶级政党的组织特点，不仅影响了俄国的社会主义革命，也影响了包括中国共产党在内的许多国家的共产党，成为社会主义国家政权的组织原则。十月革命后，布尔什维克党的组织特点就受到了中国人的关注。中国近代著名民主人士邵力子在1920年1月30日的《民国日报》发表了《布尔色维克的真相》，他介绍道："从前世界各国，不明白布尔色维克的真相，外间所传多颠倒黑白，以为布尔色维克没有组织，没有纪律；现在才晓得布尔色维克是很有纪律，很

---

① 《李大钊全集》第二卷，人民出版社2006年版，第256页。
② 《毛泽东选集》第四卷，人民出版社1991年版，第1471页。

有秩序，军队虽然不多，但统率得人，服从命令，所到成功。"① 1939年10月4日，毛泽东在《〈共产党人〉发刊词》中提出，要赢得中国革命的最终胜利，就必须把中国共产党建设成为"一个全国范围的、广大群众性的、思想上政治上组织上完全巩固的、布尔什维克化的中国共产党"，称这是一项"伟大的工程"。② 习近平总书记强调："古往今来，世界上的大国崩溃或者衰败，其中一个普遍的原因就是中央权威丧失、国家无法集中统一"，"把党的建设作为一项伟大工程来推进，是我们党的一大创举"。③ 可以说，时至今日，列宁的建党思想仍然是中国共产党集中统一领导体制的思想渊源。

---

① 《社会主义思想在中国的传播》第 1 辑（中册），中共中央党校科研办公室 1985 年版，第 567 页。

② 《毛泽东选集》第二卷，人民出版社 1991 年版，第 652 页。

③ 习近平：《推进党的建设新的伟大工程要一以贯之》，《求是》2019 年第 19 期。

第 五 讲
苏联模式社会主义制度的形成

十月社会主义革命胜利后，列宁领导布尔什维克党和俄国人民将马克思主义普遍真理同苏维埃俄国的国情实际相结合，努力探索经济文化落后国家的社会主义建设道路。斯大林领导苏联人民完成了国家工业化和农业集体化，确立了社会主义制度并取得举世瞩目的工业成就。所谓苏联模式，主要是 20 世纪二三十年代苏联人民在斯大林领导下，经由社会主义建设实践并逐渐探索出来的一套经济、政治和文化制度，高度集中是苏联模式社会主义制度的显著特征。

一、内外部强大压力迫使苏联快速推进工业化

1985 年 8 月邓小平在人民大会堂会见津巴布韦政府总理罗伯特·穆加贝，当时他对怎样建设社会主义的问题表达过一个观点："社会主义究竟是个什么样子，苏联搞了很多年，也并没有完全搞清楚。可能列宁的思路比较好，搞了个新经济政策"。[①] 既然新经济政策的思路比较好，为什么当年苏联没能贯彻到底？列宁逝世后，高度集中的苏联模式又是如何建立起来的呢？

---

① 《邓小平文选》第三卷，人民出版社 1993 年版，第 139 页。

（一）十月革命后苏维埃政权面临严峻挑战

从 1918 年夏至 1920 年底俄国爆发内战，由于大部分领土被敌人占领，苏维埃可动用的资源十分匮乏。因此被迫实行一些非常措施，比如余粮征集制、取消商品货币关系，主要是为了集中有限的人力、物力、财力用于捍卫新生政权的斗争。这些非常措施被称为"战时共产主义"政策。内战结束后，苏维埃政权曾设想把"战时共产主义"政策变成苏维埃国家直接过渡到共产主义的现实路径，但是因为出现了农民起义和局部叛乱，"战时共产主义"政策很快就终止了。

1921 年 3 月 8 日在俄共（布）十大上，列宁提出一个战略性方案：尽量满足农民的需求、给予农村自由贸易的自由。废除"战时共产主义"政策之后，苏俄开始实行新的经济政策。例如：允许农民在向国家纳税后自由支配所剩粮食，并在一定范围内恢复贸易自由。但是，新经济政策的覆盖范围是有限的，国家仍然对大中型企业、交通运输、金融这些国民经济命脉保持绝对控制。

新经济政策实施一年，取得了明显成效，由"战时共产主义"政策到新经济政策的转变，是苏维埃俄国社会主义建设史上一次具有战略意义的转折。起初列宁认为这是一种"战略退却"，他说："只要无产阶级政权能得到支持和巩固，我们可以作任何让步。"[①]"让步"即是通过市场迂回过渡到社会主义的道路，列宁认为只要沿着这条路走下去，新经济政策的俄国将变成社会主义的俄国。布尔什维克党内部很多党员不理解新经济政策，一些人反对列宁提出的新经济政策，认为新经济政策可能使资本主义在俄国复辟。新经济政策为苏维埃俄国实现从资本主义向社会主义的过渡创造了有利条件，然而苏联最终还是放弃了新经济

---

① 《列宁全集》第 41 卷，人民出版社 1986 年版，第 314 页。

政策，为什么呢？主要有两个原因：

首先，截至1928年，俄国工业已重新恢复到一战前的水平，此时国家急需大量投资来扩大生产资料生产，这是快速实现工业化的基础条件。但是，苏联需要向西方国家支付巨额费用才能得到维系生产所需的机器设备，拖拉机厂、联合收割机厂、炼油厂、汽车厂、冶金联合厂需要的机器设备，都要从欧洲和美国进口。比如1929年12月底，苏联向欧洲卖出2500万吨粮食，然后用卖粮资金购进8500台英国"维克斯"公司生产的拖拉机。当时为了拯救工业，国家甚至允许出卖珍藏在莫斯科、列宁格勒和基辅最好的博物馆里的艺术瑰宝。[①]

其次，新经济政策没能从根本上解决苏联的社会矛盾。当时新经济政策使富农、私人资本重现活力，有人认为"资本主义余根未除，贫穷尚在延续"。此外，在工人群体中还出现了怀念军事共产主义的倾向。从1923年8月到12月，全国共爆发了200多起罢工，其中莫斯科有50多起。工人们的政治倾向开始令人担忧。在当时的政治经济环境下，斯大林提出"自上而下的革命"、"社会主义可以在一国建成"满足了大多数人的内心愿望。

（二）工业经济在危机中走向集约化发展

俄国十月革命发生在第一次世界大战期间，这场战争的规模是人类历史上前所未有的，像这样大规模的战争动员一方面需要现代化的、高度发达的工业经济，另外需要国家具备充分的社会动员能力。如果大战无可回避，国家必须对生产成本，甚至整个经济运转做出精细的筹划和管理。无论是在石油、电气这类新能源工业中，还是在交通以及日用品的制造中，工业经济的集约化发展成为那个时代的普遍趋势。

---

① ［俄罗斯］斯维亚托斯拉夫·雷巴斯、叶卡捷琳娜·雷巴斯：《斯大林传——命运与战略》（上），吴昊、张彬译，上海人民出版社2014年版，第502页。

1929—1933 年，资本主义世界发生了有史以来最严重的经济危机。这场危机涉及范围之广、持续时间之长、破坏性之大在资本主义历史上是空前的。股市暴跌，银行倒闭，工厂破产，大量工人失业，广大劳动群众陷入贫困之中。从 1929 年到 1932 年，美国国民生产总值下降46%，商业交易下降48%，农业收入减少57%，进出口贸易减少72%。唯一上升的是失业率，从 2.5%猛升至 40%，失业人口高达 1700 万。[①]危机几乎席卷整个资本主义世界，世界资本主义工业生产下降44%。在资本主义危机之中，德国、意大利和日本的法西斯主义抬头并迅速发展起来，这成为社会主义苏联的主要威胁。

20 世纪二三十年代苏联日益面临更加严峻的外部威胁，更加突显出快速推进工业化的紧迫性。作为十月革命后建立起来的世界上第一个社会主义国家，苏联的经济发展水平与先进资本主义国家相比还很落后，工业基础薄弱，农业以小农经济为主。20 世纪 20 年代初，在国民经济恢复基本完成后，苏维埃俄国仍然是一个只能输出农产品、输入机器装备的落后的农业国。在严峻形势下，斯大林认为发展重工业才能增强苏联经济的独立自主地位，摆脱资本主义经济体系的束缚，才能用最新式的机器和最新科学技术支援农业。加快农业集体化和机械化的步伐，才能建立强大的国防工业，以先进武器装备军队，有效地防止和反击帝国主义的入侵，保卫社会主义建设的顺利进行。

面对复杂的内部、外部形势变化，苏联应采取什么样的社会主义建设方针，党内关于这个重大问题存在严重分歧。20 世纪 20 年代后期，苏共内部经过激烈争论，确定了国家建设目标：加紧建设社会主义现代化大工业，使苏联在较短时间内由农业国变为工业国，以保证国家的经济独立与国防安全。

---

① 刘鹏主编：《世界通史》，安徽文艺出版社 2012 年版，第 196 页。

二、经济文化落后国家怎样建设社会主义

在实施新经济政策的后期，随着国内外形势变化，围绕苏联要不要新经济政策以及一国建成社会主义的问题，苏共领导内部出现了严重分歧，先后发生过三次大争论。斯大林的社会主义建设方案在三次争论中逐渐成型，深刻影响了苏联模式的形成。

（一）第一次争论主要在斯大林、布哈林与托洛茨基之间

新经济政策使农业迅速恢复，但还是没能解决国家工业化的资金问题。许多工厂因资金短缺、难以扩大生产规模，而农业快速增长又使农产品价格大大降低。所以，当时有一种批判新经济政策的观点：新经济政策是反工业的，国家应保护工业。托洛茨基就是坚持这种观点的主要代表。

托洛茨基曾经担任指挥红军的最高军事委员会主席，在党内威望很高，国内战争期间被外界誉为"红色拿破仑"。他提出的"超工业化理论"认为，要以超高速实现工业化，对富农课以重税，限制私人资本发展，运用国家政权的力量强制推行和加速工业化。另外还有一些人拥护新经济政策，主要代表人物是斯大林、季诺维也夫、加米涅夫。他们认为苏联经历累年战争，如果再对农民掀起革命会付出巨大代价。

1923 年 10 月 8 日，托洛茨基致信中央委员会和中央监察委员会，指责领导层里形成了"文牍主义"心态，选拔出来的干部不在行，必须终止这种"文牍主义"的官僚作风。与此同时，他还在信中谈到制定高质量规划的必要性，布尔什维克党内的路线之争伴随着政治斗争拉开序幕。随后，普列奥布拉任斯基①也递交了一封批评信件，他与托洛

---

① 叶甫盖尼·阿列克谢耶维奇·普列奥布拉任斯基（1886—1937），是苏联 20 世纪 20 年代"左"倾经济思想的代表人物，他提出的"社会主义原始积累"论引发了党内大辩论。

茨基持有类似观点。这封信还收集了 46 位著名党员的签名，托洛茨基获得了党内部分颇有威望的老布尔什维克的支持。

为了能引导舆论支持中央委员会，斯大林加强了对《真理报》的领导。除此之外，他还把中央委员会组织指导部部长卡冈诺维奇①派到莫斯科市委与托洛茨基的拥护者们做斗争，卡冈诺维奇负责莫斯科市委组织部和宣传部的直接领导工作。斯大林吸收生产部门的党支部参与到对更高层次的企业和托拉斯事务的讨论中。这样一来，"自下而上的批评"针对的就不是中央委员会，而是更贴近和更能被普通共产党员理解的经济问题了。

1924 年 1 月 14 日至 15 日，中央委员会全会讨论党内辩论的结果，斯大林、季诺维也夫、加米涅夫获得胜利。中央委员会全会决定设立了"中央委员会军事委员会"，军事委员会由斯大林的拥护者古谢夫挂帅。此外，斯大林还将"社会有害分子"赶出莫斯科和各大城市，驱逐到北方的拘留营或流放地。从 1923 年 12 月到 1924 年 3 月 15 日，莫斯科共有 2000 多人被捕。此外，包括人民委员在内的各人民委员部和各委员会工作人员均受到审查。国家政治保卫总局成立了一个经济管理处，以承担俄共（布）中央委员会指派的与"新经济政策的尘垢"做斗争的专门任务。

这场争论后，新经济政策并未终止，苏联工业化的资金问题依然是摆在领导者面前的大问题。国家有对现代化事业的规划，却没有能力去落实。苏联一国到底能否建成社会主义？经济文化落后国家到底怎样建设社会主义？这些深层次问题必须给予明确的回答。

---

① 拉扎尔·莫伊谢耶维奇·卡冈诺维奇（1893—1991），原苏共中央主席团委员，苏联部长会议第一副主席。

（二）第二次争论主要在斯大林、布哈林与季诺维也夫、加米涅夫之间

列宁逝世后，苏共党内分歧开始扩大，主要集中在一国建成社会主义以及农村政策、领导机构改组等问题上。到了 1925 年，苏共政治局的内部斗争趋于白热化，党内争论再一次演变为党派斗争，一方是季诺维也夫①和加米涅夫②，另一方是斯大林和布哈林。

1926 年斯大林出版了《论列宁主义的几个问题》，这本书对列宁思想进行了梳理，并且在书中提出"社会主义一国建成论"。不过，关于苏联一国能否建成社会主义，列宁实际上是持否定态度的。列宁认为除非得到西方发达国家的帮助，不管这种帮助是资本主义的还是社会主义的，俄国经济的重建才可能实现，经济建设中出现的问题也会迎刃而解。他说："如果社会主义革命在全世界或者至少是在许多先进国家中同时取得了胜利，那么……落后的俄国就不必独自来考虑解决这一任务了，因为西欧各国的先进工人会来帮助我们，排除我们在解决向社会主义过渡的最困难的任务即所谓组织任务时会遇到的大部分困难。"③ 列宁于 1920 年 9 月俄共（布）第九次全国代表大会上作了论述，他坚持认为，俄国自身的力量不足以实现经济建设的目标，如果苏维埃俄国保持孤立状态要恢复经济，可能需要 10 至 15 年的时间，更别提经济的发展了。

这样一来，1926 年又形成了拥护列宁观点的托洛茨基—季诺维也

---

① 格里戈里·季诺维也夫（1883—1936），俄国工人运动和布尔什维克党早期著名的活动家和领导人，共产国际执行委员会第一任主席。

② 列甫·波里索维奇·加米涅夫（1883—1936），十月革命后出任全俄苏维埃代表大会执行委员会第一任主席。1934 年 12 月基洛夫被暗杀后，与季诺维也夫一起以"间接参与"此案而被判罪。

③ 《列宁全集》第 34 卷，人民出版社 2017 年版，第 129 页。

夫"联合反对派"，开始向中央委员会尤其是斯大林个人展开猛烈攻势。托洛茨基声称，官僚们背叛了革命，一场新的以无产阶级失败而告终的热月政变正在逼近。他建议从根本上改变政治方针：快速发展重工业、使党民主化、改善工人的处境、与富农做斗争。托洛茨基要求的是革命性的变革，而斯大林还寄希望于渐进性的变革。

1926 年 7 月 14 日至 23 日联共（布）召开中央委员会和中央监察委员会联席全会，其间展开了一场激烈争论。当时，从第一个问题（粮食征购）起就展开了尖锐的辩论。空前的相互反驳说明了辩论的尖锐程度：捷尔任斯基①突然提出要枪毙反对派的头儿们，对方回敬他："是你该被枪毙！"就在会场上，捷尔任斯基的心脏病发作，回到家中心跳就停止了。

1927 年春天，托洛茨基起草了一份声明并由包括他自己在内的 83 名反对者签名。他在这份声明中猛烈批评了中央领导人的过失，同时要求实施具有更强革命性的对外政策和促进工业更快地增长。他及其支持者们坚持认为不仅在党内，还要在苏维埃中进行一场全面的民主化运动。他们宣称只有通过一系列这样的措施，十月革命的原定目标才能够实现。在联合反对派看来，政治局正在一点一点地破坏列宁所支持的每件事情。因此，他们的最后一击就是要求将党的原则再提升到当前政治议程的最高处。

但是，斯大林最终还是取得党内大部分人的支持。1927 年 10 月，联共（布）中央委员会和中央监察委员会联席全会决定，将托洛茨基、季诺维也夫和加米涅夫开除出中央委员会。1927 年 11 月 14 日，托洛茨基和季诺维也夫被完全开除出布尔什维克党，12 月召开的联共（布）第十五次全国代表大会批准了这项决议。布尔什维克党内经过多年的理

---

① 费利克斯·埃德蒙多维奇·捷尔任斯基，全俄肃反委员会（简称"契卡"）的创始人，1922 年 2 月被任命为俄罗斯联邦内务人民委员部国家政治保卫局主席。

论之争、组织之争、路线之争，斯大林在每次斗争中都获得了胜利，其个人威望和政治影响在 20 世纪 20 年代末开始独树一帜。

那么，斯大林为什么能获得多数支持呢？

斯大林主张"一国建成社会主义"与"社会主义在一国取得胜利"要分开来看，明确的理论框架表达了他思想中能够为"左""右"两派不那么抗拒的倾向。虽然这种倾向可能模糊不定，却能吸引住党内大多数人的支持。比如，他与布哈林一同是支持新经济政策的一方，但他对新经济政策的执行日益模棱两可。他也从未向布哈林那样对其进行鼓舞人心的宣传，甚至在（1928 年 1 月）打败"托季联盟"的几个月后就开始打算抛弃新经济政策。

1926 年 4 月 13 日，斯大林对列宁格勒党组织作了《关于苏联经济状况和党的政策》的报告。他在报告中直截了当地指出，国家已经进入新经济政策的第二个时期，即"直接工业化"时期。斯大林认为："处于资本主义国家包围中的无产阶级专政的国家，如果自己国内不能生产生产工具和生产资料，如果停留在这样一个发展阶段，即不得不使国民经济受制于那些生产并输出生产工具和生产资料的资本主义发达的国家的阶段，就不可能保持经济上的独立。停留在这个阶段就等于让自己隶属于世界资本。"①

斯大林还强调对国家工业进行高投入的必要性，以及提高富裕农户税赋的必要性。他提出社会主义工业化的资金来源不能是殖民掠夺、战争赔款或对外租让企业，而是靠自己积累。从这里到农业集体化仅一步之遥，但此时斯大林还寄希望于实现列宁的合作社思想。直到斯大林尝到用行政手段解决粮食收购危机的好处，他才下定决心将这种征粮方式固定下来，当形成稳定循环时，集体化运动也就形成了。

---

① 《斯大林选集》上卷，人民出版社 1979 年版，第 462 页。

（三）第三次争论主要在斯大林与布哈林、李可夫之间

1927 年底，由于对富农征税、再加上粮食收购价格太低，导致粮食供应不足，形势非常严峻。1928 年 1 月 15 日，斯大林带领一批官员从莫斯科乘坐火车去西伯利亚，米高扬、基洛夫、日丹诺夫、施万尼克、波斯特舍夫、柯秀尔这些领导人，也都到苏联的各农业区收购粮食。① 在新西伯利亚、巴尔瑙尔、鲁布佐夫斯克和鄂木斯克四市，斯大林与边疆区领导、党的积极分子和收购机关代表进行了几次谈话。他表示：要不惜一切代价克服粮食短缺。为此需要采取紧急措施，根据刑法第 107 条追究富农的投机倒把罪，并没收他们的粮食。近期目标：在另一种基础上完成粮食征购，建立集体农庄和国有农场。② 此后，斯大林发动了"扩大建设集体农庄"的运动。

1928 年 2 月 6 日，斯大林带着从"中农"及富农手中获得的粮食回到莫斯科，布哈林对此勃然大怒。布哈林认为，经济政策变革从各省开始，提前没有与政治局成员和中央委员会委员们商量，这在布尔什维克党的历史上还没有先例。自此，斯大林与布哈林的分歧和矛盾越来越严重。

斯大林与布哈林的分歧，也可以看作双方在不同位置上对形势的反应差异。斯大林在总书记的位置上总揽全局，有更多的紧迫感。这种紧迫感在于他看到了 20 年代国际局势出现了很多对苏联不利的情况。1927 年英国断绝了与苏联的外交关系，并于 5 月份将苏联大使驱逐出来；6 月份，苏联驻波兰大使被刺杀，苏联一度出现了战争恐慌情绪。

---

①　[英]罗伯特·谢伟思：《斯大林传》，李秀芳、李秉中译，华文出版社 2014 年版，第 259—260 页。

②　[俄罗斯]斯维亚托斯拉夫·雷巴斯、叶卡捷琳娜·雷巴斯：《斯大林传——命运与战略》（上），吴昊、张彬译，上海人民出版社 2014 年版，第 456 页。

在经济上，苏联的经济发展虽然如火如荼，但是它与西方最先进经济体如美国和德国之间的差距正在日益拉大，而斯大林及其同事们所担心的正是苏维埃政权的持续落后。

在国内，布尔什维克党是要为工人阶级和穷苦农民谋利益的，可进入20年代，城市资本主义和农村富裕阶层却出现不断壮大的趋势，马列主义也没有形成广泛而深入的影响力。苏共内部反对新经济政策的声音也不容忽视，大多数官员对新经济政策从未坦然面对，渴望转至更加革命的政策上来。20年代中期，布哈林倡导以稍慢的速度实现工业化，但斯大林日益增强的紧迫感却使他不同意放慢速度。

1926年12月，斯大林否认苏联将用15年乃至更长的时间才能比得上资本主义强国的经济总量，甚至宣称苏联能够而且应当向前迈出大步。[①] 1928年1月，虽然农业成了斯大林关注的焦点，但斯大林的精力转向了另一项议程。与自己在党内及其他公共团体中的支持者一样，他希望加快并深化国家的改革。在改革中，将把工业、教育、城市建设和社会主义的教化摆在优先地位。这样，整个国家的国民素质将有所提高，对宗教和民族性的依恋也将随之消失，苏联将变成一个能够实现自我防御的军事强国。

1928年2月13日，斯大林以中央委员会的名义给各级党组织下发了一封信函，指出党现在没有可能运用的经济手段去影响当前的形势（譬如向市场投放几千万普特的粮食，并以此战胜不肯将余粮投入市场的农村富裕阶层）。斯大林一方面指出，新经济政策仍是"历史性"的国家经济政策的基础，采取紧急措施并不意味着要废除新经济政策；另一方面，他建议继续"打压富农"（按刑法第107条，可剥夺3年自由）、以长期贷款形式将没收来的粮食的25%转给贫农、继续实行"自

---

① ［英］罗伯特·谢伟思：《斯大林传》，李秀芳、李秉中译，华文出版社2014年版，第263页。

愿捐献"（即剥夺富裕农民的存款），地方领导人要继续"坚决肃清"
"异己和混入党内的分子"。[①] 这实质上又等于回到了"战时共产主义"
的强制政策上。

　　1928 年苏联出现了著名的"沙赫特案件"，这一案件也可以被看作
是后来大清洗运动的源头。沙赫特是顿巴斯的一个矿区，苏联保安机关
指控矿区中有大批专家蓄意破坏苏联最重要的煤炭工业基地，有 50 多
名专家被逮捕，其中 11 人被判处死刑。这些专家是否有反革命的罪行
不好说，但可以确定的是，他们普遍抵制工业快速增长，而斯大林消除
了这股意图拖累工业化速度的声音。"沙赫特案件"开创了一个至关重
要的先例：根据此案的调查结果，国家安全机关开始对经济组织的活动
进行监控，认为这些组织带有危险倾向。

　　为什么要打击专家学者群体呢？因为布哈林的拥护者在所有的党刊
机关、在教授群体、在工业学院、共产主义科学院、共产主义教育学院
的领导层中都占有优势，他们还占据着苏联国家计划委员会、俄罗斯苏
维埃联邦社会主义共和国国家评划委员会和中央监察委员会里的重要职
位。此外，布哈林还是共产国际主席、《真理报》主编、党的主要理
论家。

　　9 月 30 日，布哈林在《真理报》上发表《一个经济学家的札记》，
在文中对斯大林的路线提出批评，他寄希望于用这种公开分歧的方法保
障在下一次党的全会上自己能够得到更多支持。他认为，力量对峙已经
极度紧张，再加快速度已绝不可能，应该放弃"疯狂的紧张状态"，而
这种紧张状态是当时正在制定的五年计划草案所造成的。面对布哈林的
批判，斯大林进行了反击，在党内展开了以反对资本主义复辟为终极目

---

　　① ［俄罗斯］斯维亚托斯拉夫·雷巴斯、叶卡捷琳娜·雷巴斯：《斯大林传——命运与
战略》（上），吴昊、张彬译，上海人民出版社 2014 年版，第 457 页。

标的反右倾运动。①

《一个经济学家的札记》受到经济学家的猛烈抨击。托洛茨基及其拥护者也加入了这一批评运动中，因为他们把斯大林的新路线看成采纳了札记的思想。政治局谴责布哈林的文章。斯大林要求布哈林停止"阻碍集体化"，而布哈林则暗自责骂斯大林是"渺小的东方暴君"。布哈林是列宁口中的"学究"，不具备对手的意志，也不具备对手的组织能力，在他与斯大林的冲突中，失败是必然的。不久以后，布哈林只能托病、前往高加索去休假了。

随着 1928 年 10 月第一个"五年计划"的实施，新经济政策被终结。斯大林的设想之所以总能被中央和地方党的领导人认同，一个重要原因是，1917 年十月革命对他们产生了根深蒂固的影响。三次大争论既有一国建成社会主义的理论之争，同时也伴随着残酷的权力斗争。在这期间，高度集中的苏联模式的雏形基本呈现出来，并且在苏共党内逐渐形成共识。

三、苏联模式在大规模社会主义建设中形成

20 世纪 20 年代中期到 30 年代末，是苏联开展大规模社会主义建设并取得重要进展的时期。列宁逝世后，斯大林领导苏联党和人民完成了农业集体化和国家工业化，基本上确立了社会主义制度。短短十几年的时间，苏联从一个落后的农业国变为世界工业强国。这一时期，苏联的社会主义经济、政治和教育科学文化事业都取得很大成就，充分展示了社会主义制度的巨大优越性。不过，我们也应看到，苏联模式在形成

---

① ［俄罗斯］斯维亚托斯拉夫·雷巴斯、叶卡捷琳娜·雷巴斯：《斯大林传——命运与战略》（上），吴昊、张彬译，上海人民出版社 2014 年版，第 469 页。

过程中曾出现一些过急、过激做法，特别是政治领域和文化领域的集权化，尽管巩固了高度集中的苏联模式，但也遗留了许多矛盾问题。

（一）大规模开展农业集体化运动

1927 年 12 月，联共（布）第十五次代表大会正式确定了农业集体化方针，决定加快农业集体化步伐。不过，当时只是强调把分散的农民经济在农民进一步合作化的基础上逐步转上大生产的轨道，并没有实行全盘集体化。

1928 年 7 月中央召开全会，斯大林发表《论工业化和粮食问题》的演说，提出了农民应向苏维埃国家缴纳"贡款"①，系统论证了"阶级斗争尖锐化"理论。斯大林决心终止新经济政策对农民的让步，他的理论符合布尔什维克党关于消灭私有制和商品经济的传统思想，在党内高层领导人中拥有不少支持者。1928 年 12 月 15 日，苏联中央执行委员会出台《土地利用和土地规划通则》，在法律上确定苏联境内的所有土地都归国家所有，以此奠定了国家管理农业的法律基础，并对建立全苏范围内国家管理农业的集中体制创造了前提条件。

1929 年资本主义世界发生经济危机，苏联政府加紧粮食出口，趁机换取外汇并大批进口西方国家的机器设备。为了保证粮食收获量和出口量，苏联政府加速推进集体化。把分散的小农经济联合起来，有利于粮食收购，支援工业化和城市用粮。大规模的集体化运动正是在这样的背景下展开的。斯大林在 11 月 7 日的《真理报》上发表文章《大转变的一年》，对集体化运动给予充分肯定，在随后召开的联共（布）中央委员会全体会议的决议中，宣布：苏联已进入了对农村普遍进行社会主义改造和建设社会主义大农业的时期，并认为集体化运动还需要加紧

---

① 又译作"贡税"。

进行。

1930 年 1 月 5 日，联共（布）中央委员会通过了《关于集体化的速度以及国家帮助集体农庄建设的办法》的决议。此后不久，全盘集体化运动在全国轰轰烈烈地快速开展起来。在上级的强大压力下，基层干部大多采取行政命令和威胁惩罚的办法，强迫农民立即加入集体农庄。对拒绝者，或要求他们提交声明，说明不愿加入农庄的理由；或威胁剥夺其选举权、不提供工业品；或干脆宣布其为"准富农分子"、"苏维埃政权的敌人"，没收其土地和财产。

到 1933 年，全国已建立 224500 个集体农庄，有 1520 万农户加入农庄，占总农户的 65%，斯大林宣布："集体农庄已经最终地永远地取得了胜利。"[1] 到 1937 年底，苏联全国共有 243700 个集体农庄，联合了 1850 万农户，占全部农户的 93%，集体化耕地占全国耕地面积的 99.1%。[2] 当第二个五年计划宣告提前完成时，农业集体化运动也基本完成了。

农业集体化是苏联为保证社会主义工业化的完成而在农村进行的一场社会主义改造运动，其目的在于把分散落后的个体小农经济改造成社会主义的国家所有制经济。农业集体化为苏联的工业化作出巨大贡献，是苏联模式的重要组成部分。通过农业集体化，农民几乎全部被纳入集体经济中，政府用国营农场和集体农庄把原来分散的农民组织起来。

集体化期间在各地建立起农业拖拉机站，为集体农庄的生产提供了机械帮助。各地拖拉机站的建立以及拖拉机、联合收割机等农用机械的使用，改变了以小农经济为主，手工劳动或人畜并用的落后生产状态，推动了农业生产从个体经营向大机器生产的转变。通过集体化，实行农

---

① 《斯大林全集》第 13 卷，人民出版社 1956 年版，第 287 页。

② 参见《国际共产主义运动史》编写组：《国际共产主义运动史》，人民出版社 2012 年版，第 217 页。

副产品的义务交售制，国家在农村收购的粮食数量大幅提高。此外，农业集体化不仅为工业化积累了大量资金，还节省了大批劳动力，在集体化过程中，有约1/3的农民进城当了工人，成为城市中的建设者。

但是，在集体化进行过程中出现了"消灭富农"，甚至一些中农和贫农也被作为打击对象等过激做法。有些地方为了完成集体化的指标，没有遵循自愿、互利的原则，强迫农户加入集体农庄。一些地方为完成国家粮食征购任务，用强制手段把农民手里所有的粮食都收走，致使一些地区出现了饥荒，许多农民被饿死。这些做法严重损害了农民的生产积极性，对苏联农业的长期发展产生了消极影响。尽管在集体化初期，国家的粮食产量有一定提高，但从整个苏联时期看，农业长期发展缓慢，有些时期甚至出现停滞。

（二）加速推进社会主义工业化

苏联社会主义工业化方针的制定实施，经历了探索、实践、调整的过程。1925年斯大林在联共（布）第十四次代表大会上明确表示："我们的前途，意思是说要把我国从农业国变成工业国。"[1] 在他报告的结论中指出："把我国从农业国变成能自力生产必需的装备的工业国，——这就是我们总路线的实质的基础。"[2] 从实际情况看，苏联工业化运动的全面开展始于1928年，即第一个五年计划。

——第一个五年计划

苏联工业化是通过制定和实施发展国民经济的五年计划来完成的。在20世纪20年代中期后，苏联制定计划的程序主要是：首先，国家计划委员会以过去几年经济发展趋势的外推法、制定出有关计划的数量和质量框架，并向下级部门下达指令性指示；其次，各级人民委员会和各

---

[1] 《斯大林全集》第7卷，人民出版社1995年版，第293页。
[2] 《斯大林全集》第7卷，人民出版社1995年版，第294页。

地区计划委员会拟定本部门和地区的初步草案；最后，中央在统一的国家计划的框架内平衡各地的方案，形成具有法律性质的国家计划。

1927年底，联共（布）十五大通过了《关于制定国民经济五年计划的指示》，规定：要正确处理积累和消费的关系，以保持整个国民经济体系的平衡；力争消除工业与农业间、工业品与农产品价格间、工业原料（农产品）需求与供应间的不平衡现象；在工业生产中，要注意生产资料生产和消费品生产的比例关系；注意轻重工业部门的比例关系。应该说，联共（布）在这个时期已经注意到建设社会主义大工业过程中可能出现的比例失衡问题。

到1929年春天，编制第一个五年计划草案的工作接近完成。政府评价所提交的方案相当全面地符合十五大的指令。这一草案在许多代表会议和其他会议上进行了仔细的讨论，1929年4月，联共（布）第十六次全国代表大会对草案进行了研究，大会通过了《关于发展国民经济的五年计划》，并经全苏第五次苏维埃代表大会审议批准。实际上第一个五年计划从1928年已经开始实施。

第一个五年计划用了4年3个月提前完成。苏联人民以极高的劳动热情建成1500多个大工厂和电站。苏联充分利用了有利的国际环境，与资本主义国家进行大规模贸易，"1929年至1932年，苏联从德国的进口额增加近一倍，达六亿二千五百八十万马克，占苏联进口总额的46.5%"[①]。在这期间，在苏联历史上首次建立了拖拉机、汽车、航空、化工和机床制造等新的工业部门，建设了一批大型机器制造工厂、冶金工厂和发电站，如哈尔科夫、斯大林格勒拖拉机厂，乌拉尔重型机器制造厂，马格尼托哥尔斯克和库兹涅茨钢铁联合企业，第聂伯河水电站等，这些基础工业建设为苏联国民经济的发展奠定了基础。

---

① 姚海：《1929—1933年苏联与西方的经济关系》，《世界历史》1985年第3期。

——第二个五年计划

在"一五"计划结束前夕，苏联已着手制定"二五"计划。1933年国家计委已经完成了1933—1937年发展国民经济的第二个五年计划的拟定工作。1934年1月至2月联共（布）第十七次代表大会通过了《关于发展苏联国民经济的第二个五年计划（1933—1937年)》决议。

第二个五年计划的基本经济任务是：完成国民经济的技术改造、为所有经济部门建立新的技术基础。完成第一个五年计划期间尚未结束的工程，通过改造技术提高企业生产效率，生产出更多产品，提高产品质量。为了实现这些目标，苏联重建、改造了1300多个工业项目。"二五"计划还提出巩固集体农庄和迅速提高生产机械化水平的任务。计划投资总额超过第一个五年计划1.3倍，绝大部分拨款仍然投入到第一部类。①

苏联在"二五"计划实施之初，期望改变"一五"计划实施期间出现的各部门发展不协调问题。如增加农业投资，计划比"一五"计划生产更多生活消费品，努力使各部门产量保持平衡。苏联虽然增加了对生产资料和农业的投资，但仍没有改变优先发展生产资料生产的方向，后者的涨幅要远远高于前两者。计划规定对消费品生产部门的投资额为161亿卢布，比"一五"计划期间的35亿卢布增加了3.6倍。而对生产生产资料的工业部门投资增长幅度为15倍。②"二五"计划还强调，要把完成整个国民经济的技术改造放在中心地位。由于战争的威胁越来越近，苏联不仅更加重视军需生产，还调整了产业布局，在不易受到攻击、远离边界的内陆和伏尔加河以东地区发展工业。

---

① 参见〔苏〕В. Т. 琼图洛夫等编：《苏联经济史》，郑彪等译，吉林大学出版社1988年版，第176页。

② 陆南泉、黄宗良等：《苏联真相——对101个重要问题的思考》（上卷），新华出版社2010年版，第219页。

第二个五年计划同第一个五年计划的执行情况一样，也只用了 4 年 3 个月时间就提前完成了。苏联在乌拉尔地区、西伯利亚、哈萨克斯坦、中亚以及巴什基尔等地区建立起新的工业基地，对原有大型工业技术设备进行了改造。采矿、冶金、化工等部门的生产水平和发展速度都有了很大提升，建立起有一定规模、结构齐全的军事工业综合体。

苏联在工业化过程中急于摆脱在技术、设备上对西方的依赖。在资金有限的情况下，实行技术与设备绝不重复引进的政策，本国能生产的产品绝不多进口。少量的进口也只做样品之用。苏联过于强调经济的独立性而逐渐走向了封闭，以斯大林为首的领导层否认经济开放的必要性，忽视引进资金和技术的重要性。苏联对外贸易额从 1930 年的 45 亿卢布迅速降为 1936 年的 14 亿卢布，苏联的经济日益走向封闭，孤立于世界之外。

——第三个五年计划

1936 年上半年国家计划委员会开始酝酿制定新的五年计划。1938 年 5 月编制出了第三个五年计划（1938—1942 年）草案。联共（布）第十八次代表大会批准了苏联第三个五年计划（1938—1942 年），提出继续高速度发展国民经济，对机器制造产品、化工产品、有色金属生产，以及电力生产、煤和石油的开采规定了比较高的增长速度。

第三个五年计划的制定和执行与前两个五年计划有所区别。由于法西斯战争的威胁日益临近，苏联必须继续加强重工业建设，尤其是军事工业的建设，同时工业化建设速度迅速加快。由于法西斯德国的入侵，苏联第三个五年计划只进行了三年半。电力、矿产、冶金等重工业部门的生产基本完成计划，军事工业产品产量有极大提高，但轻工业品和食品工业的生产没有完全达到计划要求。

从 1928 年到 1941 年，苏联先后进行了三个五年计划的建设，基本完成了社会主义工业化的任务。苏联的工业化程度大大提高，到第二个五年计划末苏联工业生产水平较 1913 年增长了 8.2 倍。此外，苏联建立起比较完整的工业体系，对原有的采矿、冶金、化工、交通运输业进行了彻底的技术改造，技术水平有了极大提高；通过劳动竞赛以及加强对工人的培训，劳动生产率和工人技术水平也有了极大提高，国家整体经济实力和国力大幅提升。

苏联在加速推进社会主义工业化过程中，建立起一套指令性计划经济体制，主要由计划管理机构、指标体系和编制、审批程序三部分构成。苏联计划管理体系分为各级政府的计委系统和中央各部门的计划系统，计划经济的指标体系是苏联指令性计划经济运转的重要手段。苏联指令性经济计划的编制和审批程序依据的是从中央来，再回到中央去的原则。中央掌握着编制计划全过程的决策权。

（三）加强个人集权和肃反运动扩大化

苏联模式高度集中特点的形成，不仅仅反映在经济体制上，政治方面的因素也是十分重要的。苏维埃脱胎于革命与战争的环境，其组织形式一定要适应集中力量保卫政权以及能够高效运转的需要。因此，苏维埃政权建立起了"议行合一"的体制，立法权、行政权、司法权结合，集中到党领导的苏维埃一身。各级苏维埃，从村至最高苏维埃都由选民直接选举产生，受人民监督，对人民负责。苏联在推进农业集体化和实现工业化的同时，斯大林也将党和国家的权力集中到自己身上，并且通过意识形态控制营造出一种对领袖的个人崇拜。

斯大林在 1922 年 4 月 3 日俄共十一大后举行的中央全会担任总书记，此后逐步掌握最高权力，集中全力抓组织人事大权，并在制度上控制这一领域。斯大林的"无限权力"加上他的行为粗暴，曾使列宁非常担心他能不能十分谨慎地使用这一权力，害怕由此引发党的分裂，为此他在"遗嘱"中明确建议撤销斯大林的这一职务，由另一个人来担任。但是，这时候列宁重病在身，力不从心，已经撼动不了斯大林的总书记位置，遏制不了斯大林的上升劲头。

从苏联政治和经济互动的角度看，大规模肃反运动是为了压制与消灭一切不利于推行快速工业化的障碍而出现的。在现实中，这些障碍反映到联共（布）党内体现为反对农业全盘集体化与快速工业化的声音。农业全盘集体化、快速工业化引起国内危机加深。布哈林、李可夫等原右派领袖人物的政治威望得到恢复，其思想和主张也得到了广泛的支持和同情。一些原先站在以斯大林为首的多数派一方的党员干部对斯大林的政治路线产生了怀疑，党内稳健派获得更多支持。党内的变化动摇了斯大林的领导地位，打压党内稳健派、反对派成了斯大林新的预设目标。

大规模肃反运动是苏联以政治手段解决超高速计划经济与窘迫的客观现实之间的矛盾的选择。自第一个五年计划开始实施，数千个企业纷纷落成。然而企业建成并不意味着产品数量迅速增加。生产中出现的事故较多，企业生产的残废品也比较多。这些问题主要是超高速计划经济与苏联窘迫的生产条件之间的矛盾。超高速的工业化推进模式背离了客观经济发展规律，这是苏联陷入重重矛盾的重要原因。面对这些矛盾时，苏联重犯"沙赫特事件"的错误，认为阶级斗争"尖锐化"，国内外反革命分子在不遗余力地"破坏"工业化建设。斯大林说："只要资本主义包围还存在，我们这里就会有外国代理人派遣到我们后方的暗害分子、间谍、破坏分子和杀人凶手"。[1] 因此他一味坚持阶级斗争，要从苏联社会各领域找出"破坏者"和"人民的敌人"并予以消灭。

1934 年 12 月 1 日下午，联共（布）中央政治局委员、中央书记、列宁格勒州委第一书记基洛夫在自己的办公室门口被暗杀，苏联随即成立了由斯大林亲自负责的专案组调查此案。许多年来，有关基洛夫为什

---

[1] 《斯大林文集（1934—1952）》，人民出版社 1985 年版，第 141—142 页。

么被暗杀有多种不同的说法，甚至时至今日也无定论。但有一点是清楚的，那就是这次暗杀引发了苏联 30 年代的肃反运动。1935 年 1 月 18 日，联共（布）中央在一封给各地党组织的信中要求动员所有力量击溃敌对分子，深挖党和人民敌人的反革命巢穴。于是许多党员干部被控与此案件有关而遭到逮捕，继而进行了三次大的审判。值得注意的是，这三次审判的主要对象恰恰是列宁去世后与斯大发生过争论的那些人。后来的事实表明，这些人与基洛夫被暗杀毫无关系。

第一次审判的是季诺维也夫、加米涅夫等原反对派领导人。为了让他们招认"组织恐怖集团，阴谋杀害基洛夫和苏联其他领导人"的"罪行"，苏联内务人民委员部采取了各种残酷手段，从精神上和肉体上对他们进行折磨。1936 年 7 月，季诺维也夫实在忍受不了，便劝说加米涅夫一起屈服，但条件是斯大林要当着全体中央委员的面保证不杀他们。在取得他们的"招供"后，1936 年 8 月，苏联最高军事法庭对季诺维也夫和加米涅夫进行了公开审判，并判处包括他们俩在内的 16 人死刑。第二次审判的是以皮达可夫、拉狄克为首的"托洛茨基总部"，共有 17 人他们被指控为"背叛祖国、从事侦探和军事破坏工作，实行恐怖和暗害的勾当"。皮达可夫等 13 人被判处死刑。皮达可夫等人受审时"供认"他们与布哈林等人有联系，于是，苏联各大报纸刊登各种要求审判"人民的敌人布哈林"的"报道"。1938 年 3 月，苏联最高军事法庭又进行了第三次审判，对象是"布哈林右派和托派联盟阴谋集团"。[①] 最终，布哈林和李可夫等人被判处死刑。

苏联的三次肃反运动在苏联营造了一种恐怖气氛，斯大林通过三次公开大审判不仅消灭了对自己有威胁的对手，还让他们当众自我诋毁，公开承认那些"骇人"的罪行，蒙受巨大的屈辱。斯大林以诽谤、妖

---

① 参见孔寒冰：《社会主义制度：从一国到多国的演进（1917—1991）》，北京师范大学出版社 2018 年版，第 85—86 页。

魔化乃至肉体消灭的方式对待党内不同意见的党员干部，使联共（布）的形象受到严重损害，苏联社会主义事业也遭到严重损害。

（四）建立高度意识形态化的文化体制

苏联是一个高度意识形态化的国家，国家政治和社会生活都淹没在浓厚的意识形态氛围中。斯大林为了在政治斗争中脱颖而出，需要得到大多数的支持来更好地实践其社会主义方案。与此同时，面对国内思想文化领域无序落后、理论建设跟不上实际要求的状况，建立以马克思列宁主义为指导的高度集中的文化领导体制来推动农业集体化和工业化就显得尤为重要。

斯大林成为党的总书记后，在 20 年代后期运用书记处的人事权和领导权对思想文化部门机构进行调整，逐步由斯大林的亲信占据这些部门的领导位置，从而实现了斯大林对意识形态阵地的控制。布哈林被解除《真理报》主编职务，由斯大林的亲信麦赫利斯继任该职务。1929年春，卢那察尔斯基迫于形势辞去教育人民委员（部长）职务后，联共（布）中央对教育人民委员部进行改组，更换了大批亲斯大林的干部。此后，一些重要的教育机构如斯维尔德洛夫共产主义大学、红色教授学院和共产主义科学院的领导职务也都相继为斯大林的得力亲信所接任。各主要报刊的领导也作了大规模撤换。

斯大林格外重视马克思列宁主义综合研究。1931 年，联共（布）中央为了把出版马克思恩格斯和列宁著作的工作结合起来，加强马克思列宁主义的综合研究，把马克思恩格斯科学研究院和列宁研究院合并为马克思恩格斯列宁研究院（中央直属）。联共（布）中央还创办了不少有关马克思主义研究方面的刊物，如《在马克思主义旗帜下》《社会主义学院通报》《红色文库》《马克思主义者科学协会会刊》等，这些刊物成为宣传马克思列宁主义的重要载体，同样也是斯大林掌握意识形态高地的重要工具。

1938 年《联共（布）党史简明教程》的出版是苏联意识形态工作的一件不可忽视的大事，它全面地阐述了计划经济体制的合法性，论述了优先发展重工业和实行农业集体化发展战略的合理性，说明了苏共领导的苏维埃民族联盟的国家制度，斯大林亲自撰写部分章节《辩证唯物主义与历史唯物主义》（"四章二节"）。此书出版后曾被誉为"马克思主义—列宁主义百科全书"、"共产主义的圣经"。据统计，从 1938 年到 1953 年《简明教程》共印刷了 301 次，印数达 4280 万，被翻译成 67 种语言。在人们对马克思主义没有较清晰的认识的情况下，《简明教程》尽管有一定缺陷，但它以简洁、清楚、通俗易懂的特点有力地推动了马克思主义的传播，统一了人们的认识，成为评判思想理论是非、意识形态性质的准则。

《联共（布）党史简明教程》说明了苏联模式的许多基本问题，理论上全面肯定苏联模式的合法地位，为苏联模式走向成熟发挥了巨大作用，尤其在哲学（斯大林的解读）方面深深影响了社会主义国家人民群众的哲学认识，苏联、中国等哲学教科书基本是对斯大林这一哲学著作的发挥。《简明教程》通俗易懂的特点就必然带来一些"后遗症"，如片面拔高斯大林的历史作用，论述问题简单化和公式化现象严重，斯大林的哲学论述有片面性的缺漏。"马克思、恩格斯的著作是富于启发探讨性的，在思想上留有可供思考的充分余地，《联共（布）党史》则是标准的钦定教本。它在思想上是独断的，在理论方法上是斯大林式的，在文体上也是典型的斯大林风格。在叙述历史时，它按照现实需要去裁剪材料，把丰富复杂的社会主义运动进程描述成一两个领袖人物与一批批敌人、机会主义者、暗藏的匪徒间谍斗来斗去、不断取得胜利的过程，广大人民则仰望天空享受着领袖的恩泽。"[1] 总的来说，此书可

---

[1]　张光明：《斯大林模式的根本特征》，《俄罗斯研究》2003 年第 1 期。

以看作由联共（布）中央出面，授予高度集中的制度体系、个人崇拜现象存在的许可。

斯大林对意识形态的严密控制主要通过三种方式：一是建立严厉的书报检查制度，二是不断展开意识形态的大批判运动，三是制定严格的意识形态标准和规范。苏联对文化、意识形态严加控制，斯大林垄断了马克思列宁主义的解释权。在这些条件下形成的是高度集权的政治体制模式，最后发展成斯大林个人集权主义乃至专制主义。斯大林搞的个人极权主义，"其要害是实行个人集权制、领导职务终身制、指定接班人制、党政不分制、干部等级授职制和党政官僚特权制"①。在要求马克思主义占领意识形态各个领域的形势要求下，联共（布）在科学研究领域尤其是人文社会科学全面出击，审查各类著作，划定社会主义和资本主义之间的界限，许多著作被扣上"资产阶级意识形态范畴"、"反革命改良主义"的帽子，甚至一些贴到了自然科学上面。"例如，在生物学辩论中，简单地把米丘林、李森科学派说成是'唯物主义'的，而魏斯曼的生物基因遗传学说（现代生物技术工程的理论基础）被说成'反动的观点'②。"学术上的问题经常通过行政手段进行裁决，以确定其是否能继续存在，典型的方式就是"学术批判"。这种方式起源于20年代末对布哈林的理论批判，随后波及人文社会科学和文学艺术各个领域。

（五）苏联模式正式确立及其巩固

俄国十月革命胜利后，社会主义革命和建设的成果需要以法律形式巩固下来，最根本的就是通过苏维埃宪法给予确认。1936 年 12 月 5 日

①　陆南泉：《斯大林模式究竟是怎样形成的》，《探索与争鸣》2010 年第 2 期。
②　［苏］莫洛托夫：《在新的高涨中》（在庆祝十月革命 31 周年大会上的报告），1947年 11 月 6 日。

苏维埃第八次非常代表大会上通过《苏维埃社会主义共和国联盟宪法》，标志着苏联模式社会主义制度得到正式确认，斯大林在《关于苏联宪法草案》的报告中，全面阐述了苏联宪法的基本原则和意义。

除了 1936 年宪法，苏联科学院经济研究所集体编写的《政治经济学教科书》对苏联模式的巩固也发挥了重要作用。它的出现和传播，在相当程度上影响了苏联东欧（甚至包括中国）的社会主义经济建设实践。本书的编写起始于 30 年代中期，1940 年一部全新的政治经济学教科书初稿形成。1954 年，苏联科学院经济研究所的集体著作《政治经济学教科书》第 1 版终于问世。全书由三部分组成（资本主义以前的各社会形态，资本主义生产方式，社会主义生产方式）。在这本教科书中，第一次把社会主义经济规律作为客观的规律来解释，第一次试图揭示这些规律的体系，表明各个规律的内在联系，它们的作用机制和对社会主义建设实践的作用。

苏联《政治经济学教科书》描述的一系列"社会主义经济规律"存在内在的教条化倾向，比如一个国家是否进入了社会主义时期，看是否建立了生产资料公有制。生产关系一定要适合生产力性质规律的要求是否在苏联实现，取决于是否在全社会范围建立了生产资料公有制。①价值规律之所以在社会主义经济中"发生作用的范围受到了严格的限制"，是因为有了生产资料公有制。因为生产资料公有制，"城乡利益的对立消灭了。过去乡村对城市的不信任，尤其对城市的憎恨一点影子都没有了……长期存在的脑力劳动和体力劳动间的对立消除了……公有制和社会主义的经济体系在苏联的绝对统治，是苏维埃社会的精神上政治上一致、苏联各族人民的友谊、苏维埃爱国主义这些强大的社会发展

---

① 苏联科学院经济研究所编：《政治经济学教科书》（下），人民出版社 1955 年版，第 395 页。

动力赖以发挥的经济基础。"①

从二战结束直到斯大林逝世前，苏联对自身制度模式的强化与斯大林对世界形势的错误估计以及根深蒂固的扩张思想密切相关。苏联执着于战备经济发展，必然要求经济体制的高度集中化，把人力、物力、财力集中用于军事部门。在这种情况下，斯大林为了保证军事工业的优先发展，与美国进行军备竞赛，不可能改革高度集中的政治、经济体制，反而实行强化这种体制的政策。

四、简要评价

目前受苏东剧变影响，学术界对苏联模式较多持批判的态度，甚至是过分丑化它，正如苏联一位学者的描述："全面集中管理社会生活的所有领域，将行政命令方法与国家恐怖手段相结合，直至组织大规模镇压和建立强制性劳动的集中营；粗放和浪费的经济和政治机制，在这种机制下，完全取消了依据社会效益来评价成果；否认从前的民主化形式的价值，取消群众管理和民主制度的形式；否认自治思想，政权的神圣化直至个人崇拜；社会生活甚至不受形式的民主程序控制，把党和国家的机关结为一体，执行机关监督选举机关，执法机关脱离法律和社会，其结果是独断专行。"② 显然，这种观点更多看到了苏联模式的弊端和问题，对苏联模式后来走向僵化并偏离社会主义道路进行了深刻的揭示。

就目前国内理论界的研究看，许多人也都是基于苏东剧变后反思的

---

① 苏联科学院经济研究所编：《政治经济学教科书》（下），人民出版社 1955 年版，第 393 页。

② ［苏］尤里·阿法纳西耶夫：《别无选择——社会主义的经验教训和未来》，王复士等译，辽宁大学出版社 1989 年版，第 792 页。

视角来刻画苏联模式，一般认为集权性、军事性、封闭性是其高度集中体制的主要表现，即权力高度集中于联共（布）中央甚至领袖个人身上，战略目标一开始便带有明显的备战性质和军事色彩，建立了自我封闭的社会主义经济体系。还有学者使用"斯大林模式"的概念同苏联模式社会主义制度做出明确区分，认为不能用高度集中的斯大林模式否定苏联模式的社会主义性质。斯大林模式是一种经济、政治、文化等一切社会领域同质同构、高度一体化的"总体主义"模式，根本特征在于它是一个由少数特权者阶层高居社会之上并代替工人阶级去实行管理的社会。

对于苏联模式这一复杂的历史事实，还是要辩证地加以认识：

从社会主义发展史来看，列宁逝世以后，斯大林在领导苏联社会主义建设中，逐步形成了实行单一生产资料公有制和指令性计划经济、权力高度集中的经济政治体制。苏联模式在特定的历史条件下促进了苏联经济社会快速发展，也为苏联军民夺取反法西斯战争胜利发挥了重要作用。在特定历史条件下，斯大林所推行政策的合理性，苏联各领导人也是一再强调的。积极反对斯大林个人崇拜的赫鲁晓夫说，斯大林时期正是由于遵循"优先发展重工业的总路线"，在"很短的时期内就改变了经济落后的面貌"，并"建立了强大的社会主义工业"，使苏联"变成为强大的工业——集体农业的强国"和"坚如磐石的社会主义堡垒"。勃列日涅夫在评价实行工业化的三个五年计划时说："头几个五年计划的岁月离开得越远，这段困难的然而是光荣的时间在我们面前也就显得越加宏伟"，"我们头几个五年计划是争取社会主义的真正战斗。"提倡改革新思维的戈尔巴乔夫说："当时不加快工业化进程是不行的。法西斯的威胁从 1933 年起就开始迅速增长。我国人民用他们在 20—30 年代建立起来的力量粉碎了法西斯。如果没有工业化，我们就会在法西斯面前处于手无寸铁的境地。"长期以来，多数苏联学者对工业化的评价与官方是一致的。

但是，苏联模式也存在一些弊端。1956 年，毛泽东在《论十大关系》的讲话中以苏联模式为鉴，提出在社会主义建设的"农、轻、重"、"国家、生产单位和生产者"、"国际关系"等机制问题不要重走"苏联走过的弯路"，"要引以为戒"。毛泽东认为"他们片面地注重重工业，忽视农业和轻工业，因而市场上货物不够，货币不稳定"，"苏联的办法把农民挖得很苦"。毛泽东指出："苏联的办法把农民挖得很苦。他们采取所谓义务交售制等项办法，把农民生产的东西拿走太多，给的代价又极低。他们这样来积累资金，使农民的生产积极性受到极大的损害。"① 苏联模式由于不尊重经济规律等，随着时间推移，其弊端日益暴露，成为经济社会发展的严重体制障碍。进入 20 世纪 80 年代后，面对经济社会发展困境，苏联和东欧国家也想进行一些调整，但在西方等各种势力强大攻势下，这种调整偏离了正确方向，终于导致1989 年东欧国家先后发生剧变，1991 年苏联解体、苏共解散，使世界社会主义遭受重大曲折。

总之，对待苏联模式的社会主义制度，既要坚决反对历史虚无主义，正确评价苏联模式社会主义制度发挥的历史作用；同时，要善于运用科学社会主义基本原理客观分析问题，充分认识苏联模式高度集中的弊端并汲取其走向体制僵化的深刻教训。

---

① 《毛泽东文集》第七卷，人民出版社 1999 年版，第 29—30 页。

第 六 讲

社会主义阵营：
从形成到分裂的历史进程

第二次世界大战末期和战后初期，许多国家迈向了社会主义道路，社会主义从"一国"到"多国"发展成为历史洪流。与此同时，以美国为首的西方国家加紧对国际共产主义运动的战略遏制，美苏冷战格局形成，并逐步导致了社会主义和资本主义两大阵营之间的对立。社会主义阵营的形成是国际共产主义运动世界联合的新形式，加强了社会主义国家和政党之间的相互联系，巩固了社会主义从"一国"到"多国"的发展态势。但是"在战后一个时期内曾经存在的社会主义阵营，因为出现了社会帝国主义，现在不复存在"①。社会主义阵营的形成对国际共产主义运动、国际格局的调整以及各社会主义国家的发展道路影响都是十分巨大的。同时，社会主义阵营的分裂反映了各社会主义国家在道路理念、国家利益、政党关系等问题上的冲突，损害了国际共产主义运动的形象和威望，削弱了社会主义国家的力量，但是也迫使社会主义国家深刻反思"苏联模式"的弊端，为社会主义国家的改革和开辟独立自主的发展道路奠定了基础。

---

① 中共中央文献研究室编：《邓小平年谱（1904—1974）》（下），中央文献出版社 2009 年版，第 2011 页。

一、多国社会主义制度的建立与
西方国家的遏制战略

二战结束后，美苏战时同盟关系迅速被战后冷战关系所取代。值得注意的是，伴随着美苏全球争霸，世界范围内逐步形成了社会主义阵营与资本主义阵营两大集团之间的对抗。那么，社会主义国家为什么会形成阵营？从历史背景来看，主要有两大因素：一是社会主义出现了从一国到多国实践的历史性飞跃，为社会主义阵营的形成提供了前提；二是以美国为首的西方资本主义国家对社会主义制度采取敌视态度和遏制战略，迫使社会主义国家为了维护社会主义政权的安全而加强了相互联系，这是社会主义阵营形成的直接原因。

（一）社会主义从一国到多国的发展

第二次世界大战改变了社会主义与资本主义的力量格局。二战导致"苏联的威力及其对世界发展进程的政治影响的增长，欧洲和亚洲一系列国家的人民民主革命和社会主义革命的胜利以及社会主义体系的形成，帝国主义殖民体系的开始崩溃，资本主义国家革命民主运动的高涨，一些帝国主义国家由于战争而地位削弱——所有这一切使世界舞台上的力量对比发生了有利于社会主义、民主与和平力量，而不利于帝国主义、反对派和战争力量的根本变化"[①]。二战结束后，由于共产党在反法西斯战争中的重大贡献，社会主义和共产党的力量空前壮大。"战

---

① ［苏］A. A. 阿赫塔姆江等编：《苏联对外政策编年史（1917—1978）》，北京大学国际政治系国际关系教研室译，商务印书馆 1983 年版，第 89 页。

前约有 400 万党员，到战争结束时增加到近 2000 万党员。"①

从 1944 年到 1949 年 5 年多的时间中，欧亚大陆先后有 11 个国家建立了人民民主国家，走上了社会主义道路。这些国家建立人民民主政权的方式主要有三种：一是有的国家的共产党一直掌握着反法西斯武装斗争的领导权，主要依靠本国人民，并得到苏联的某些援助，取得了反法西斯战争的胜利，建立了人民民主政权。这些国家的共产党在战后国内政治生活中居主导地位，如南斯拉夫（1944 年）、越南（1945 年）、阿尔巴尼亚（1946 年）、中国（1949 年）。二是依靠苏联红军的解放，在本国人民的武装配合下，建立起人民民主政权。如波兰（1945 年）、保加利亚（1946 年）、罗马尼亚（1947 年）、朝鲜（1948 年）、匈牙利（1947 年）、捷克斯洛伐克（1948 年）。三是在苏联军事占领下建立起来的新政权，如民主德国。这 11 个国家，再加上此前已经成立的社会主义国家苏联和向社会主义社会过渡的蒙古，共 13 个国家，这些国家在意识形态上，都以马克思列宁主义为指导，在政治上形成了以苏联为首的社会主义阵营，在军事上通过双边条约和华约组织组成共同防御同盟，在经济上通过双边条约和经互会组织加强互助合作，建立世界市场。社会主义在发展最繁荣时，社会主义国家的人口占世界 1/3，领土面积占世界陆地面积的 1/4，② 工业产值约占世界 2/5，国民收入约占世界的 1/3。③

二战后新建立的人民民主国家存在一些共同特点：一是大部分国家是在民族解放运动的过程中选择了社会主义道路。这些国家曾在历史上

---

①　肖枫主编：《社会主义向何处去——冷战后世界社会主义运动大扫描》（上卷），当代世界出版社 1999 年版，第 42 页。

②　中共中央宣传部理论局：《世界社会主义五百年》，学习出版社、党建读物出版社 2014 年版，第 102 页。

③　肖枫主编：《社会主义向何处去——冷战后世界社会主义运动大扫描》（上卷），当代世界出版社 1999 年版，第 45 页。

遭受外族入侵和帝国主义的奴役，经历了国内专制统治和多年战争浩劫，劳动人民受尽苦难，各国人民都有很强的革命要求和愿望。二是经济发展大多比较落后。除了德国东部和捷克斯洛伐克外，其余各国基本上都是农业国，本国资本主义并不发达，工业基础薄弱，甚至还存在着封建经济关系。三是工人运动团结统一。在东欧国家，共产党和社会民主党在反法西斯战争中结成了抗战同盟，巩固和发展了工人阶级的力量；在抗战胜利之后，又形成了联合政府，这些工人阶级政党后来又在建立社会主义制度的过程中合并为统一的工人阶级政党。四是新生的人民民主政权在探索建立社会主义制度的过程中，基本上都是照搬苏联经验（南斯拉夫除外），这既是因为这些新政权缺乏国家建设和社会改造的经验，也是因为当时苏联模式的优越性令人向往，继而将苏联模式视为金科律令。

（二）西方资本主义国家的敌视态度和遏制战略

社会主义力量的发展壮大，成为战后美国谋求世界霸权的主要障碍。美国认为，有三股力量对其霸权形成了挑战：一是社会主义制度越出一国范围，出现了向多国迅速发展的态势；二是一些资本主义国家，由共产党或民族主义政党领导的民主进步力量成长起来，如法国、意大利、希腊等国，如果不对这些力量进行遏制，这些国家极有可能出现共产党掌权的情况；三是亚非拉各国正在进行的如火如荼的反帝反殖民主义运动。[①]

西方国家把这些挑战归咎于共产主义的"渗透和颠覆的结果"，而苏联是其主要堡垒。所以，在二战结束后，西方资本主义国家一直在渲染共产主义威胁论，肆意制造恐怖气氛。1946 年 3 月 5 日，已经下野

---

① 参见《国际共产主义运动史》，人民出版社、高等教育出版社 2012 年版，第 248 页。

的英国前首相丘吉尔受美国总统杜鲁门邀请访问美国，丘吉尔在密苏里州发表了题为《和平砥柱》的演说，该演说大肆渲染苏联和共产主义扩张的危险，"从波罗的海的斯德丁（什切青）到亚德里亚海的的里雅斯特，一幅横贯欧洲大陆的铁幕已经降落下来。……无一不处在苏联的势力范围之内。"[①] 丘吉尔声称苏联威胁了欧洲的安全、和平，鼓吹美英联盟对抗苏联。丘吉尔的铁幕演说，揭开了战后"冷战"的序幕。

与此同时，美国也在重新评估战后的美苏关系及其世界格局，"苏联问题专家"乔治·凯南提出的"遏制理论"，成为杜鲁门主义强硬政策的理论基础。时任美驻苏代办的凯南1946年2月22日发给美国国务院的8000字电报，凯南认为，苏联从来没有放弃消灭资本主义的信念，因而正在进行无休止的扩张，苏联与西方之间没有任何友好可言。所以，美国同苏联没有共同的目标，同它的关系决不能过于密切，应当将苏联当作政治上的对手而不是合作伙伴。[②] 由于凯南直接从事对苏关系工作，掌握大量关于苏联外交政策动向的第一手资料，他的"遏制理论"对杜鲁门主义的出台起到了推动作用。1947年3月12日，美国总统杜鲁门在国会发表演讲，发表了敌视社会主义国家的讲话，表示要援助受到共产主义"严重威胁"的希腊、土耳其，抵制共产主义的扩张。杜鲁门主义的出台意味着美国改变了罗斯福时期的对外政策，公开举起了反共、反苏的旗号，使得当时的国际局势和社会主义国家的生存受到严重威胁。

为了将杜鲁门主义付诸实施，美国从政治、经济、军事等各领域制定了针对苏联和其他社会主义国家的全面遏制政策。1947年6月5日，美国国务卿马歇尔提出了所谓"欧洲复兴计划"，目的在于采用经济手

---

① 《国际关系史资料选编》（下册），武汉大学出版社1983年版，第85页。

② 参见黄宗良、孔寒冰：《社会主义与资本主义的关系：理论、历史和评价》，北京大学出版社2002年版，第186页。

段稳定欧洲的资本主义制度，为美国控制西欧以及联合西欧共同反共反苏提供支持。此外，美国还将日本作为在亚洲推行其遏制战略的前哨基地和反共堡垒，积极扶持以吉田茂为首的保守政权，先后解除了对原战犯和军政要员的制裁，限制各种进步的群众运动，甚至直接出面镇压工人运动，禁止在日本成立共产党支部组织。

美国还通过建立北大西洋公约组织使资本主义世界在军事上结成战略同盟。1949 年 4 月 4 日，西方 12 国（美国、英国、法国、荷兰、比利时、卢森堡、加拿大、丹麦、挪威、冰岛、葡萄牙、意大利）在华盛顿签订《北大西洋公约》，采用集体防卫的原则，矛头针对苏联及东欧国家，成为遏制苏联的军事集团。北约的成立标志着资本主义阵营的形成。此外，1950 年 6 月 25 日，美国纠集 15 个国家的军队出兵朝鲜，直接介入朝鲜战争。此外，杜鲁门还命令美国第七舰队进入台湾海峡，以无理阻挠中国人民解放军解放台湾。美国在亚洲的武装干涉活动，目的在于企图消灭新生的中国、朝鲜等社会主义国家，削弱社会主义力量在亚洲的发展。

二、社会主义阵营的形成与冷战盟友关系的确立

在美国大肆反苏反共，推行遏制战略与和平演变战略，企图颠覆苏联和其他社会主义国家政权，实行全球扩张，称霸世界的情况下，为了保卫新生的人民民主政权，各社会主义国家基于共同的政治信仰和安全利益迫切需要加强联系，相互合作，以应对各种威胁。

（一）欧洲共产党工人党情报局

欧洲共产党工人党是在应对美国遏制战略基础上成立的，最初的目的是各国共产党、工人党之间的相互联系，并就一些重大国际事务进行

协商和沟通，以巩固社会主义政权的稳定以及发展社会主义力量。

欧洲共产党工人党情报局成立的直接原因是 1947 年法共和意共被排挤出本国联合政府的事件。法国共产党由于对法国反法西斯战争作出重要贡献，其力量得到迅速发展。党员人数到 1945 年初已达 40 万人，有总支部 2751 个；共青团 12.5 万人，法兰西女青年联盟 6.4 万人。①在 1947 年 1 月，保罗·拉马迪埃所组织的中左联合政府中，法共 5 人入阁，领导人莫里斯·多列士为副总理。但是，美国多次向欧洲各国施加压力，要求各国联合政府把共产党从政府中排挤出去。为此，美国的策略是拉拢社会党，排斥、打击共产党力量。社会党在外交、印支问题、经济政策和社会政策上日益右倾，激化了社会党与共产党之间的矛盾。1947 年 5 月，社会党与共产党摊牌，在议会中发起信任投票。法共议员及部长对政府投了不信任票，最后拉马迪埃总理借此理由将法共排挤出政府。意大利共产党同样在二战后获得发展，它成为党员人数仅次于苏共的欧洲大党。1947 年 2 月，陶里亚蒂领导的意共与南尼领导的社会党人结成联盟，参加加斯贝利领导的意大利第四届政府。同年 4 月，由于与共产党和社会党联盟的矛盾加剧，加斯贝利发表电视讲话，公开指责社会党和共产党，致使天民党、社会党和共产党三党联合政府发生危机，同年 5 月建立排斥共产党、社会党的四党联合政府（天民党、自由党、社民党、共和党）。作为对法国、意大利政府排挤共产党势力举动的反应，美国立即通过国际复兴开发银行向两国提供大量贷款作为奖励。法共和意共的行为为美国介入欧洲事务提供了借口，这在某种程度上严重损害了苏联在雅尔塔体系中的既得利益。因此，通过建立某种机构和加强协商以避免各国共产党摆脱莫斯科控制的问题，便刻不容缓地提上了斯大林的议事日程。

---

① 《法国共产党史》第 2 卷，北京编译社译，世界知识出版社 1966 年版，第 206 页。

1947 年夏，苏共中央致信波兰工人党领导人哥穆尔卡，建议由波兰出面召集欧洲各国共产党工人党会议，就当前的国际局势进行讨论，并就各国共产党工人党在严峻形势下如何相互配合以统一行动进行协商。波兰工人党经过研究后接受了苏共中央的提议。1947 年 9 月 22—27 日，苏联、南斯拉夫、波兰、罗马尼亚、保加利亚、匈牙利、捷克斯洛伐克、法国、意大利等 9 个国家的共产党和工人党代表在波兰举行情报局成立会议。

会议有两个重大议题，首先是由苏共中央书记处书记、苏共代表日丹诺夫做关于国际形势的宣言。日丹诺夫认为："战争所引起的国际形势的根本变化和若干国家形势的变化，完全改变了世界的政治情势。新的政治力量的划分已经出现了。战争过去得愈久，战后国际政策中的两条主要路线的区分也愈明显，这两条路线适应着在国际舞台上活动的政治力量的划分而形成了两大阵营：一方面是帝国主义反民主阵营，另一方面是反帝国主义民主阵营。帝国主义阵营的主导力量是美国。……反帝国主义和反法西斯的力量，结成了另外一个阵营。这个阵营的基础是苏联和新民主主义国家。"[①] 各国共产党工人党代表对日丹诺夫的报告取得了完全一致的意见，一致通过了《关于国际形势的报告》。

会议的另一个重要议程是听取哥穆尔卡关于各国共产党组织彼此交换经验和协同行动的报告。然而，对于未来情报局的性质和作用，各国代表进行了激烈的争论。面对复杂多变和严峻的国际形势，各国代表都认为需要加强各国共产党的联系，甚至是在一些重大问题上加强协商并采取一致行动也是很有必要的。但是苏联的目的不仅在于此，苏联的真实目的是把各国共产党的言论和行动统一到苏联的指挥与控制之下，各国共产党的国际联合要符合苏联对外政策的需要，以团结各国共产党的

---

① 《安·日丹诺夫关于国际形势的报告》，载中央党校国际工人运动史教研室编：《战后社会主义国家及共产党的相互关系》，内部资料，1986 年 8 月。

力量来对抗美国。然而，在会议之前，苏联有意向包括会议主办方在内的其他各国共产党人隐瞒了真实意图，这使得波兰工人党处于十分尴尬的地位。

会议经过充分讨论，各国代表最终通过了《关于出席会议的各国党之间交换经验和协同行动的决议》。决议指出："现在，由于战后的国际形势日趋复杂，各国共产党之间交换经验和自动地协同行动的必要，已甚为迫切；共产党之间在这种形势下的缺乏联系，对于工人阶级将是有害的。"与会者达成以下协议：一是设立情报局，由欧洲九国共产党工人党代表组成；二是情报局的任务为组织经验的交换，并在必要时，在互相协议的基础上，配合各党的活动；三是情报局由各党的中央委员会代表二人组成，各代表由各党中央委员会任命和调换；四是情报局将出版一机关报，初为半月刊，然后改为周刊；五是情报局设于贝尔格莱德。[1] 根据决议，情报局只是一个地区性共产党和工人党的协作组织，没有正式纲领和章程，没有常设领导机构，没有规定其成员党要向情报局负责。

情报局的成立受到新生人民民主政权的广泛欢迎。情报局在成立初期开展了多次有效的活动。1948 年 1 月，情报局第二次代表大会在贝尔格莱德举行，决定出版机关期刊《争取持久和平，争取人民民主!》。情报局在活动期间，还通过了《工人阶级的统一和共产党与工人党的任务》《保卫和平与反对战争挑拨者的斗争》等决议，这些决议为组织动员群众投入反对帝国主义侵略战争和争取工人阶级的利益作出了重要贡献。但是，情报局很快就因为成员党之间的意见分歧和矛盾陷入内耗，尤其是苏共和南共的矛盾不断尖锐，情报局成为苏共实现对外政策目标、对南共进行意识形态攻击的武器，情报局逐渐变成苏共"强制

---

① 《关于出席会议的各国党之间交换经验和协同行动的决议》，载中央党校国际工人运动史教研室编：《战后社会主义国家及共产党的相互关系》，内部资料，1986 年 8 月。

命令的传达渠道和执行助手"，"指挥"与"协调"各国共产党行动的工具。① 这使得情报局的活动完全违背了当初成立时的宗旨。1948 年 6 月后，情报局驻地移到罗马尼亚布加勒斯特。1949 年 11 月，情报局在匈牙利举行第四次会议，通过《关于南斯拉夫共产党在杀人犯和间谍掌握中的决议》，对铁托等南共领导人再次进行攻击。1956 年 4 月，除南共之外的欧洲八国成员党作出了《关于结束共产党和工人党情报局活动的公报》。公报对情报局的成立及其活动进行了高度评价，同时又指出，鉴于国际形势的剧烈变化和各国党面临的许多新情况，情报局"已经完成了自己的使命"，决定"结束"情报局的活动，停止机关刊物的出版。至此，欧洲共产党工人党情报局退出历史舞台。

（二）经互会和华约组织的建立

为应对西方资本主义国家的经济封锁，1949 年 1 月 5—8 日，保加利亚、波兰、匈牙利、罗马尼亚、苏联和捷克斯洛伐克在莫斯科召开会议，决定成立经济互助委员会。1949 年 4 月，莫斯科会议正式宣告经互会成立，总部设在莫斯科。后来被接纳为经互会成员国的还有阿尔巴尼亚、民主德国、蒙古、古巴和越南等社会主义国家。经互会成立的直接原因是马歇尔计划所带来苏联的压力。针对美国旨在扶持西欧、染指东欧的马歇尔计划，苏联提出和实施"莫洛托夫计划"，通过与东欧国家签订一系列贸易和经济协定来加强彼此的经济联系，防止美国对东欧国家的经济渗透和控制，与马歇尔计划相抗衡。从 1946 年到 1950 年，苏联先后与东欧各国签订了一系列经贸协定，对东欧国家在二战后恢复经济起到了重要作用。但是，经互会在运行过程中逐渐成为一个封闭性

---

① ［英］彼得·卡尔沃科雷西编著：《国际事务概览（1947—1948）》，徐先麟等译，上海译文出版社 1990 年版，第 68 页。

的经济集团，各成员国的外贸活动和经济发展直接同苏联的指令性计划经济挂钩，日益与世界经济脱钩，最终阻碍了东欧国家的经济发展。1991 年 6 月 28 日，该组织在布达佩斯正式宣布解散。

为了应对北约在军事上对苏联和东欧国家的威胁，1955 年 5 月 11—14 日，苏联与东欧七国（阿尔巴尼亚、保加利亚、匈牙利、民主德国、波兰、罗马尼亚和捷克斯洛伐克）在华沙召开会议，缔结了《友好合作互助条约》，即《华沙条约》。条约规定，当任何一个缔约国遭到武装进攻时，其他成员国给予包括军事援助在内的一切必要援助。司令部设在莫斯科。苏联军人担任缔约国联合武装部队总司令，各缔约国的国防部长或其他军事领导人为副总司令，负责指挥联合武装部队的武装力量。华沙条约组织成为由苏联控制与指挥的同北约相抗衡的军事政治组织。

至此，以美国为首的西方阵营与苏联东欧社会主义国家形成了政治上、经济上、军事上的全面对峙状态。经互会和华沙条约组织的建立，标志着社会主义阵营的最终形成。

（三）中苏结盟与社会主义阵营的巩固

1949 年 10 月 1 日，新中国的成立改变了世界格局。当时，社会主义阵营在欧洲已经形成，美国和苏联的冷战关系已经确定。在这种情况下，新中国的对外战略选择空间是有限的。在认真分析国际形势和研判国家利益的基础上，新中国作出了"一边倒"的决定，全面转向苏联，与苏结盟。中苏同盟关系的确立标志着世界性的社会主义阵营得以巩固。

中苏同盟关系的确立是苏联和中国政府在反复沟通基础上深思熟虑的结果，符合战后两国的共同利益。1949 年 1 月，中国内战的结局逐渐明朗化，苏联为了巩固东方阵线，扩大其在亚洲地区的影响力，一改以往不愿同中共过度亲密接触的策略，斯大林派米高扬访问西柏坡。通过这次访问，中苏两党达成了重要共识，为中苏结盟奠定了基础。在与米高扬的会谈中，毛泽东首先表达了向苏联学习以及与苏共站在一起的决心。毛泽东明确说道："我们的政策就是要向苏联一边倒，如果不和苏联一起，站在反帝国主义阵营，而企图走中间路线，那是错误的。"①除此之外，毛泽东还多次表示，希望得到苏联方面更多的援助，以及向苏联请教治国理政经验。米高扬的访问增强了两党之间的相互理解与信任，为中苏结盟提供了前提。

为了进一步推动中苏战略关系的形成，1949 年 6 月至 8 月，刘少奇率领中共代表团访问苏联，主要目的是：（1）通过双方高级领导人的会晤，直接向斯大林表明中共在国内外重大问题上的立场，并听取苏共中央的意见；（2）了解苏共对中共的立场和态度；（3）寻求苏联的帮助和支援。在斯大林与刘少奇的会谈中，中苏达成了结盟意向，并就一些具体问题进行了商讨。当然，会谈还遗留了一些问题没有达成共识，比如中苏条约中的中长铁路、旅顺和大连问题等。但这并没有影响中苏关于共同利益的判断。毛泽东和斯大林努力在重大问题上达成谅解，并对争议问题进行搁置和退让，表明中苏战略结盟是两党两国的重大利益。由于中国和苏联在意识形态方面有共同的认识基础，在国际斗争中有一致的战略考虑，因此结成同盟关系是符合双方的长远利益的。1949 年 7 月 1 日，《人民日报》发表了《论人民民主专政》一文，毛泽东在文中宣布了中共中央的既定方针——向苏联和社会主义阵营"一边倒"。后来，邓小平曾经说过，"外交政策的'一面倒'，愈早表现于行动则对我愈有利（毛主席说，这样是主动的倒，

---

① 沙健孙主编：《中国共产党史稿（1921—1949）》第 5 卷，中央文献出版社 2006 年版，第 543 页。

免得将来被动的倒）"①。

1949 年 12 月 6 日，毛泽东主席率随行人员乘火车离开北京前往苏联访问。这次访问的目的，一是祝贺斯大林的 70 寿辰，二是与苏联领导人交换对国际形势的看法，三是同苏联订立新的条约，四是商谈向苏联贷款事宜。其中，最重要的是第三点。国民党政府曾于 1945 年 8 月与苏联签订《中苏友好同盟条约》及有关协定（以下简称"中苏旧约"）。这一条约及有关协定是第二次世界大战后期苏、美、英三国背着中国达成的雅尔塔协定的产物，基本恢复了沙俄时代在中国东北的特权，严重损害了中国的主权和利益。按照新中国"另起炉灶"和"打扫干净屋子再请客"的方针，中苏旧约也应予以废除而另订新约，以适应中国革命胜利后国际形势和中苏关系的变化。在刘少奇访苏时，斯大林曾表示，旧的中苏条约是不平等的，这一问题可留待毛泽东访苏时解决。但是，在关于缔结新约的关键谈判时，斯大林一直避实就虚，其真实想法是拒绝签署新约。在毛泽东看来，新条约的签订意味着中苏关系是否建立在平等、互利、友好、合作的基础上，意味着新中国在国际舞台上是否受人尊重这一重大原则问题。毛泽东坚持中苏必须要签订新约，而且向斯大林提议周恩来前往莫斯科就签订新条约的具体内容进行中苏友好谈判。由于斯大林一直避而不谈这一核心问题，引起了毛泽东的强烈不满。事也凑巧，正在此时，英国通讯社放风说，斯大林把毛泽东软禁起来了。西方国家制造谣言，希望以此来破坏中苏谈判，这反而使得斯大林改变主意，同意周恩来来莫斯科，就废旧约、签新约进行谈判。另外，当时缅甸、印度、巴基斯坦、阿富汗等国相继承认了新中国，英国也准备承认新中国，这些新的国际动向，也促使斯大林重新考虑中苏缔结新约问题。

---

① 《邓小平文选》第一卷，人民出版社 1994 年版，第 134 页。

1950 年 1 月 20 日，周恩来率领中国政府代表团到达莫斯科，中苏谈判进入新的阶段。中国政府在坚持原则的前提下，又根据当时的国际形势作了必要的让步。2 月 14 日，中国总理兼外长周恩来与苏联外长维辛斯基签订了《中苏友好同盟互助条约》、《中苏关于中国长春铁路、旅顺口及大连的协定》和《关于苏联贷款给中华人民共和国的协定》。中苏在谈判过程中，虽然出现过波折和插曲，但毕竟是社会主义国家内部的事情，在根本利益上和共同目标上是一致的。总体而言，这次谈判是在友好的、互利的、互相谅解的气氛中进行的，中苏条约的签订是中苏两国外交的共同胜利。《中苏友好同盟互助条约》和有关协定的签订，是新中国外交取得的重大成果。在批准这一条约时，毛泽东强调指出："这次缔结的中苏条约和协定，使中苏两大国家的友谊用法律形式固定下来，使得我们有了一个可靠的同盟国，这样就便利我们放手进行国内的建设工作和共同对付可能的帝国主义侵略，争取世界的和平。"①

三、社会主义阵营的内部矛盾： 从苏南冲突到中苏论战

社会主义阵营的分裂首先是从苏南冲突开始的。1956 年苏共二十大之后，社会主义阵营内部的矛盾进一步升级，使得苏联与东欧各国的关系空前紧张，成为战后国际共产主义运动发展的分水岭，"波匈事件"的爆发进一步撕裂了社会主义阵营的内部团结。而在此之后，中苏两个社会主义大国从结盟走向公开论战、停止一切往来，则直接导致社会主义阵营分裂。

---

① 中共中央党史研究室：《中国共产党历史（1949—1978）》第二卷，中共党史出版社2011 年版，第 29—34 页。

（一）苏南冲突及其后果

二战结束后，虽然苏联与南斯拉夫在一些问题上存在争论，但是两党两国一直保持着亲密合作的关系。南斯拉夫领导人宣布："世界上没有任何力量……能够破坏这种兄弟般的联盟"①。但是进入到 1948 年后，苏南关系急剧恶化，联盟关系开始破裂。1948 年 3 月，苏联陆续从南斯拉夫撤走技术专家、军事顾问和文职干部。从 3 月 20 日至 5 月 22 日，两国领导人就两国关系交换过 6 次信件，不仅没有化解矛盾、冰释前嫌，反而使得矛盾扩大化、公开化。1948 年 6 月，苏联在情报局布加勒斯特会议上对南斯拉夫进行了严厉指责。苏联指责南共"最近在内政、外交的基本问题上，执行了一种不正确的路线。一种脱离马克思列宁主义的路线"②。并且将南斯拉夫开除出情报局。

虽然有这些历史问题，但是在二战结束初期，南斯拉夫和苏联保持了良好的合作关系，双方的争论并没有影响到社会主义阵营内部的稳定。真正导致苏南冲突的导火索，主要表现在巴尔干联邦问题上。

从 20 世纪 20 年代以来，南斯拉夫和保加利亚的共产党人就有组建巴尔干联邦的强烈愿望。南共二大纲领就明确提出："南斯拉夫苏维埃共和国，这个南斯拉夫苏维埃共和国将加入巴尔干苏维埃联邦，最终将加入世界共产主义联盟"③。但是，这一计划在 30 年代因为共产国际建立反法西斯统一战线的需要而被搁浅。二战结束后，南共领导人铁托和保共领导人季米特洛夫为建立巴尔干联盟而积极奔走。根据他们的设

---

① ［英］斯蒂芬·克利索德编：《南苏关系：（1939—1973）文件与评注》，人民出版社 1980 年版，第 99—100 页。

② 《情报局关于南斯拉夫共产党情况的报告》（1948 年 6 月 28 日），载中央党校国际工人运动史教研室编：《战后社会主义国家及共产党的相互关系》，内部资料，1986 年 8 月。

③ 《战后世界历史长编》编委会：《战后世界历史长编》第一编第四分册，上海人民出版社 1994 年版，第 304 页。

想，南保联盟是巴尔干联盟的基础，也就是在南保联盟的基础上建立一个包括阿尔巴尼亚、希腊、匈牙利、捷克斯洛伐克、波兰在内的广泛的巴尔干联盟。由于南共对保加利亚革命的支持和援助远远多于苏联，因此南共一直在南保联盟问题上具有主导权；但是苏联在南保联盟谈判时明显站在保加利亚一方。南斯拉夫是由六个共和国组成的，它希望未来的南保联邦是以六加一的形式组成，也就是说加入联邦的保加利亚的地位与其他六个共和国是一样的。而保加利亚则主张未来的联邦是南保两国以一加一方式组成的二元制联邦。

南斯拉夫和苏联的第二个矛盾点在阿尔巴尼亚问题上。在二战中，南斯拉夫与阿尔巴尼亚结成了主从关系，南斯拉夫一直把阿尔巴尼亚加入南斯拉夫联邦作为未来组建巴尔干联邦的重要内容。1946 年 7 月，南斯拉夫在没有向苏联事先通报的情况下，与阿尔巴尼亚签订了南阿友好互助条约，这在西方和巴尔干地区引起了轩然大波，意大利、希腊、土耳其强烈抗议。西方世界对南阿条约的强烈反应，使斯大林感到必须限制南斯拉夫在希腊内战中的行动。另一件让苏联感到愤怒的事，就是南斯拉夫试图通过向阿尔巴尼亚派遣军队，支持邻国希腊游击队推翻本国政府，这次军事行动同样事先没有告知莫斯科。南斯拉夫的理由是，希腊存在着在美国人和英国人的支持下入侵阿尔巴尼亚的危险。此事发生后，美国和英国强烈抗议。斯大林警告南斯拉夫，希腊问题是可能导致一场全面战争的"国际大问题"[1]，南共支持希共及其武装力量的行动"使我们大家都处于政治上困难的地位"[2]。在希腊问题上，苏联和南斯拉夫存在难以调和的战略目标上的冲突，"斯大林无意改变半岛的

---

① ［南］米洛凡·杰拉斯：《同斯大林的谈话》，赵洵、林英合译，吉林人民出版社1983 年版，第 146 页。

② ［南］爱德华·卡德尔：《卡德尔回忆录（1944—1957）》，李代军等译，新华出版社 1981 年版，第 129 页。

现状，即承认美国对希腊的控制……可是，南斯拉夫的外交政策则是以反对这种现状为核心"①。

鉴于巴尔干问题越来越失控，1948 年 2 月，斯大林召集南保领导人谈话，目的是向他们施加压力，迫使南共和保共服从莫斯科的指挥，回到共产党情报局已经确定的统一路线上来。斯大林要求南保两国在会谈后分别与苏联签署一份关于在所有对外政策问题上必须经过双方协商的文件。对此，铁托进行了坚决的抵制。南共中央政治局 3 月 1 日召开扩大会议，铁托在会上指出，苏联和南斯拉夫的关系走进了死胡同，并且特别强调，苏联推迟签订贸易协定是对南施加经济压力，其目的是使南斯拉夫处于从属地位。斯大林决心整治南共，除恼怒于铁托的反抗态度和顽固立场外，更担心由于铁托的威望和影响力，东欧各党会纷纷仿效，打出独立的旗帜，从而引起社会主义阵营分崩离析，破坏苏联的战略部署。②

1948 年 6 月，情报局第三次代表会议在南共缺席的情况下通过了《关于南斯拉夫共产党情况的决议》，指责南斯拉夫共产党已成为"富农党"，认为南共的"反苏立场"，"是与马克思列宁主义不相容的，它只是适合于民族主义的立场"，宣布把南共开除出情报局。此后，苏共还多次利用情报局会议组织对南共进行批判。"对于南斯拉夫的处理，情报局内部是有不同意见的。波兰、捷克斯洛伐克对于是否对一个盟国进行惩处犹豫不决。匈牙利继续保持同南斯拉夫的经济、文化的往来。但是，慑于苏联的权威和影响，东欧各国还是参加了苏联发动与组织的

---

① ［西班牙］弗尔德·克劳丁：《共产主义运动——从共产国际到共产党情报局》，方光明等译，福建人民出版社 1981 年版，第 189—190 页。

② 参见沈志华：《对 1948 年苏南冲突起因的历史考察——来自俄国及东欧国家解密档案的新证据》，《冷战的起源：战后苏联的对外政策及其转变》，九州出版社 2019 年版，第 85—113 页。

对南的抵制和禁运。"① 直到 1953 年斯大林逝世后，苏南关系才逐步得到缓解。

苏南冲突是社会主义阵营内部的第一次分裂，给国际共产主义运动带来了严重后果：一是苏联利用情报局组织对南共的批判和制裁，改变了情报局成立初期加强社会主义政党相互联系与经验交流的性质，使得情报局成为一个具有强制权力的、以满足苏联对外战略利益需要为目标的组织，各国共产党之间的关系建立在不平等的基础上，破坏了社会主义政党之间的合作关系；二是情报局将苏共与南共政党之间的矛盾扩大到国家关系中，粗暴干预南斯拉夫内政，在社会主义国家关系中开创了极为恶劣的先河；三是苏南冲突后，苏联僵化的社会主义模式被进一步推广，苏联歪曲国际主义原则，将其他社会主义国家探索适合本国国情的道路视为"民族主义"行径和"离经叛道"行为，在一定程度上制约了社会主义的生机活力。

（二）苏共二十大及其影响

1953 年 3 月斯大林逝世后，赫鲁晓夫成为苏联领导人，苏联开始了"非斯大林化"改革。1956 年 2 月，苏共二十大召开，赫鲁晓夫所发表的秘密报告引发了社会主义阵营的思想震动，围绕秘密报告所形成的争论激化了社会主义阵营内部的矛盾，也促使各社会主义国家独立探索适合本国国情的社会主义道路，成为战后国际共产主义运动的分水岭。

在苏共二十大行将闭幕的时候，赫鲁晓夫在一次只有苏联代表参加的秘密会议上发表了题为《关于个人崇拜及其后果》的报告，尖锐地

---

① 方连庆、王炳元、刘金质主编：《国际关系史（战后卷）》（上册），北京大学出版社 2019 年版，第 99 页。

揭露和批判了斯大林在领导苏联社会主义建设中所犯的一系列重大失误和错误。事件发生以后，中共中央多次召开会议，研究苏共二十大造成的影响以及中共应该采取的态度。对于苏共批判斯大林，虽然毛泽东是有思想准备的，但是对"苏联过去把斯大林捧得一万丈高的人，现在一下子把他贬到地下九千丈"①，很不赞成。毛泽东认为，苏共二十大在破除对斯大林的个人崇拜、揭露其错误的严重性方面，具有积极意义，但赫鲁晓夫在秘密报告中全盘否定斯大林是不对的。毛泽东指出，赫鲁晓夫的秘密报告"一是揭了盖子，二是捅了娄子"。所谓"揭盖子"，就是破除了对苏联和斯大林的迷信，各国可以根据自己的实际情况思考和办事了。所谓"捅娄子"，就是指苏共对斯大林这样一个"重要的国际人物"进行批判，事前没有同其他各国党商量，搞"突然袭击"，大家都没有任何思想准备。②

　　1957 年，毛泽东在出席莫斯科会议时与英国共产党总书记高兰谈话时，高兰就讲到："斯大林问题发生了，这当然是一个很大的震动。我们认为，苏联同志把斯大林问题处理得很坏很坏。这本来就是个困难和复杂的问题，但是处理的结果又造成了最大限度的困难。我们党内的各种修正主义思想都发泄出来，其中有一种思想认为我们党没有前途。我们多数党员是坚定的，但是我们丧失了七千党员。"③ 赫鲁晓夫的做法在各国共产党、各社会主义国家，乃至全世界的工人群众中造成了思想震动，西方一些国家的共产党大批党员退党，有些国家的共产党甚至发生了组织分裂。

　　面对秘密报告产生的不利国际影响，中国共产党认为有必要专门写

---

① 《毛泽东文集》第七卷，人民出版社 1999 年版，第 42 页。

② 参见吴冷西：《十年论战——1956—1966 中苏关系回忆录》（上），中央文献出版社 2014 年版，第 3—24 页。

③ 逄先知、金冲及主编：《毛泽东传（1949—1976）》（上），中央文献出版社 2009 年版，第 494—495 页。

一篇文章，文章可以以支持苏共二十大反对个人迷信的姿态，正面讲一些道理，补救赫鲁晓夫秘密报告的失误，增强人们对共产主义前景的信心。1956年4月5日，《关于无产阶级专政的历史经验》一文发表。这篇文章从总结无产阶级专政的历史经验的高度，实事求是地分析了斯大林的是非功过，并分析了斯大林犯错误的根本原因，以及提出了许多值得借鉴的教训，如社会主义建设的探索"难免不犯错误"，用制度来保证集体领导的实施和防止出现个人崇拜、正确认识和处理社会主义社会存在的矛盾等。文章引起了广泛反响，中共在国际共产主义运动中的地位和影响力得到提升。

苏共二十大对中国社会主义建设也产生了深远影响。当1956年2月苏共二十大赫鲁晓夫的秘密报告发表引起社会主义阵营的震动时，中国共产党正在为即将召开的八大进行准备。1955年底到1956年春，刘少奇和毛泽东分别进行了广泛的调查研究，以总结社会主义经济建设的经验和明确八大需要确立的方针政策。在这期间，苏共二十大所揭露的个人崇拜问题以及苏联模式的弊端为中国共产党独立自主地探索适合中国国情的社会主义建设道路创造了重要条件。第一，苏共二十大批判了斯大林的个人崇拜，揭露了其弊端和恶果，有助于中国共产党解放思想，突破教条主义的禁锢。在八大开幕词中，毛泽东讲道，苏共在不久前召开的二十大，制定了许多正确的方针，批判了党内存在的缺点，并断言"他们的工作，在今后将有极其伟大的发展"[1]。毛泽东认为，赫鲁晓夫"破除了那种认为苏联、苏共和斯大林一切都是正确的迷信，有利于反对教条主义。不要再硬搬苏联的一切了，应该用自己的头脑思索了"[2]。第二，苏共二十大暴露了苏联社会主义模式存在的弊端，使

---

[1] 《中国共产党第八次全国代表大会文件》，人民出版社1956年版，第59—60页。

[2] 吴冷西：《忆毛主席——我亲身经历的若干重大历史片段》，新华出版社1995年版，第6页。

得中国共产党认识到要"以苏为鉴"，探索自己的社会主义建设道路。毛泽东在中央书记处会议上讲道：应当更加强调从中国的国情出发，强调开动脑筋，强调创造性，在结合上下功夫，努力找出在中国这块大地上建设社会主义的具体道路。[①] 正是在这种思想指导下，毛泽东经过充分细致的调查，逐步形成了《论十大关系》。这篇重要文章初步总结了我国社会主义建设的经验，提出了探索适合我国国情的社会主义建设道路的任务。毛泽东在文章中指出："最近苏联方面暴露了他们在建设社会主义过程中的一些缺点和错误，他们走过的弯路，你还想走？过去我们就是鉴于他们的经验教训，少走了一些弯路，现在当然更要引以为戒。"[②]《论十大关系》从总结中国建设经验方面，《关于无产阶级专政的历史经验》则从总结国际经验方面，为中共八大做了思想理论准备。

（三）"波匈事件"及其教训

苏共二十大对于斯大林的全盘否定在东欧国家波兰和匈牙利最终导致了大规模的社会骚乱，史称"波匈事件"。"波匈事件"极大地破坏了社会主义阵营的内部团结，为社会主义阵营最后走向分裂提供了条件。

1956 年 6 月，波兰城市波兹南工人由于不满工资制度，组织了大规模的罢工和游行，后来逐步引发了更大范围的骚乱。为此，波兰统一工人党决定召开二届八中全会，改组党的最高领导层，推举哥穆尔卡任中央第一书记，同时要求解除国防部长罗科索夫斯基元帅的职务，此人虽然是波兰人，但是曾经参加过苏联红军，被波兰人看作是苏联控制波兰政坛的象征。赫鲁晓夫担心波兰会脱离社会主义阵营，投入西方集团

---

① 吴冷西：《十年论战——1956—1966 年中苏关系回忆录》（上），中央文献出版社1999 年版，第 23—24 页。

② 《毛泽东文集》第七卷，人民出版社 1999 年版，第 23 页。

怀抱。为了向波党施加压力，苏共决定派遣代表团访问波兰，并调动军队向华沙靠近。得到苏军行动消息的华沙工人、学生纷纷涌向街头，举行声势浩大的游行示威，强烈谴责苏联干涉波兰内政，表示坚决拥护党中央的改革派。面对这种情况，哥穆尔卡首先打消了苏联人怀疑波党背叛社会主义阵营的疑虑。哥穆尔卡再次向苏联保证，"波兰需要苏联的友谊甚于苏联需要波兰的友谊"，同时提出了波苏之间经济问题的解决方案，终于使得赫鲁晓夫相信波兰没有摆脱苏联的意图。赫鲁晓夫感到软硬兼施的手段不能达到目的以后，才被迫作出了让步，撤离包围华沙的苏军，波兹南事件由此平息下来。

匈牙利的党内外群众在邻国波兰争取独立自主改革获得初步胜利的鼓舞下，也起而反对现政府追随苏联。苏共二十大刺激了人们反苏情绪的增长，一批不满现实的党员和知识分子组织起来，成立了"裴多菲俱乐部"，他们要求匈共领导人拉科西辞职，并恢复前改革派领导人纳吉的党籍，由纳吉组织新政府。面对压力，拉科西被迫"退休"，但是莫斯科选择了拉科西极力推荐的格罗担任新的总书记，而格罗因循守旧、缺乏魄力，这引发了匈牙利群众的不满。布达佩斯的学生提出了多点要求，包括进行政治经济改革、清算拉科西的罪行、纳吉组织政府、撤走苏联驻军等。这种情势使得匈共和苏共都感觉一场反革命事变即将到来，苏联也感到，必须通过武装干预来防止匈牙利变天。苏联军队进驻布达佩斯后，纳吉政府垮台。最后，匈牙利事件造成了严重后果，在这一事件中 2000 人丧生，几万人受伤，直接经济损失多达 220 亿福林，相当于匈牙利全年国民收入的 1/4。[①]

波匈事件的发生具有十分复杂的原因。从直接原因看，主要是苏共二十大赫鲁晓夫的秘密报告所引发的思想混乱，激起了人们对本国经济

---

① 方连庆、王炳元、刘金质主编：《国际关系史（战后卷）》（上册），北京大学出版社 2019 年版，第 236 页。

社会发展状况的不满，对本国政府一味追随苏联对外政策的不满，以及对苏联干预本国政治事务的不满，这些不满形成了要求国内改革的呼声。从历史原因看，苏联与其接壤的东欧各国普遍存在由来已久的领土争端和民族矛盾，历史积怨较深，尤其是二战时期波兰"卡廷森林惨案"带给波兰人民深痛的历史记忆，这就使得人民群众很容易将苏联大党、大国沙文主义与沙俄大俄罗斯主义以及这些历史积怨联系起来。当然，波匈事件尤其是匈牙利事件也存在国内外势力相互策动，阴谋推翻社会主义制度的因素。在匈牙利，反党政治势力利用人们对苏联和本国政府的不满，进行反革命报复，屠杀共产党人，从事颠覆人民政权的活动，这是匈牙利事件之所以造成大规模流血冲突的重要原因。

波匈事件发生后，苏共在社会主义阵营中的形象和威望受到损害，这使得苏共一度收敛了其大党、大国沙文主义作风。1956 年 10 月，在中国共产党的建议下，苏共以苏联政府的名义发表了《关于发展和进一步加强苏联同其他社会主义国家的友好合作的基础的宣言》。苏共《宣言》中第一次承认在处理同其他社会主义政党、国家关系时存在错误，并承认社会主义国家间的关系应该建立在平等、互利、互不干涉内政的原则上，承认和尊重各社会主义国家的充分主权。

（四）中苏分歧、论战与关系破裂

20 世纪 60 年代，中苏两党爆发多次论战，后来论战逐渐公开化、尖锐化。关于中苏分歧最后导致对抗，毛泽东和邓小平都曾经作出过精辟的论断。毛泽东分析中苏分歧、公开论战问题时指出："苏联领导搞大国沙文主义，这是中苏关系中的核心问题，是要害所在"[①]；"公开论战当然包括许多意识形态的问题、理论问题、马克思列宁主义的基本原

---

① 吴冷西：《十年论战——1956—1966 中苏关系回忆录》（下），中央文献出版社 1999 年版，第 852 页。

则问题。其实，最根本的问题，就是赫鲁晓夫、苏联领导集团的大国沙文主义、大俄罗斯主义。……为什么吵起来呢？我当时为什么大发脾气呢？就是因为斯大林看不起中国，不把中国看成是一个兄弟的国家，而是以老子自居"①。1989 年 5 月 16 日，邓小平在同苏联领导人谈话时指出，从 20 世纪 60 年代中期起，"我们的关系恶化了，基本上隔断了"。"这不是指意识形态争论的那些问题，这方面现在我们也不认为自己当时说的都是对的。真正的实质问题是不平等，中国人感到受屈辱。"②

新中国成立之初，在中苏谈判签订《中苏友好同盟互助条约》时，苏联强加给中国一个《补充协定》，规定在苏联的远东边疆区和中亚地区、中国的东北和新疆，"将不向外国人提供租让权，不许第三国或其他公民以直接或间接形式参与投资的工业、金融、商业和其他企业、机关、公司和组织从事活动"③。毛泽东在 1958 年与苏联驻华大使尤金的谈话中指出："在斯大林的压力下，搞了东北和新疆两处势力范围、四个合营公司。"④ 50 年代初，中国革命胜利后，斯大林怀疑"我们是铁托式的胜利"⑤。

赫鲁晓夫上台后，由于地位不稳，迫切需要中共的支持。为了维护苏共在社会主义阵营中的地位，中共明确表态社会主义阵营要以苏联为首。再加上波匈事件之后，苏联邀请中共调解苏联和东欧各国的关系，中共派出了以刘少奇、周恩来、邓小平、彭真等为团长的多个代表团多次往来苏联与东欧各国，妥善地处理了苏共二十大之后社会主义阵营的危机。1957 年 7 月，莫洛托夫、马林科夫、卡冈诺维奇发动政变，企

① 阎明复：《中苏关系破裂原因再探讨》，《百年潮》2009 年第 11 期。
② 《邓小平文选》第三卷，人民出版社 1993 年版，第 294—295 页。
③ 《苏维埃社会主义共和国联盟政府与中华人民共和国中央人民政府关于中苏友好同盟互助条约的补充协定》，1950 年 2 月。
④ 《毛泽东文集》第七卷，人民出版社 2009 年版，第 386 页。
⑤ 《毛泽东文集》第七卷，人民出版社 2009 年版，第 42 页。

图要求赫鲁晓夫下台，但是赫鲁晓夫在国防部长朱可夫的支持下挫败了这场政变。在这场政变面前，中共明确表示支持苏联党的决定，不干预苏联党内事务，赫鲁晓夫的地位得以稳固。在这段时间，赫鲁晓夫认识到了斯大林在处理中苏关系时伤害了中国人民的感情，并采取了一些补救措施来改善关系。比如，废除了《中苏友好同盟互助条约》的《补充协定》、与中国签订《国防新技术协定》向中国提供核科技技术，最为重要的是有事开始与包括中共在内的各国共产党协商。1957 年 11月，64 个国家的共产党和工人党代表齐聚莫斯科，庆祝十月革命胜利40 周年，这是社会主义阵营期间国际共产主义运动发展的高潮阶段。

随着赫鲁晓夫在苏共的地位的巩固，其一度收敛的"老子党"的恶习又开始抬头。从 1958 年起，中苏之间发生了一系列导致关系恶化的事件。1958 年 7 月，赫鲁晓夫向毛泽东提出建立"长波电台"和"联合舰队"，毛泽东认为苏联是想控制中国，要把中国所有海岸控制在苏联海军手里。12 月，赫鲁晓夫又对中国"大跃进"和人民公社化运动进行公开批评，企图制造中共党内矛盾。1959 年 9 月，美苏首脑达成"戴维营精神"，苏联在美国的要求下迫使中国在台湾问题上让步。在中印边境冲突问题上，苏联发布公开声明偏袒印度，谴责中国，向世界公开了中苏分歧。

1960 年以后中苏分歧骤然升级。首先是赫鲁晓夫不满中共在《华沙条约》缔约国会议上的发言，并把矛头直指毛泽东，说有人要以苏联为首，但在实际上却拆苏联的台。后来，苏联动员几十个国家的共产党和工人党代表在布加勒斯特会议上围攻中共代表团，抨击中共内外政策。苏联还于 7 月 16 日，通知中国政府将撤走援华专家，单方面撕毁两国签订的 12 个协定，废除了 257 个科技合作项目。1960 年 11 月至12 月，81 国共产党和工人党代表会议在莫斯科召开，鉴于中苏冲突给国际共产主义运动带来的损失，中苏双方有意结束争论，把双方关系恢复到 1957 年水平。这次莫斯科会议之后，两党两国关系出现短暂缓和。

但是好景不长，1961 年 10 月赫鲁晓夫在苏共二十二大会议上点名攻击阿尔巴尼亚，实际上是针对中国的。1962 年 4 月，苏联策动新疆边民叛乱。1963 年，中苏分歧达到最严重的地步。这一年 3 月，苏共抛出"国际共产主义运动总路线"，明确将"和平共处、和平竞赛和和平过渡"写进总路线，中共认为这是否定十月革命道路、"美苏合作、主宰世界"的修正主义路线，抛弃了无产阶级世界革命的历史使命。而苏共则指责中共是教条主义。围绕这一问题，"苏联领导人挑起中苏论战，并把两党之间的原则争论变为国家争端，对中国施加政治上、经济上和军事上的巨大压力，迫使我们不得不进行反对苏联大国沙文主义的正义斗争"①。从 1963 年 9 月至 1964 年 7 月中共中央陆续发表九篇答辩文章，对苏共针对中国共产党的意识形态指责进行回击和反驳。

1964 年 10 月，赫鲁晓夫在勃列日涅夫发起的政变中被迫下台。为了了解勃列日涅夫政府内外政策，中共中央派周恩来率团访问莫斯科，出席十月革命 47 周年庆典活动。但是新上台的勃列日涅夫实行"没有赫鲁晓夫的赫鲁晓夫主义"，仍然挥舞大党、大国沙文主义大棒，对中国共产党进行意识形态指责以及干预中国国内事务，甚至比赫鲁晓夫时期更加严重。

1964 年 11 月，苏共决定在 1965 年 3 月召开的 19 国共产党工人党会议上向中共施压，为此专门派苏联部长会议主席柯西金访华，邀请中共参会。毛泽东在接见柯西金时说，这样就停止论战是不行的，公开论战要 1 万年，看来少不了。1966 年 2 月，勃列日涅夫以苏共中央名义致信中共中央和毛泽东，邀请中共代表团出席苏共二十三大。毛泽东在讨论是否派代表团出席苏共二十三大时说，我们党去不去参加二十三大

---

① 中共中央文献研究室编：《十一届三中全会以来重要文献选读》上册，人民出版社 1987 年版，第 324 页。

是一个重大原则问题，我看不能去，也不必发贺电。① 由此，中苏两党中断了一切往来。中苏从出现分歧，到公开论战，再到中断往来，标志着社会主义阵营的分裂。

四、妥善处理国际主义与独立自主之间的关系

应该说，社会主义阵营的形成有着极为复杂的国际背景，它是在冷战格局已经形成、杜鲁门主义遏制政策出台的历史环境下，社会主义国家基于共同的意识形态、政治目标和安全利益而结合的集团。作为国际共产主义运动联合的新形式，社会主义阵营的形成对于巩固新生的革命政权，稳定社会主义从"一国"到"多国"发展的局面具有重要作用。但是，社会主义阵营内部矛盾重重、冲突不断，这就说明社会主义国家在处理党际关系、国家关系问题上还不成熟，以结盟形式呈现出来的国际联合本身存在诸多弊端。

如何处理社会主义政党之间独立自主与国际联合、国际主义的关系，一直是国际共产主义运动的一个重要问题。马克思恩格斯认为，无产阶级革命必须坚持国际主义原则，但是国际主义的世界联合则是建立在独立的民族组织基础之上的。1882年恩格斯在致考茨基中的信中指出："只有在平等者之间才有可能进行国际合作，甚至平等者中间居首位者也只有在直接行动的条件下才是需要的"，"民族独立实际上是一切国际合作的基础"。② 二战结束后，世界社会主义发展的一个重要成就是社会主义制度突破一国范围，在多国变成现实，从而成为世界性的现象。在社会主义制度多国胜利之前，迫切需要率先走上社会主义道路

---

① 阎明复：《亲历中苏关系：中央办公厅翻译组的十年（1957—1966）》，中国人民大学出版社2015年版。

② 《马克思恩格斯文集》第10卷，人民出版社2009年版，第472、473页。

的先进政党向世界其他争取革命胜利的国家提供无产阶级革命的理论经验、物质帮助甚至是军事支持，是加快推进无产阶级革命进程、尽快争取革命胜利、建立人民民主政权的必然要求。在这种情况下，率先建立社会主义制度的国家实际上就是世界革命的策源地，实际上发挥着领导世界革命的国际主义责任，这也符合马克思主义关于世界无产阶级大联合的思想。从国际共产主义运动的历史进程看，应该说苏联为社会主义从一国胜利到多国胜利具有不可磨灭的历史性贡献。那么，问题在于，在多国社会主义实践的历史时期，应该如何处理各党独立自主与国际主义之间的关系？

首先，我们认为，由于共同的政治信仰、价值主张和安全需要，面临资本主义阵营已经形成并试图消灭新生的革命政权的险恶环境，社会主义政党和国家之间应该加强沟通与合作，国际联合是必要的。由于社会主义是资本主义的批判者、替代物，资本主义从来就没有放弃过对社会主义围追堵截、文功武伐，采取各种办法消灭社会主义。"从 19 世纪上半期'旧欧洲的一切势力'结盟对'共产主义的幽灵'进行'神圣的围剿'到下半期法国资产阶级对巴黎公社革命的血腥镇压，从 20 世纪上半期西方资本主义国家对苏联的扼杀、遏制到下半期对中国的封锁、孤立和对苏东国家实施的和平演变。"① 二战后，以美国为首的西方资本主义国家推出"冷战"计划，实施对社会主义国家的联合遏制，就是资本主义试图消灭新生的人民民主政权所采用的一种新办法。在新生的各社会主义国家普遍落后弱小，且缺乏与资本主义的斗争经验和执政经验的情况下，建立以苏联为首的社会主义阵营是完全有必要的。事实也证明，正是社会主义阵营发挥的重要作用，各国社会主义政权得到了巩固，社会主义从小溪汇成波涛汹涌的江河，极大地壮大了社会主义

---

① 黄宗良、孔寒冰:《社会主义与资本主义的关系:理论、历史和评价》，北京大学出版社 2002 年版，第 362 页。

的实力和国际影响力。

但是，也要认识到，在社会主义已经取得多国胜利的情况下，到底应该采取何种形式的国际联合？在这个问题上，由于缺乏经验，以及受到历史和现实复杂问题的影响，社会主义阵营并没有很好地处理好这一问题，最后导致了阵营的分裂。长期以来，人们认为社会主义运动要有一个世界革命的中心，社会主义制度要有一个放之四海而皆准的模板。这种"领导中心论""单一模式论"是苏联大党大国沙文主义的重要根源，虽然说苏联的大党大国沙文主义具有历史根基和文化根基。甚至可以说，从彼得大帝时期开始，大俄罗斯主义就已经是根深蒂固的。但是也要看到，十月革命后，苏联长期处于世界革命中心的特殊地位，这使苏联领导人养成了指手画脚、发号施令的习惯。他们在处理同各社会主义国家和兄弟党的关系时，经常自觉或不自觉地忽视平等、独立自主原则，干涉别国内政。苏联又是世界上第一个社会主义国家，对于社会主义制度的探索最早，经验最多，很容易养成从本国经验来要求其他社会主义国家复制苏联模式的心理。

1980 年邓小平就指出："一个党评论外国兄弟党的是非，往往根据的是已有的公式或者某些定型的方案，事实证明这是行不通的。各国的情况千差万别，人民的觉悟有高有低，国内阶级关系的状况、阶级力量的对比又很不一样，用固定的公式去硬套怎么行呢?"① 邓小平还说道："我们反对'老子党'，这一点我们是反对得对了。我们也不赞成有什么'中心'。"② 社会主义阵营最终分裂表明，这种"领导中心论""单一模式论"忽视了不同国家走适合本国国情的社会主义道路的多样性，甚至是打乱了各国社会主义发展的历史进程，使得其他社会主义国家的改革始终面临着如何摆脱苏联模式的问题。在处理这个问题时，有的社

---

① 《邓小平文选》第二卷，人民出版社 1994 年版，第 318 页。
② 《邓小平文选》第三卷，人民出版社 1993 年版，第 237 页。

会主义国家没有成功找到答案，而有的社会主义国家则是付出了很大代价才找到了适合本国国情的社会主义道路。

鉴于社会主义阵营内部矛盾导致分裂的深刻教训，中国共产党在1982年十二大确定了独立自主、完全平等、相互尊重、互不干涉内部事务的原则，作为中国共产党处理党际关系的指导准则。中国共产党认为："我们坚持独立自主，也尊重别国人民独立自主的权利。适合本国特点的革命道路和建设道路，只能由本国人民自己来寻找、创造和决定，任何人都无权把自己的意见强加于人。只有这样，才能有真正的国际主义，否则就只能是霸权主义。在今后的国际交往中，我们将永远坚持这样的原则立场。"①

---

① 中共中央文献研究室编：《十一届三中全会以来重要文献选读》上册，人民出版社1987年版，第342页。

第 七 讲
苏联东欧社会主义国家的改革探索

第二次世界大战结束不久，一条新的分界线便出现在欧洲中部，处于这条分界线以东的国家——波兰、捷克斯洛伐克、匈牙利、南斯拉夫、保加利亚、罗马尼亚、阿尔巴尼亚和德意志民主共和国（简称"民主德国"）自此便拥有了一个共同的名字：东欧。由于这些国家与苏联以及与苏联模式的社会主义制度紧密联系在一起，因此，它们与苏联一起被合称为"苏东"或"苏东国家"。应该说，苏联模式在帮助东欧各国巩固新生人民政权和恢复发展国民经济等方面是发挥过积极作用的，但随着苏联模式自身弊端日益暴露出来，它与东欧各国国情不相适应的问题也日益突出。而且，在苏联大国主义和大党主义的指挥棒下，东欧各国甚至连国家的主权都得不到保障。1953 年斯大林去世后，苏东社会主义国家不断地进行调整、改革，并形成过几次改革浪潮。但由于受僵化思想、传统体制痼疾、改革政策失误等多种因素的影响，苏东改革以失败告终。而同样曾经学习过苏联模式的中国特色社会主义却在 21 世纪显示出巨大的生命力，这样大相径庭的改革结果不能不引起人们的深思。

一、难以突破传统模式束缚的
苏联社会主义改革

早在 19 世纪 90 年代，恩格斯就颇有预见地指出："所谓'社会主义社会'不是一种一成不变的东西，而应当和任何其他社会制度一样，把它看成是经常变化和改革的社会。"① 恩格斯的这个论断被后来的社会主义实践反复证明，社会主义社会的发展离不开改革。关于苏联改革，学界较早关注的是 20 世纪 50 年代开始的赫鲁晓夫改革，实际上，战后初期的苏联曾经有过一次非常重要的改革契机。当时，苏联社会改革思潮已经萌发，进而出现了昙花一现的改革尝试，但因为遭到斯大林的反对而结束。

（一）战后初期苏联社会改革思潮的萌发

第二次世界大战的结束预示着一个新的时代即将到来，战后，苏联社会也在发生不知不觉的变化，特别是要求改变现状的思潮开始萌发，此时的苏联迎来了良好的改革契机。

1. 改革思潮兴起的原因

首先，战争期间承受了巨大牺牲的苏联人民渴望尽快恢复生产、重建家园，提高生活水平。其次，苏联为应对战争而形成的战时体制急需转变。战时，苏联一系列的工业部门从生产民用品转为生产军工产品，农业则集中保障苏军和居民的粮食供应。显然，战时体制已经不适应战后和平建设的要求。再次，二战后期有几百万苏军进入欧洲，他们了解到苏联国内与欧洲生活水平的反差，这在他们的思想上引发了文化和价值观念上的猛烈碰撞。战后，大量的复员士兵在小酒馆谈论外部世界的变化，这种渴望改变现状的"小酒馆民主"，体现的是要求改革的情绪。② 而且，这种情绪在当时的部分苏联中央领导、学者文人、管理人员中也表现出来。比如，1946 年 12 月 28 日，将军瓦西里·戈尔多夫和

---

① 《马克思恩格斯选集》第 4 卷，人民出版社 1995 年版，第 693 页。

② 参见［俄］叶林娜·祖布科娃：《1945—1964 年的社会与改革》，莫斯科 1993 年版，第 28—29 页。

菲利普·莱巴尔琴柯在私人住所里的一次非正式谈话中提到，"我们的政策使任何人都不愿劳动……我们应该有一个真正的民主政治"①。最后，苏联国际地位在战后空前提高，美国在最初一段时间里也还没有完全改变对苏的友好态度和政策。总之，战后初期苏联人民期盼改变的呼声渐成潮流。

2."昙花一现"改革的主要内容

在改革思潮的推动下，联共（布）和国家核心领导内部也出现了一些力图通过改革把握住时代转换契机的领导人，特别是以当时主管意识形态工作的日丹诺夫为首的一批干部，比如时任国家计划委员会主席的尼·阿·沃兹涅辛斯基、当时主管农业的安德列·安德列耶维奇·安德列也夫等人。他们针对经济体制中存在的弊端，提出了对经济体制和产业结构实行改革的要求。

1946年2月6日，日丹诺夫在列宁格勒沃洛达尔选区选前会议上的讲话中表达了他在经济转变上的基本思想：把主要精力从国防工业转向以满足消费者需求为导向的经济；国家必须"用像战争时期那种布尔什维克解决军事任务的热情"来解决扩大消费品生产和提高生活水平的问题；人民长期以来饱受生活用品的缺乏，现在正是需要大力加以改善的时候②。而沃兹涅辛斯基多次提到要加强企业的经济核算、扩大地方和企业的权限，利用商品货币关系来建设社会主义的经济基础等。沃兹涅辛斯基的改革主张更多体现在由他主要负责起草的《苏联1946—1950年恢复和发展国民经济的五年计划》当中。计划的首要任务是把苏联工业和农业恢复到战前的水平，然后大大超过这个水平。计

---

① ［俄］叶林娜·祖布科娃：《战后的苏联：希望、幻想和失望（1945—1957）》，莫斯科1993年版，第90页。

② 王瑶：《战后初期苏联战时经济向和平经济的转变》，中国社会科学院研究生院硕士学位论文，2001年。

划第一次规定到 1950 年生产资料和消费资料的总费用分别是 4980 亿卢布和 4100 亿卢布。[①] 计划还规定：在 1946 年和 1947 年间，应使苏维埃商业从按配给证对居民的定量供应过渡到对居民敞开供应；从 1946 年秋起，应取消面包、面粉、米和通心粉制品的配给证等。[②] 从计划完成情况看，在关系到消费的轻工业和食品工业方面成效并不明显。战后苏联仍然把主要资源用于军事工业的发展上，实际上维持了原来的投资结构。在农业领域，1946 年发生的灾害使农民生活更加困苦。从 1947 年开始，不少地区开始探索实行包产到组。这项措施激发了农民的生产积极性。安德列也夫在《真理报》撰文指出，"规模大的作业队为单位的劳动形式造成无人负责的现象，是集体农庄劳动生产率进一步提高的基本障碍"[③]。

正当"四五"计划推进之时，1949 年发生了"列宁格勒案件"。安德列也夫被撤职；1950 年 9 月 30 日，沃兹涅辛斯基被处决。战后初期苏联"昙花一现"的改革失败了。

3. 苏联错失战后初期改革契机的原因及影响

关于战后苏联的经济建设，斯大林认为短期内首先是要恢复到过去的水平，强调"新五年计划的基本任务，就是要使我国遭受战祸的区域恢复起来，使工农业恢复到战前水平，然后较大地超过这个水平。至于最近期间就将废除配给制就更不用说了，将来要特别注意扩大日用品生产，用不断降低所有商品价格的办法来提高劳动者的生活水平，广泛建设各种科研机构，使科学能够发挥它的力量"。但是，真正体现他的

---

① 王瑶：《战后初期苏联战时经济向和平经济的转变》，中国社会科学院研究生院硕士学位论文，2001 年。

② 王瑶：《战后初期苏联战时经济向和平经济的转变》，中国社会科学院研究生院硕士学位论文，2001 年。

③ 王斯德：《苏联党内斗争与斯大林社会主义模式的形成及僵化》，《上海理论》1998 年试刊号。

思想的则是他的长期计划，"至于较长时期的计划，党打算造成国民经济的蓬勃的新高潮，使我们能够把我国工业水平提高到，譬如说，战前水平的 3 倍。我们必须使我国工业每年能生产生铁达 5000 万吨，钢达 6000 万吨，煤达 5 亿吨，石油达 6000 万吨。只有这样才可以认为，我们祖国有了足够应付各种意外事件的保障"①。在斯大林看来，二战的胜利乃是由于苏联的国家工业化政策和农业集体化政策。1946 年 2 月 9 日，他《在莫斯科市斯大林选区选举前的选民大会上的演说》中指出："苏维埃社会制度比非苏维埃社会制度更有生命力，更稳固，苏维埃社会制度是比任何一种非苏维埃社会制度更优越的社会组织形式。"② 而冷战的发生又进一步强化了他的备战思想。在 1952 年的《苏联社会主义经济问题》中，他提出了两个平行市场的理论。与此同时，战争的胜利使苏联社会对斯大林的个人崇拜达到了极致，这进一步坚定了他继续推行战前体制的决心。

苏联就这样错失了战后初期的改革契机，其影响是深远的。首先，因为斯大林拒绝改革而使得传统体制日益陷入僵化；其次，斯大林关于两个平行的世界市场论断的提出使得苏联日益封闭；最后，斯大林断定战争不可避免使得苏联长期无法准确把握时代变化的特点而不断扩军备战。由此，苏联模式的痼疾在此后历次的改革中始终未能被彻底突破。

（二）赫鲁晓夫的"十年变革"

1956 年 2 月 14 日召开的苏共第二十次代表大会被认为是社会主义改革的先声。在大会的最后一天，苏共中央第一书记赫鲁晓夫作了一个

---

① 王瑶：《战后初期苏联战时经济向和平经济的转变》，中国社会科学院研究生院硕士学位论文，2001 年。

② ［俄］格·阿·阿尔巴托夫：《苏联政治内幕：知情者的见证》，徐葵等译，新华出版社 1998 年版，第 139 页。

题为《反对个人崇拜及其后果》的报告。报告打破了对斯大林个人崇拜的神话，从实质上破除了社会主义实践中"一个领导中心"、一个社会主义模式、一个世界无产阶级革命"导师"的权威地位，为苏东各国探索自己的社会主义建设道路提供了重要的前提条件。此后，苏联在赫鲁晓夫的领导下走上了改革之路，东欧国家也相继跟进，形成了社会主义发展史上的"第一次改革浪潮"。

1. 赫鲁晓夫的"全面改革"

1953年9月3日，赫鲁晓夫当选为苏共中央第一书记。纵观赫鲁晓夫执政年代，改革一天也没有停止过，因此被称之为"变革的十年"。

首先在政治上，赫鲁晓夫采取的改革措施是：（1）平反大量错案，改变国家安全机关曾凌驾于党和国家之上的局面。（2）加强集体领导，恢复定期召开党的代表大会和中央全会的制度。（3）建立干部更新制度。根据苏共二十二大通过的新党章规定，在每次例行选举时，苏共中央委员会和主席团的成员至少更换1/4，加盟共和国党中央、边疆区委、州委的成员至少更换1/3，专区委、市委、区委、基层党委的成员至少更换一半。区委以上领导成员一般最多只能连任三届。仅1962年苏联最高苏维埃的代表在选举中就更换了近70%[1]。（4）取消领导干部职务终身制，同时取消了高级干部，比如州委书记、中央委员、报纸主编等的相当可观的月薪"津贴"等。（5）改革监督监察制度。针对斯大林时期矮化监察委员会作用的做法，在赫鲁晓夫的领导下通过了《关于成立苏共中央和苏联部长会议党和国家监督委员会的决定》，重新界定了党和国家监督委员会的职责。此外，赫鲁晓夫还决定"以生产原则为基础，自下而上地改组党的领导机构"，设立了所谓的工业党委和农业党委。

---

[1] 《真理报》1962年4月25日。

其次在经济上，赫鲁晓夫把改革的重点放在农业领域。"从 1953 年 3 月至 1964 年 10 月，除了 3 次代表大会之外，苏共中央还召开了 35 次全会，其中有 11 次专门（或主要）研究农业问题（还不包括将农业作为国民经济问题之一而加以讨论的会议），通过了一系列关于农业问题的决议。"① 具体措施有：（1）改组农业管理机构，扩大农庄、农场的经营自主权。（2）注重农民利益，加大投资的同时大幅度提高农副产品的收购价格，鼓励发展家庭副业。（3）开垦荒地大量种植玉米。（4）将机器拖拉机站改组为技术修理站，取消义务交售制等。

赫鲁晓夫对工业管理体制也进行了调整：（1）撤销、合并或新建各个管理部门。（2）在全国范围内划分经济行政区，并建立各区的国民经济委员会，由过去垂直的"条条"管理变为横向的"块块"管理。（3）将工业和建筑业的领导重心从中央转移到地方。从改革情况看，赫鲁晓夫在工业生产和管理方面，从斯大林那里继承的比他自己变革的要多得多。赫鲁晓夫始终认为，必须坚持以发展重工业为主的方针，尤其重视发展核武器和热核武器等军事工业，这从根本上制约了改革的成效。

需要指出的是，在赫鲁晓夫执政后期，他支持围绕"利别尔曼建议"所展开的大讨论。1962 年 9 月 9 日，《真理报》刊登了一篇题为《计划、利润、奖金》的文章，文章的作者是哈尔科夫工程经济学院教授利别尔曼。文章提出用利润、奖金等经济手段推动企业发展等观点。利别尔曼的文章引起了经济学界的强烈反响，尽管采用这一建议所进行的改革试点由于赫鲁晓夫的下台而未全面推开，但这次讨论的意义是重大的：一是为苏联以后的经济改革做了一定的舆论和理论准备；二是赫鲁晓夫不仅在苏联这么一个大国推行改革政策，还积极提倡对改革理论

---

① 李忠杰等：《社会主义改革史》，春秋出版社 1988 年版，第 202 页。

的探讨，这无疑对东欧一些国家探索自己的建设道路有着十分重要的影响。

最后，在思想文化领域，主要是文艺领域，赫鲁晓夫允许文艺作品反映现实生活存在的各个方面，出现所谓的"解冻"思潮。在对外政策上，赫鲁晓夫不仅有限地改善了与其他社会主义国家的关系，还在与资本主义国家的关系上，提出了著名的"三和"理论，即和平共处、和平竞赛、和平过渡。

2. 赫鲁晓夫改革的局限性

赫鲁晓夫的改革随着他的下台而黯然落幕，但这十年探索在苏联改革史上具有承前启后的重要作用，尽管其改革存在着缺陷乃至错误。

首先，在对社会主义本质的认识上，赫鲁晓夫并不清晰，也因此使他认识不到高度集中的体制的弊端，因而始终无法走出体制困境。其次，赫鲁晓夫改革的坚定性不足，比如在改革前期，他主张削减农民自留地的物产税和鼓励农民发展副业，但到后期又降低自留地数量和限制个人副业的发展。这种前后不一的改革严重影响了改革的成效。最后，赫鲁晓夫的改革既缺乏总体设计也缺乏总体战略。最典型的事例就是"秘密报告"，报告出台前不仅没有必要的意见统一，而且没有慎重考虑"报告"的影响，结果导致西方国家利用斯大林问题大肆攻击社会主义制度，而在东欧一些国家则引发了混乱，严重制约了各国的改革进程。

（三）勃列日涅夫时期的有限调整

1964 年 10 月，勃列日涅夫接替赫鲁晓夫上台执政。勃列日涅夫领导苏联 18 年，这是苏联由稳定发展到停滞、由盛而衰，体制僵化和潜伏危机的时期。

1. 勃列日涅夫执政前期的"新经济体制"改革

勃列日涅夫上台后，首先对赫鲁晓夫改革留下的体制混乱进行了一定程度的"纠偏"：废除了划分工业党、农业党的做法；取消了干部按比例定期轮换的硬性规定；恢复了工业部门的"条条"管理体制。其次，针对赫鲁晓夫时期"唯意志论"、草率决定重大问题等弊端，勃列日涅夫还尝试改变党的作风，强调民主与法治。他在欢迎宇航员大会上的讲话中说："我们的制度保障劳动人民享有广泛权利和政治自由。党和国家将警惕地捍卫这些权利和自由，恪守社会主义法制。"① 最后，勃列日涅夫在农业方面也采取了一系列改革措施：实行固定收购和超计划交售奖励的制度，凡是农庄、农场超过固定收购计划指标后交售给国家的农产品，国家按比收购价格高出 50% 的价格收购。从 1965 年到 1979 年，农产品共提价 7 次。② 通过调整改革，在勃列日涅夫执政前期，职工月平均工资由 1965 年的 96.5 卢布提高到 1983 年的 180.5 卢布，集体农庄庄员月平均劳动报酬由 51.5 卢布提高到 141.1 卢布。③

在勃列日涅夫的有限调整中，最突出的是 1965 年开始的"新经济体制"改革，这项改革由时任苏联部长会议主席的柯西金主持实施。具体措施有：（1）重新建立了部门管理体制。（2）改革计划体制。1965 年，国家给企业下达的指标，由赫鲁晓夫时期的八类二十多项减为六类九项。④ 而且强调基建投资的资金来源与企业经营活动结果之间要挂钩，相当一部分利润应留给企业。通过改革，在勃列日涅夫执政的第八个五年计划（1966—1970 年）时期，经济状况要好于赫鲁晓夫执政后期的第七个五年计划时期。俄罗斯学者菲利波夫对第八个五年计划

---

① ［苏］《勃列日涅夫言论》第 1 集，上海人民出版社编译室编译，上海人民出版社 1974 年版，第 5、23 页。

② 陆南泉：《停滞不前的勃列日涅夫时期（上）》，《经济观察报》2013 年 8 月 5 日。

③ 陆南泉等编：《苏联国民经济发展七十年》，机械工业出版社 1988 年版，第 126 页。

④ 陆南泉：《停滞不前的勃列日涅夫时期（上）》，《经济观察报》2013 年 8 月 5 日。

的评价是，它是"作为斯大林时代以来最成功的一个五年计划载入苏联历史的"。"尽管犹豫不决和保守主义不允许改革者的计划得以彻底地实施"，但"新办法开始在绝大部分工业企业实行，并波及运输业和其他一些国民经济部门"，因此，"到20世纪60年代末期，还是取得了一些成就"。①

2. "布拉格之春"的发生使改革出现逆转

勃列日涅夫的有限调整并没有持续多久，拐点出现在1968年。这年8月20日，苏联及其华约成员国武装入侵捷克斯洛伐克，这就是著名的"布拉格之春"事件。1968年，捷克斯洛伐克以杜布切克为首的改革派改组了中央主席团和书记处，大力推行经济和政治改革，并于1968年4月召开的捷共中央全会上公布了改革的《行动纲领》。就其广度和深度而言，《行动纲领》在一定程度上突破了苏联模式的框框。但在改革过程中出现了比较极端的主张，特别是捷克斯洛伐克70位知名人士提出并在报刊上公开发表的《两千字宣言》，其中有许多语句透露出捷克斯洛伐克人民的极端主义和无政府主义。这引起了苏联领导人的警惕，进而引发了武装干涉行动。

"布拉格之春"事件成为勃列日涅夫政策调整的拐点，因为从后果上看，苏联不仅打压了捷克斯洛伐克的社会主义改革，而且也殃及了自身的改革，正如有的学者所讲："当捷克斯洛伐克更新社会的群众运动赋予社会主义以'第二种气息'——利用商品关系的尝试，当勃列日涅夫领导集团因此而十分惊惧时，1968年'布拉格之春'后苏联的改革就被大大压制了"②。此后，利别尔曼等经济学家被当作"市场社会

---

① ［俄］亚·维·菲利波夫：《俄罗斯现代史（1945—2006年）》，吴恩远等译，中国社会科学出版社2009年版，第167页。

② 郭春生：《试析二战后社会主义改革的两次浪潮》，《当代世界与社会主义》2016年第1期。

主义"理论的代表受到严厉批评。经济改革的重心也由原来改革传统体制转到强调计划经济的优越性；在政治体制上，在不少方面重新恢复了斯大林时期的体制和做法，特别是干部职务终身制的复活，导致高层干部严重老化，日趋保守。到勃列日涅夫执政后期，他连"改革"也不提了。勃列日涅夫的理论基调是"发达社会主义"，也称"成熟"的社会主义，而"成熟"意味着在原体制之内没有改革的余地了。

3. 勃列日涅夫执政晚期苏联经济社会发展渐趋停滞

到勃列日涅夫执政晚期，苏联面临的国内外形势都发生了巨大变化。国内，最明显的是苏联社会结构发生了变化。从阶级结构上看，过去是集体农民和合作社手工业者占多数，此时转为工人和职员占多数；从城乡人口结构上看，城市人口大大增加；从脑力劳动者与体力劳动者对比的变化上看，脑力劳动者人数迅速增加。社会结构的变化客观上要求有一种与之相适应的机制，比如要求实现社会生活的民主化等。1977年，在围绕新宪法草案进行的全民讨论中，有相当多的人要求在宪法中以专门条文明确规定选举苏维埃代表时要采取差额选举的方式，这从一个侧面反映出苏联人民对改革的迫切要求。

国际上，缘起于二战期间发展起来的一大批军事科学技术被应用于民用领域的新科技革命时代已经到来。这次新科技革命及其所带来的巨大变化，无论在理论上还是在实践上都对世界社会主义提出了新挑战。但当时苏联领导人的思维还停留在传统的对资本主义总危机的判断上。1971年苏共二十四大虽然提到当代资本主义"正在适应世界上新形势"，但仍认为资本主义总危机在"继续加深"。1981年苏共二十六大的提法还是"资本主义总危机进一步加剧了"。但实际情况却是：伴随新科技革命而来的是时代主题的转换，西方各国以此为契机不仅摆脱了两次世界大战的阴影，还在这个基础上形成了所谓的"福利社会"，而苏联经济发展却慢慢停滞下来。按照美国中央情报局的估计，苏联国民收入年均增长率 1966—1970 年为 5.1%，1971—1975 年为 3%，1976—1980 年为 2.3%，而按苏联学者估计以上三个相应时期国民收入年均增长率分别为 4.1%、3.2% 与 1.0%。① 在这种情况下，苏联仍然奉行对外扩张的政策，悍然出兵阿富汗，结果使自身的国民经济背上了沉重的包袱。这一时期，日益僵化的体制使得官僚特权阶层最终形成，且持不同政见者已暗流涌动。

1982 年勃列日涅夫去世，继任的安德罗波夫和契尔年科执政时间都比较短，尽管安德罗波夫也提出了一些改革设想，比如，他提出要完善苏联民主制度必须摆脱官僚主义束缚，避免形式主义；根除一切禁锢劳动人民创造性和首创精神的东西。② 在对社会主义发展阶段判断的问题上，安德罗波夫审慎地提出了"苏联正处在发达社会主义漫长历史阶段的起点"。但由于任职时间短，他的改革设想并未来得及全面展开和执行。

二、东欧国家努力摆脱苏联模式的改革探索

随着新科技革命时代的到来，受到苏联强大影响的东欧国家一方面接受苏联社会主义模式，另一方面又普遍存在着对苏联社会主义模式的改革要求。其中，南斯拉夫最早接受苏联模式，却又在内外因素的作用下最早开始了对苏联模式的改革，成为战后社会主义改革的开创者。

（一）南斯拉夫自治社会主义道路的探索

20 世纪 40 年代末 50 年代初，苏南关系破裂，这在客观上为南斯

---

① 吴敬琏：《计划经济还是市场经济》，中国经济出版社 1992 年版，第 104 页。
② 李永全：《苏联改革历史回顾——从赫鲁晓夫到戈尔巴乔夫》，《当代世界与社会主义》2016 年第 1 期。

拉夫独立自主地探索自己的社会主义发展道路创造了条件。截至目前，南斯拉夫是世界上唯一实行自治体制的社会主义国家。

　　1. 南斯拉夫自治社会主义道路的探索过程

　　南斯拉夫自治社会主义制度建立在三大理论支柱的基础之上，即生产资料社会所有制理论、联合劳动制和代表团制，其中最重要的是生产资料的社会所有制理论，该理论的含义是：一切资源是全体人民的公共财产，同时也是每个人的财产。它要求将生产资料直接同劳动相结合，劳动者直接管理生产资料，分配自己的劳动成果。其理论渊源是马克思关于未来共产主义社会的设想。实践上，南斯拉夫对自治社会主义道路的探索主要表现为以"权力分散化、非国家化、非集中化、非官僚化"为特征的改革。其改革经历了这样三个阶段：（1）"工人自治"阶段（1950—1963 年）。1950 年 6 月，南联邦议会立法规定，工厂企业由工人选举产生的管理委员会实现对生产资料、生产过程的管理，从而实现工人自治。（2）"社会自治"阶段（1963—1971 年）。这一阶段，"工人自治"的权限进一步扩大。根据 1963 年宪法，"自治"范围扩大到除党和军事机构之外的所有国家机关和社会事业单位。各地区普遍建立"自治利益共同体"，对各地区事务进行管理。（3）"联合劳动自治"阶段（1971 年后）。根据 1971 年《宪法修正案》的要求，经济部门在工人自治基础上，按联合劳动原则进行改组。1974 年宪法和 1976 年《联合劳动法》对生产单位之间以及生产单位与社会事业单位之间的关系，作了一系列新规定：在工业、农业和商业中组织"联合企业"，解决产供销问题；在文教卫生体育等社会事业单位普遍建立"自治利益共同体"；在基层居民点普遍建立"地方共同体"；在政权机关和社会团体系统建立各级和各类"社会政治共同体"。通过各类共同体之间的"自治协议"和"社会契约"，实现全国性社会联系。

2. 南斯拉夫的政治改革

与经济上的自治改革相适应，南斯拉夫在政治上也采取了一系列改革措施：（1）实行代表团制度。根据 1974 年宪法，先由劳动者和公民在基层组织中选出代表团，再由代表团选出代表参加各级议会活动。（2）实行自治联邦制。根据 1974 年宪法，它有四项原则：一是各族人民通过联邦议会决定国家的大政方针；二是各共和国、自治省之间相互依存、协商一致；三是各共和国、自治省在联邦机构中地位平等；四是各共和国、自治省对自身的发展负责，也对整个社会主义共同体的发展负责。（3）实行集体领导制，原则是"集体工作、集体决定、集体负责"。

在对外政策方面，南斯拉夫采取的是不结盟的政策。1956 年 7 月，在南斯拉夫的布里俄尼岛，铁托与印度总理尼赫鲁、埃及总统纳赛尔举行会谈。他们一致认为，世界上存在着敌对的大国集团是对人类和平事业的严重威胁。为了制止这种形势进一步发展、保卫世界和平，小国必须团结起来，以争得自己的独立地位和对国际事务的正当发言权。[1] 这样，南斯拉夫就形成了比较完整的、系统的自治社会主义制度，它自成一体，独树一帜。从成效上看，它的确避免了苏联模式高度集权带来的诸多弊病，但也因为过分强调自治，完全排斥集权的必要性与合理性，又导致出现过度分权、各自为政的局面。1979 年和 1980 年，南共政治领袖卡德尔、铁托先后去世，此后，自治社会主义遇到的困难越来越多。经济上，与北部邻国意大利和奥地利发展水平在一度缩小后又重新拉大，从人均社会产值上看，南斯拉夫与意、奥相比，1975 年分别为 100：180 和 100：160；1985 年则扩大为 100：225 和 100：223。[2]

---

[1] 参见黄宗良、孔寒冰主编：《世界社会主义史论》，北京大学出版社 2004 年版，第 429 页。

[2] 刘悌和主编：《东欧市场经济走向》，时事出版社 1993 年版，第 243 页。

3. 南斯拉夫自治社会主义道路探索的局限性

总体上，南斯拉夫的改革探索虽然带有明显的理想主义色彩，但它仍不失为对社会主义建设道路的可贵探索。但由于这种探索没有先例可循，必然存在着许多问题和矛盾，遗憾的是，面对改革中出现的矛盾和问题，处于孤立地位的南斯拉夫最终未能找到进一步改革的途径。原因在于：首先，从现代化发展的规律上看，对于落后国家的现代化来讲，其现代化的成功起步在客观上需要有一种强大的政治力量来整合各种资源，而南斯拉夫却过早过快地分散了南共联盟的领导权力。其次，从发展环境上看，当时的南斯拉夫不仅要应对险恶的国际环境，而且要在国内党员群众文化水平普遍比较低的基础上探索新的发展道路，这在一定程度上制约了其"自治"措施的落实。最后，从民族特点上看，南斯拉夫民族众多且民族矛盾由来已久。当时的南斯拉夫共有 20 个民族，人口最多的塞尔维亚族也仅占总人口的 36.3%，其次是克罗地亚族占 19.8%，其他主体民族分别占 2.6%—8.9% 不等。而且，所有 20 个民族均有本民族的语言和文字。这样的民族构成，特别是在塞尔维亚族和克罗地亚族之间还存在着历史积累的矛盾和仇恨，使得联邦政府确实表现得软弱无力。

与南斯拉夫相比，匈牙利、波兰、捷克斯洛伐克等国改革的直接诱因则是苏共二十大的"秘密报告"，对这些国家来说，这个报告意味着破除了苏联模式的神圣权威，各国可以根据自己的国情探索有自身特色的社会主义道路。所以，这些国家的改革一开始就表现出这样的特点：体制变革的实践与争取国家自主的抗争交织在一起，也因此发生了在社会主义发展史上值得深入反思的一系列历史事件，比如"波匈事件"。"波匈事件"的实质是波兰和匈牙利人民要求结合本国的实际情况进行经济和政治体制的改革，反对苏联的大国主义和大党主义的典型表现形式。

（二）匈牙利"静悄悄的改革"

1953年6月，匈牙利改革派人物纳吉·伊姆雷出任政府总理。纳吉采取的改革措施是：经济上压缩重工业投资，增加轻工业和农业投资；降低农民的纳税额和交售额；使小私有企业合法化、停止强行合作化运动等。政治上着手纠正阶级斗争扩大化的错误，平反了一部分冤假错案等。纳吉的改革调动了人民的劳动积极性，但却引起了苏联的强烈不满。1955年，纳吉被扣上"反马克思主义观点和派别活动"的帽子，并被撤销一切职务，由此引发了震惊世界的"匈牙利事件"。

1. "匈牙利事件"中的激进改革要求

1956年2月苏共二十大召开后，纳吉感到自己过去的一系列看法是正确的，他立即把写的论文编辑起来发表。同年3月，一大批党员干部和知识分子重新聚集起来，成立了主要讨论社会政治问题的"裴多菲俱乐部"。10月17日，匈牙利作家协会党组开会，会议通过的决议要求党中央召开一次特别的党代表大会，通过民主的方式选举新的领导，担负起纠正过去错误的重任。在波党中央重新选举哥穆尔卡担任第一书记后，10月21日一早，匈牙利各报就围绕该消息进行了大量报道。青年学生们提出要让他们所谓的"匈牙利的哥穆尔卡"——纳吉"重新担任匈牙利的最高领导"[1]。10月22日"裴多菲俱乐部"向党中央提出了"十点要求"。当晚，布达佩斯各大专院校学生团体召开联席会议，决定向政府提出"16点要求"。"十点要求"和"16点要求"的主要诉求是：在匈牙利进行政治和经济体制改革，对拉科西时期的错误和罪行进行清算；维护匈牙利的民族尊严和反对苏联大国主义等。这两个"要求"都把纳吉·伊姆雷作为他们的政治领袖。10月23日群众示

---

[1] 张月明：《苏共"二十大"与波匈事件》，《信阳师范学院学报（哲学社会科学版）》1982年第2期。

威游行很快就转为暴乱。尽管匈党中央重新任命纳吉为总理，但事态逐渐走向失控，从 10 月 25 日起，流血事件便不断发生。10 月 30 日，米高扬和苏斯洛夫来到布达佩斯。31 日，匈牙利方面提出四点要求：①立即撤回苏军；②匈牙利退出华沙条约；③匈牙利重新确立多党制政权；④准备自由选举。会谈后，小农党人蒂尔迪·佐尔坦报告说："我方提出的所有问题，苏方全部同意了"①。但就在 10 月 31 日和 11 月 1 日凌晨传来了苏军已深入匈牙利国土的消息。11 月 4 日清晨，苏军坦克的重型大炮开火了。以卡达尔为首的工农革命政府宣告成立，结束了历时 13 天的动乱。

需要指出的是，在"匈牙利事件"发展过程中，不仅有霍尔蒂分子等各种反动势力，还有国际帝国主义势力，它们通过"自由欧洲电台"和向匈牙利散发大量气球进行反革命宣传，甚至出现残杀共产党员的状况，给匈牙利的改革铺上了一层阴影。

2. 匈牙利改革的主要内容

"匈牙利事件"之后，匈牙利领导人卡达尔认识到照搬苏联经济模式的路再也走不下去了，同时也清楚地意识到公开地与苏联对抗是徒劳无益的。于是，在卡达尔的领导下，匈牙利开始了一场"静悄悄的改革"。

政治上：（1）尽量妥善地处理好"1956 年事件"遗留下来的各种问题，没有笼统地将这一事件定性为反革命，对于参加者一般也不予追究刑事责任。（2）从 60 年代初开始，着手平反拉科西时期的各种冤假错案。（3）在阶级问题上，建立统一的农民阶级，规定知识分子是一个劳动阶级，应得到尊重和相应的待遇。（4）在宗教问题上，实行宗教信仰自由和教会自治权等。（5）改善党的领导，实行党政分开，推

---

① 张月明：《苏共"二十大"与波匈事件》，《信阳师范学院学报（哲学社会科学版）》1982 年第 2 期。

进国家生活民主化建设。

经济上，从 1968 年 1 月 1 日起启动了新经济体制改革：（1）把集中的计划管理同市场的积极作用有机地联系起来，充分发挥商品货币关系和市场调节的积极作用。（2）扩大企业自主权，最大限度地将国家、集体和个人的利益协调在一起。（3）贯彻物质利益原则，鼓励企业之间的竞争。（4）通过说服教育和典型示范的方式，吸引农民走上合作化道路。（5）允许甚至鼓励某些私人经济的存在和发展，对部分公有经济试行私人承包或入股。其中，农业改革是匈牙利各项改革中最成功的。卡达尔政府实行了新的农业合作化政策，把义务交售改为合同收购，扩大农业生产经营者的自主权；重新确立对待富农的政策，不仅允许他们入社，甚至让他们参加合作社领导人的选举。1956 年 11 月，政府专门向农民发出一个号召书，强调由农民自己决定是否保持合作经营，是否建立合作社以及建立什么类型的合作社；同时向个体农户发放各种贷款，对他们供应种子、种畜、化肥等生产资料，促进个体经济的发展。

通过改革，匈牙利逐步形成和完善了有本国特色的市场社会主义经济模式。尽管如此，匈牙利与周边一些同等起步的资本主义国家相比，还是存在着比较大的差距。战后初期匈牙利与奥地利经济水平大体相同，但到 1988 年，匈牙利的人均国民生产总值为 2460 美元，奥地利则为 15470 美元，奥为匈的 6.6 倍。[①]

（三）波兰的"改革春天"

波兰的改革始于哥穆尔卡·维斯瓦夫。在波兰走上社会主义道路之初，哥穆尔卡就提出了"通向社会主义的波兰道路"。[②] 在 1948 年 8 月

---

① 汪盈：《东欧剧变过程及原因探析》，《红广角》2010 年第 12 期。

② 刘邦义：《哥穆尔卡评传》，中共中央党校出版社 1995 年版，第 97—105 页。

召开的波兰工人党中央全会上，哥穆尔卡被扣上了"不懂苏联共产党领导作用"的"右倾民族主义"的帽子。1956 年 10 月，波兰统一工人党二届八中全会再次选举哥穆尔卡为党的第一书记。这一年，苏共二十大所带来的混乱同样在波兰引起了危机，到 1956 年夏天，演变成了一场流血的动乱。

1. "波兹南事件"增强了波党内部的改革派力量

赫鲁晓夫上台后，主动改善苏南关系，承认南斯拉夫可以按照自己民族的特点走"社会主义道路"，这对随后在波兰发生的政治动向，无疑有着相当大的影响。

1955—1956 年间，华沙的《直言》周刊表现最为活跃，该周刊的成员组成了一个"为非作歹者俱乐部"。1956 年 6 月，波兰经济学家第二次代表大会召开，参会的不少经济学家如奥斯卡·兰格、埃德华特·利毕斯基、伏劳雪密斯·勃劳斯、斯坦芬·科洛夫斯基等对国家的经济体制提出批评性意见。此时苏共二十大的影响已经在波兰引起轩然大波，再加上波党长期忽视农业和轻工业的发展而造成人民生活水平下降等因素，终致发生 1956 年 6 月的波兹南暴乱。

暴乱被平息后，7 月 18 日，波兰统一工人党召开第七次中央全会，主要讨论"波兹南事件"后国内的"政治、经济局势和党的主要任务"以及关于"1956—1960 年五年计划"的指导原则。全会为哥穆尔卡等人恢复了名誉。会上，奥哈布在其所作关于"波兹南事件"的报告中强调党和政府要对该事件负大部分责任。他指出："波兹南事件是一个警告，它证明在党同人民各阶层之间的关系方面存在着重大的错误"[①]。而以罗科索夫斯基为首的保守派则认为"波兹南事件"是由阶级敌人一手策划挑起来的，主张应当以此为契机加强党对国内政治生活的控

---

① 张月明：《苏共"二十大"与波匈事件》，《信阳师范学院学报（哲学社会科学版）》1982 年第 2 期。

制。最终，全会通过的《关于政治、经济局势和党的主要任务》的决议基本上体现了奥哈布讲话的精神。会后，奥哈布、萨瓦茨基和西伦凯维兹组成的代表团同哥穆尔卡进行谈判。哥穆尔卡提出要他重新担任党的第一书记的条件是：①证明他在 1948—1951 年的立场是完全正确的；②抛弃没有好处的以及损害农民情绪的农业合作化；③维护波兰民族利益，必要时要不顾苏联的反对；④选举新的政治局。从政治局中排除苏联将军罗科索夫斯基。奥哈布和西伦凯维兹意识到改变过去的政策已经势在必行，便同意了哥穆尔卡的条件。

伴随七中全会以来波兰国内政治、经济形势的变化，波党内部革新派的力量迅速增长起来，并得到了政界人士和广大群众的支持。

2. 波兰短暂的"改革春天"

哥穆尔卡认为，波党八中全会是波兰"历史中的一个新时期的开端"。有些波兰作家把这些日子称之为"十月里的波兰春天"。尽管这个"春天"是短暂的，但哥穆尔卡还是采取了一系列改革措施。政治上，主要扩大人民会议和议会的权力，实行全国普选；围绕实现人民当家作主，广泛建立工人委员会和实行各种形式的农民自治等。经济上，下放了一些工厂企业的领导权，减少了国家下达给企业的计划指标，企业有权用利润留成建立工厂资金、制定奖惩办法等。对外关系上，强调独立和主权，主张妥善地解决二战遗留下来的波苏关系中的一些历史问题。然而，就在波兰改革不断推进之时，20 世纪 50 年代末，在国际共产主义范围内开始了一场广泛批判"现代修正主义"的运动，主要就是针对那些想要突破苏联模式的独立自主倾向。[1] 在这种压力下，哥穆尔卡和波兰统一工人党放慢了探索"波兰的社会主义道路"的步伐，到 60 年代末，哥穆尔卡已由一个反对苏联模式的英雄变成了它的维护

---

[1] 孔寒冰：《中苏论战中的"修正主义"问题重探》，《世界共运研究》1997 年第 3 期。

者。1970年12月，因物价上涨引发了波兰民众的大规模抗议。盖莱克接替哥穆尔卡担任党的第一书记，盖莱克主张通过从西方大量引进外资、进口技术、设备、消费品的途径来加速经济发展。在这期间，波兰街头出现了意大利菲亚特的迷你车、法国的公共汽车、农民开起了英国的拖拉机，老百姓喝上了美国的可口可乐，抽上了万宝路香烟。然而，盖莱克的改革在带来上述成就的同时，也引发了严重的经济后果，到20世纪70年代末，政府各种补贴达到财政预算的40%，外债高达260亿美元。在巨额外债的压力下，波兰党不得不采取紧缩政策，1976年、1980年政府两次大幅提高物价，结果引发了大规模的罢工浪潮。1980年11月，享有独立自治地位的工会组织"团结"依法登记注册，电工出身的罢工领袖莱赫·瓦文萨当选为主席。

（四）捷克斯洛伐克的"行动纲领"改革

捷克斯洛伐克在东欧各国中是工业基础比较雄厚的国家，但由于全盘照搬了苏联模式，导致对苏联过度依赖。1956年，捷克斯洛伐克也开始探索符合自己国情的发展道路。

1. 突破"苏联模式"的改革尝试

20世纪60年代，时任捷克斯洛伐克科学院经济所所长的奥塔·锡克提出社会主义国家有必要保持商品关系的存在，为此，应当采用一种计划市场模式，根据这种模式，国民经济计划应主要局限在宏观经济的迅速发展方面。1964年，受党内高层委托，锡克与专家小组共同起草了一项关于改革和完善经济管理体制的方案。1965年1月，捷共中央批准了该项方案。其后两三年间，捷克斯洛伐克分别对工资、税收、定价、投资等机制进行了改革与调整，到1967年底，个体商业在一定范围内享有了生产经营权，国民计划中引入了适度的市场刺激。然而，改革运动一旦展开，便不可能仅限于经济领域。1968年1月，年轻的亚历山大·杜布切克当选为捷共中央第一书记，杜布切克力图通过一系列民主化改革方针在捷克斯洛伐克建立一种"具有人道主义面貌的社会主义"。捷克斯洛伐克改革运动的组织和领导者之一伊日·贝利康认为，它应当是一种"符合捷克斯洛伐克的条件以及符合当今世界历史发展阶段的社会主义社会新模式"，其宗旨在于"清除过去的变态"，"加强社会主义"，"实现劳动人民在政治和经济上解放的伟大社会主义理想"。① 1968 年 3—4 月召开的捷共中央全会通过了《捷克斯洛伐克共产党行动纲领》，从政治到经济，从内政到外交，全面阐述了党的改革主张。

政治上提出要建立一个十分民主、适合捷克斯洛伐克条件的社会主义社会的模式，使权力不集中在少数人手中。经济上提出建立新的经济体制，恢复社会主义市场的积极作用。外交上，表示要坚决与其他共产党国家保持友好关系，同时发展同西方的关系。

那么，捷共《行动纲领》究竟在哪些方面突破了"苏联模式"呢？首先，在改革党的领导体制方面，提出要彻底改革党政合一、以党代政的领导体制和行政命令式的领导方法。其次，在改革国家政治体制方面，主张以民族阵线为基础，实行社会主义的多元化政治体制。最后，在改革计划体制方面，认为国家计划无论多么周密也很难完全掌握它们，只能通过市场进行调节。此外主张一切经济活动都应利用税收、利润、利率、价格等经济手段，通过市场机制进行调节。当时，捷共领导人反复强调，他们的改革纲领是根据本国的历史传统和社会条件制定的，是为了探索符合本国特点的社会主义建设道路和模式，"无意为任

---

① ［捷］伊日·贝利康等编：《禁止公布的文件：捷共中央委员会下设小组委员会关于1949 年至 1968 年捷克斯洛伐克政治审讯和平反工作的报告》，伍仁译，东方出版社 1986 年版，第 10 页。

何人树立样板"①。关于苏联模式，杜布切克认为，该模式是在"社会主义与资本主义两种制度之间对抗的扩大"的背景下产生的，所以，这个模式只适用于冷战初期，当前已经到了"在非对抗关系的时代实现社会主义革命的新阶段"，因此，"需要发展、形成和创造一种适合新形势的政治制度"。② 显然，其对苏联模式持非全盘肯定的态度。

2. "布拉格之春"与改革的夭折

苏联领导人非常关注捷克斯洛伐克的改革，经过一段时间的观察，苏共认为如果不对"布拉格之春"予以干预，捷克斯洛伐克将不可避免地发生反苏政变。当时欧洲局势的另一个发展趋势也加剧了苏联人的危机感。1968 年 5 月，在法国爆发了大规模的罢工并引发了学潮。虽然暴动发生在资本主义国家，组织学生运动的是左派激进领导人，但这些人对苏联及东欧国家并不友好。苏联领导人认为，这些情况都可能刺激捷克斯洛伐克发生政变。同时，满怀改革热情的杜布切克也和西方走得越来越近。恰在此时，美国深度介入越南战争。在中东，苏美分别支持阿拉伯国家和以色列。种种情势使苏联领导人无法容忍东欧哪怕出现一点儿不稳定因素。

1968 年，华约成员国领导人进行了史无前例的密集会谈，但没有取得苏联领导人设想中的成效。在这种情况下，6 月 27 日，捷克斯洛伐克又发表了一份由著名知识界人士起草的《两千字宣言》，其中明确指出外国势力的干预已经引起了捷克斯洛伐克人民的很大不安。苏联据此判断反革命势力正在捷克斯洛伐克国内蔓延。8 月 20 日夜，苏联以及波兰、匈牙利、保加利亚和民主德国共出兵 25 万进入捷境，③"布拉

---

① 杨华：《"布拉格之春"与捷克斯洛伐克》，《世界知识》1990 年第 10 期。

② 参见泽曼：《布拉格之春：1968 年的捷克斯洛伐克纪实》，上海市"五·七"干校六连翻译组译，上海人民出版社 1973 年版。

③ 参见黄宗良、孔寒冰主编：《世界社会主义史论》，北京大学出版社 2004 年版，第447 页。

格之春"发生，捷克斯洛伐克的改革遭遇重大挫折。自此，东欧各国改革也逐渐陷入停滞。

那么，东欧改革为什么没有取得实质性成功？根本原因在于：东欧各国主权不独立，与苏联是控制与被控制的关系，进而，苏共与东欧各党之间也是领导与被领导的关系。对于东欧各国党内精英而言，其命运和前途，首先取决于是否服从或忠诚于莫斯科，而非其国内民意。匈牙利事件和布拉格之春就反映了这些国家的人民对苏联控制和对本国领导人盲目追随苏联的不满。在这种情况下，尽管苏联模式与东欧各国国情不符，但在苏联的控制下，每到改革的关键节点，改革即被扼杀。结果造成苏联模式的弊端在东欧不断地被放大，进而引发各种矛盾的持续累积，以致最后危机已无法在现有制度范围内得到解决。

三、困难重重的苏东社会主义
国家由改革转为改向

20 世纪 80 年代是改革的年代，英美、苏东、中越分别代表了三种不同类型的改革。英美从凯恩斯主义转向新自由主义，苏东从社会主义转向资本主义，中国和越南则坚持在社会主义制度下进行市场经济改革。显然，这三种类型的改革结果迥然不同。

（一）戈尔巴乔夫的"新思维"使改革走向反面

1982 年勃列日涅夫去世时，苏联还是世界上两个超级大国之一。然而，实际情况却是苏联不仅经济增长放缓，而且社会各阶层消极懈怠。随着新科技革命的不断推进，苏东国家经济结构本身的不合理性也越来越充分地暴露出来，各国对科技革命成果的反应普遍表现迟钝。

1985 年，戈尔巴乔夫上台伊始便组织主要部门、研究机构与著名学者对当时苏联社会经济状况详加调研，作出了必须实施根本性改革的决定。同时，东欧国家的改革也相继复兴。遗憾的是，这一时期的苏东改革尽管步子很大，但最终没有能够扭转经济发展的颓势。1988 年以后，苏东国家的改革开始发生急剧逆转，表现为：体制改革逐渐失去其原本的含义，最终演变成了制度转轨，由改革转为改向。

戈尔巴乔夫最初打出的旗帜是"全面改革"，核心是"加速国家社会经济发展战略"。在戈尔巴乔夫看来，苏联经济落后于美国的主要原因是技术设备落后，于是掀起了"加速发展机械行业"、"中小学电脑化"、"反酗酒"三大运动。结果，不仅收效甚微，而且由于忽略了与民生相关的农业改革，导致抢购风潮时有发生。为了扭转困难局面，戈尔巴乔夫开始将改革的重点领域由经济转向政治。在 1987 年 1 月召开的中央全会上，戈尔巴乔夫批评了理论上的僵化倾向，强调民主化和公开性对推动改革的决定性意义，要求大力调整干部队伍，提拔积极投身于改革事业的新生力量。11 月 2 日，在庆祝十月革命 70 周年大会的报告中，他又进一步强调整个社会生活的民主化和经济的根本改革是关系社会发展和改革事业成败的关键。同月，他应美国一家出版商的请求撰写了《改革与新思维》一书，该书进一步强调要在思想领域推行民主化、公开性。在这一思想指导下，在 1988 年 6 月召开的苏共第十九次代表会议上，他明确提出公开性、民主化和社会主义舆论多元化是改革的必要条件，明确强调政治体制改革是整个改革不可逆转的关键和保证，并正式提出"民主的、人道的社会主义"概念。

在上述改革理论指导下，苏共自身开始出现三个方面的变化：一是由于"不留历史空白"地批评苏共的错误，苏联共产党的威信逐渐丧失殆尽。二是由于 1989 年的苏共中央九月全会通过了《党在当前条件下的民族政策》决议，从组织上放弃了苏共中央对加盟共和国党组织的领导，苏联共产党逐渐联邦化。三是从戈尔巴乔夫在理论上提出"人道的、民主的社会主义"起，苏共在理论上和组织上就逐渐向社会民主党方向转化。与此同时，苏联国内各种非政府组织纷纷成立。到1990年8月，全国"非正式组织"有9万多个，到1991年2月，全苏性的政党有20多个，共和国一级的政党有500多个，多党制初步形成；且苏共党内派别繁多，在二十八大上提出的纲领有30个，党章草案50个，党员退党如潮。① 随着公开性政策的执行，某些少数民族开始有机会发泄他们的不满，即便"俄罗斯人滚出去！"这种话在街道上还没有听到，但至少这种思想在很多人心中已经开始形成。至此，由戈尔巴乔夫发动和开始的改革逐渐走进了死胡同。

（二）东欧各国的急遽转向

从20世纪70年代开始，东欧各国经济出现大幅度下滑。为此，东欧各国采取了一系列改革措施。波兰改革了"指令—统配"体制，将中央计划与运用市场机制相结合，同时提出要建立民主的政治体制。匈牙利提出深化经济改革的设想和措施，进一步扩大企业自主权。捷克斯洛伐克提出要进行以扩大企业自主权和加强以社会主义民主为中心的经济、政治改革。南斯拉夫、保加利亚等国也采取了一些新的改革措施。但这些国家的改革并没有取得令人民群众满意的成效，反而出现了一系列新的困难、矛盾和问题。比如，扩大企业自主权以后，许多企业滥用自主权，结果造成投资、消费、物价、工资等失控的不正常现象。更关键的是，少数东欧国家的领导人已经习惯于旧体制，也就拿不出改革的好办法。比如东德，1973年昂纳克接替乌布利希出任党的最高领导人，此后十余年间，昂纳克对改革始终持

---

① 黄宗良、孔寒冰主编：《世界社会主义史论》，北京大学出版社2004年版，第471页注1。

相当保守的态度。

到 20 世纪 80 年代末，东欧各国的群众对党的领导几近完全失去信心。前东德的一名持不同政见者曾回忆说："在 50 年代，当人们谈论政治时，总会有一位共产党同志站出来维护党的立场。可是到了 70 年代和 80 年代，在对政治问题进行争论时，共产党员们不是离开会场就是建议换一个话题。"① 尽管如此，但在当时几乎没有人能够预言东欧的社会主义制度会在此间的某个时候崩溃。原因在于，东欧是苏联的势力范围，自二战结束后直到 80 年代中期，苏联对东欧政策的两大重要支柱始终是：确保东欧的社会主义制度不动摇、确保东欧始终处在苏联的控制之下。然而，从 80 年代中期开始，苏东关系开始发生变化。此时的苏联面临着巨大困难，再加上石油降价、切尔诺贝利核事故的发生，使得苏联已无力再在财政上支持东欧各国。另外，苏联要推进自身改革，也需要与世界各国建立起相互信任的关系。1987 年 11 月，戈尔巴乔夫首先在《改革与新思维》一书中表示愿意让东欧在推动国内经济、政治改革方面享有更大的自由行动空间。② 其次，戈尔巴乔夫在不同的场合多次表达了他的"不干涉"立场。1988 年 6 月 28 日，戈尔巴乔夫在苏共第十九次代表会议上更清楚地表明了他反对军事干预东欧事务的立场。③ 当年年底，戈尔巴乔夫在联合国大会的主题发言中强调所谓"选择的自由"是一个"普世原则"，无论对于资本主义国家还是社会主义国家，都是适用的。苏联还借此次会议声称在 1900 年底之前，除继续履行有关的裁军协定之外，准备将苏联军队、军备及设施撤出其保

---

① ［英］本·福凯斯：《东欧共产主义的兴衰》，张金鉴译，中央编译出版社 1998 年版，第 252—253 页。

② 参见［苏］米·谢·戈尔巴乔夫：《改革与新思维》，苏群译，新华出版社 1987 年版。

③ 分别参见苏联与南斯拉夫公报，《真理报》1988 年 3 月 19 日；戈尔巴乔夫在苏共第十九次代表会议上的报告，《真理报》1988 年 6 月 29 日。

护了四十多年的东欧势力范围①。最后，在戈尔巴乔夫"新思维"、"人道的民主社会主义"的鼓励和推动下，东欧一些国家的领导人匆忙实行政治多元化和经济市场化，改革逐渐偏离社会主义方向。波兰率先退出了《华沙条约》组织和经济互助委员会，其后捷克斯洛伐克开展了西方所谓的"天鹅绒革命"②，即"不动枪、不动炮，不声不响换旗号"。紧接着，象征着苏联对东欧统治的柏林墙倒塌了。1989 年的圣诞节，罗马尼亚的科莱·齐奥塞斯库夫妇被处以死刑。保加利亚有日夫科夫则因党内发生了"宫廷政变"而被赶下台。南斯拉夫陷入了分裂内战，最终，阿尔巴尼亚亦未能幸免。正如有的学者所说，"20 世纪 80 年代末，苏联放弃了对崩溃中的中东欧国家的干预、华约的解散以及苏联解体是中东欧国家转型得以展开的外部契机"③。

（三）苏东社会主义国家改革失败的重要启示

今天看，苏东社会主义国家的改革实质是对"什么是社会主义"、"如何建设社会主义"、"建设一个什么样的社会主义"等这样一些重大问题进行的反思和重新探索，虽然失败了，但留给我们的启示是很多的。

1. 社会主义国家的改革必须以马克思主义为指导，并在实践中不断发展马克思主义。实践证明，理论上的重大创新是社会主义建设和改革事业成功的生命线。从思想理论上讲，苏联共产党的失败先是因其被

---

① 分别参见苏联与南斯拉夫公报，《真理报》1988 年 3 月 19 日；戈尔巴乔夫在苏共第十九次代表会议上的报告，《真理报》1988 年 6 月 29 日；戈尔巴乔夫在联合国大会上的讲话，《真理报》1988 年 12 月 8 日。

② 1989 年 11 月发生的捷克斯洛伐克分裂为捷克与斯洛伐克两个独立国家的历史事件，广义上则是指没有经过大规模的暴力冲突就实现了政治制度更迭。"颜色革命"就属于广义的"天鹅绒革命"。

③ 冯绍雷：《原苏东、南欧、拉美与东亚国家转型的比较研究》，《世界政治与经济》2004 年第 8 期。

教条主义、"左"的僵化理论所束缚，后是由于戈尔巴乔夫转而奉行右的、反社会主义的思潮而最终把改革搞成了离经叛道。2018年12月18日，在庆祝改革开放40周年大会上，习近平总书记系统总结了改革开放积累的宝贵经验，其中重要一条就是"必须坚持马克思主义指导地位，不断推进实践基础上的理论创新"。

2. 改革是对旧体制的一场革命，但这种变革是"扬弃"，而非全盘否定过去。但戈尔巴乔夫却在经济改革没有取得成效的情况下走上了绝对否定原有体制的道路，进而全盘否定了苏共和苏联人民几十年艰苦卓绝奋斗的历史。习近平总书记明确指出："不能用改革开放后的历史时期否定改革开放前的历史时期，也不能用改革开放前的历史时期否定改革开放后的历史时期。"① 这是总结社会主义改革史上的经验教训得出的科学结论。

3. 改革必须立足本国国情，不能盲目照抄照搬别国模式。从东欧情况看，苏联模式在东欧是移植过来，所以，抗争而不是建设成了这些国家发展过程中或明或暗的主线。从苏联情况看，其在改革后期简单片面地模仿西方模式，进而使自身改革陷入危机，这样的教训是惨痛的。正如习近平总书记所讲："我们要虚心学习借鉴人类社会创造的一切文明成果，但我们不能数典忘祖，不能照抄照搬别国的发展模式，也绝不会接受任何外国颐指气使的说教。"②

4. 改革是一项复杂的系统性工程，涉及政治、经济、文化、社会诸领域，因此必须有坚强的领导力量和正确的方向。一是在改革中要有党的坚强领导；二是在加强党的领导同时也必须不断加强党的建设，尤其是防止党的蜕化变质。苏共长期僵化、不思进取且腐败严重，行动上则是故步自封，不求变革。结果，群众对党的领导的厌恶达到了极点。

---

① 《习近平谈治国理政》第一卷，外文出版社2018年版，第23页。
② 《习近平谈治国理政》第一卷，外文出版社2018年版，第30页。

"1991 年 8 月 23 日，当叶利钦宣布禁止苏共活动的禁令后，立即有成千上万的人跑到苏共办公大楼前的广场上，把办公大楼围得水泄不通。这些人不是来保护共产党的，而是对共产党的干部进行侮辱、唾骂和围攻。……中止苏共活动后，全国没有一次罢工或游行提出保卫苏共的口号，更没有一次为要求保留党而举行的罢工或游行活动。这说明党丧失了威信，人民不再尊重它。"① 这只能用人心向背来解释。正如习近平总书记所讲："一个政党，一个政权，其前途和命运最终取决于人心向背。如果我们脱离群众、失去人民拥护和支持，最终也会走向失败。"② 这是真正的马克思主义的人民立场，这也是我们的改革之所以能够得到绝大多数人民群众支持和拥护的根本原因。

---

① ［苏］罗伊·麦德维杰夫：《苏联的最后一年》，王晓玉、姚强译，社会科学文献出版社 2005 年版，第 174 页。

② 《习近平谈治国理政》第一卷，外文出版社 2018 年版，第 15—16 页。

第 八 讲
苏东剧变及其历史教训

　　1991 年 12 月 25 日，苏联历史上唯一的总统米哈伊尔·戈尔巴乔夫面对电视镜头发表题为"告苏联公民书"的辞职演说："亲爱的同胞们：鉴于独立国家联合体成立后的情况，我终止自己以苏联总统身份进行的活动。我作出这个决定，是出于原则性的考虑的。……"在戈尔巴乔夫宣布辞去苏维埃社会主义共和国联盟总统职务后，19 时 32 分，莫斯科红场克里姆林宫上空飘扬了 69 年的镰刀铁锤图案的苏联国旗在寒风中悄然降下，随即一面白蓝红的俄罗斯三色旗冉冉升起。俄国家议会将国名从俄罗斯苏维埃社会主义共和国改为俄罗斯，简称俄国。1991 年 12 月 26 日上午，苏联最高苏维埃共和国院举行最后一次会议，通过一项宣言，宣布苏联停止存在。至此，"苏维埃社会主义共和国联盟"，这个辉煌了几十年的名字黯然退出历史舞台，令全世界震惊！

　　在地球的另一端美国，1992 年 1 月 28 日，美国总统老布什在众议院发表他就任以来第三次国情咨文，声称：今年，共产主义衰落了，在上帝的保佑下，美国取得了冷战的胜利，几分钟后他强调：冷战不是结束了，而是我们赢了。① 随即现场爆发出雷鸣般的掌声。

　　1989—1991 年底，短短的两三年间，东欧的波兰、匈牙利、捷克

---

　　① ［美］沙希利·浦洛基：《大国的崩溃：苏联解体的台前幕后》，宋虹译，四川人民出版社 2017 年版，第 358 页。

斯洛伐克、民主德国、保加利亚、罗马尼亚、南斯拉夫等社会主义国家的执政党相继倒台、政权更替，社会主义制度被放弃。由于是在很短的时间之内发生的剧烈变动，这也被称为"东欧剧变"。此事件与社会主义苏联解体、有着90多年历史的苏联共产党瓦解这一重大历史过程被并称为"苏东剧变"。

这一系列事件速度之快、发生的规模范围之大，不仅使得世界社会主义运动受到巨大冲击，而且使得世界形势和国际格局也随之出现了重大改变。苏东剧变至今已经30年了。考察这一事件发生的历史过程，分析其原因和条件，总结其在社会主义发展史上的历史教训，具有深刻的理论和现实意义。

一、波兰：苏东剧变的第一块"多米诺骨牌"

第二次世界大战后，东欧被划为苏联的势力范围，波兰，作为东欧国家在苏联的指导下建立起的社会主义政权，开始全面向苏联老大哥学习。国民经济全盘公有制，优先发展重工业，尤其是不允许宗教正常活动，软禁天主教最高领袖红衣大主教，在全国90%的人口都信仰天主教的国家里，这种做法埋下了动乱的隐患。1978年，罗马的梵蒂冈教廷为罗马天主教立了一位新教皇约翰·保罗二世，这是第一位波兰人教皇。当他还没有成为教皇的时候，就已被波兰政府视为"致命的反共分子"。政府曾三次逮捕他，指控他发表煽动性叛国言论。波兰主教当选罗马教皇第一年定下的主要目标就是去波兰访问。1979年保罗二世在访问波兰的9天里，至少有一千万人前来觐见他和听他讲话，余下来的二千五百万人民中的大多数人在电视中观看了他在波兰胜利巡行的盛况，拥塞在大街小巷的男男女女情不自禁地痛哭流涕。

（一）"独立自治团结工会"正式成立

1980 年，由于政府集中力量发展重工业，民生经济缺乏正常的资金与资源，经济日益萧条，波兰人民生活很艰难，怨气很重，尤其是食品奇缺。政府采取的措施是上调物价，这引起了人民强烈的不满。1980 年 7 月，卢布林等地发生了罢工，并波及华沙等主要城市。8 月 14 日，波兰当时最大的国有企业格但斯克列宁造船厂工人举行罢工，成立罢工委员会，选举瓦文萨为主席。16 日，格但斯克数十个工厂在列宁造船厂成立了"厂际罢工委员会"，两天后 156 个工厂加入了该委员会。声势浩大的罢工浪潮席卷全国。在教皇支持下，波兰的主教们公开要求"给予工人组织和自治组织以独立权利"。这种情况下，政府选择了谈判。在瓦文萨为首的罢工代表要求下，政府同意罢工是工人合法权利的要求，工人有自由组织工会的权利，提高工人工资和福利待遇；罢工代表则承认波兰统一工人党的领导地位，不组建新政党。工人代表承诺不参与政治，只管工资够不够用；不跟统一工人党争，只跟官方工会争。

双方签订格但斯克协议后，9 月，"独立自治团结工会"正式成立，并成为工人合法组织，瓦文萨被选为工会主席。11 月，团结工会正式获得注册，成为合法的独立工会。到 1980 年底，团结工会的会员已达到 1000 万人，团结工会会员占波兰总人口的 1/4 多，占波兰工人的约 80%，官方通讯社波通社承认"团结工会是一支非常重要的社会力量，他在职工中深得人心"，至于官方的工会，则基本没人理会。在如此迅速壮大的情况下，团结工会开始了乘胜追击，一系列的罢工在团结工会的领导下不断冒出，波兰领导人盖莱克被迫下台。1981 年 9 月，团结工会召开了第一届代表大会，提出了自由选举、实行议会制和多党制、言论和出版自由等政治要求。

（二）适得其反的军事管制

团结工会的"嚣张气焰"让苏联及其他东欧国家非常愤怒，纷纷批评波兰政府的软弱妥协行径。在苏联的干预下，1981 年 10 月，雅鲁泽尔斯基成为波兰的新领导人。1981 年 12 月，一身军装的雅鲁泽尔斯基在电视上宣布波兰进入"战时状态"，成立由他任主席的"救国军事委员会"，国家实行军事管制，限制一切宪法允许的言论、结社、出版、集会和示威游行等公民的自由权利。团结工会和其他一些反对派组织被取缔，瓦文萨等反对派领导人遭逮捕。约 5000 名团结工会的支持者也遭到逮捕，团结工会进入了地下活动。

1983 年 6 月，教皇约翰·保罗二世再次访问军管下的波兰。教皇在弥撒中向听众表明，组织工会的权利是人们固有的，是上帝给的。军事管制导致西方国家一致谴责波兰政府，并对波兰实行了经济制裁，这让波兰政府雪上加霜。1982 年 11 月，政府被迫释放了瓦文萨；1983 年 7 月，军事管制停止，国家渐渐恢复常态。此时依旧不合法的团结工会开始公开活动了，但西方制裁则仍在继续。1988 年，面临经济持续恶化的政府只能再次宣布提高物价。政府鉴于 8 年前那场提价引发罢工风潮的教训，这次在提价的同时也承诺在工资上给予补贴。这引起物价与工资轮番上涨，结果导致恶性循环。当年 4 月起，罢工风潮再起，5 月，团结工会发动了一次全国性工潮，要求恢复自己的合法地位。

（三）弄巧成拙的"圆桌会议"

在汹涌而来的罢工大潮中，波兰政府没敢再尝试采取军管的老做法，而是希望用全民公决来赢得政府的公信力。但全民公决的结果是人民不信任政府的改革措施。10 月，团结工会领导人瓦文萨与官方工会领导人举行电视辩论，瓦文萨在辩论中完全占据上风。1988 年 12 月、

1989 年 1 月，波兰执政党统一工人党十届十中全会分两阶段召开，雅鲁泽尔斯基在会上谈到，统一工人党的任务是"非斯大林化"并实现全国政治力量的和解。所以，他认为必须采取对话的措施来解决目前的危机。大会终于通过了对雅鲁泽尔斯基的信任表决，同意实现三权分立，统一工人党主动放弃取代国家政权机构的做法；有条件地承认团结工会。1989 年 2 月，波兰来自各党派、官方工会、团结工会、教会以及其他"建设性反对派"组织的 57 名代表在政府大楼举行"圆桌会议"①。经过 2 个月的谈判，政府同意团结工会重新合法化，各派同意在 6 月举行议会大选。在大选中，团结工会大获全胜，执政党则一败涂地。新产生的议会虽然选举雅鲁泽尔斯基为总统，但其得票数仅比法定数目多一票。雅鲁泽尔斯基提名团结工会成员马佐维茨基担任总理，在内阁的 23 个成员中，统一工人党仅仅占到 4 人。至此，东欧第一个由非共产党人领导的、共产党人占少数的政府产生了。同时，西方国家宣布结束对波兰的制裁，并对波兰提供巨额贷款。1989 年 12 月，议会通过了决议，取消了宪法中统一工人党领导地位的条款，并将国名由波兰人民共和国改为波兰共和国。作为东欧剧变的第一国，波兰的政治变化引发了其他东欧国家的连锁反应。

二、苏联崩塌：苏东剧变的"多米诺"主牌阵

20 世纪五六十年代以来，第三次科技革命如火如荼，资本主义世界获得了新的发展动力，以美国、日本和西欧为主的资本主义经济发展经历了一个黄金时期。与此对比，冷战背景下的苏联政治经济体制和社会管理模式日益凝固僵化，积弊甚多，虽几度改革，但收效甚微。到了

---

① 5 世纪，英国国王亚瑟在与他的骑士们共商国是时，大家围坐在一张圆形的桌子周围，骑士和君主之间不排位次。这种平等、对话的协商会议被后人称为"圆桌会议"。

20 世纪 80 年代中期，苏联社会矛盾不断积累，严重影响了苏联的发展，苏联社会对进行经济社会领域的改革呼声日益急迫，对于苏共来说改革迫在眉睫。1985 年 3 月，被寄予改革希望的戈尔巴乔夫接任苏共中央总书记。面对积重难返的经济社会发展的体制机制弊端，上任伊始戈氏便提出"加速战略"，以期推动经济社会发展，遇到障碍后，转向政治改革，推出系统的改革指导理论——人道的民主的社会主义，即他所谓的"新思维"的改革思路。提出并强调"公开性和多元化""民主化、多党制"等口号。这些举措的初衷是针对苏联僵化的经济社会结构和日益凸显的积弊。但是它却触动了苏联国内政治、经济利益集团既得利益者的"敏感神经"，造成整个社会对旧体制的大声讨，加上舆论的推波助澜，引起了巨大的思想混乱，进而引发民族分裂和社会动荡，最终演变成国内不同利益派别的权力集团在联盟内部对国家权力的切割和疯狂争夺，剧烈的社会动荡最终导致苏共丧失执政地位，统一的苏维埃社会主义共和国联盟国家分崩离析。

（一）从"加速战略"到"休克疗法"：经济改革及其失败

为摆脱持续衰退局面，寻求经济发展的途径，戈尔巴乔夫上任不久就主持召开苏联共产党中央全会，研讨苏联亟待解决的经济发展问题。这次会议制定了以工业为主导的加速国家和社会经济发展的战略。1986年 2 月，苏联共产党召开了第 27 次代表大会，研究如何实施"加速战略"的问题。在向大会做的政治报告中，戈尔巴乔夫强调，必须建立一个完整、有效和灵活的经济体制，这样才能扭转经济生活中的不利局面，使经济发展获得应有的活力，加快苏联经济发展的速度。戈尔巴乔夫的加速发展战略客观上反映了苏联人民要求发展经济，缩小与发达国家差距，改善生活的愿望。但是，由于没有根本摆脱优先发展重工业的粗放式经济增长的老路，经济结构僵化的痼疾没有得到改善，所以改革的效果并不明显，经济发展依然缺乏活力。此后，在 1987 年先后通过了《关于根本改革经济管理的基本原则》《国营企业（联合公司）法》，并为此发布了相关 10 个配套改革文件。1988 年到 1989 年还通过了《苏联合作社法》《租赁法》等法律，试图以法律条文来保证经济改革措施的落实。由于苏联经济不是遵循客观的市场经济规律，而是主观的计划经济，再加上苏联共产党的官僚政治体制，苏联模式在方方面面都已经固化了，对它的任何变动特别是实质上的变动，都会遇到极大的障碍和阻力，因此戈氏的改革不可能取得预期的效果。戈尔巴乔夫上任前的 1981—1985 年，苏联经济年均增速为 3.2%，1986—1989 年年均增速降为 2.8%，1989 年降为 2.4%，1990 年出现了 2% 的负增长。① 加上管理失控、物价飞涨、通货膨胀等问题，引起人民群众的强烈不满，进而导致社会动荡，1989 年前七个月就有 500 多个厂矿企业先后爆发了罢工。

　　针对这种状况，苏共党内在如何推进加速发展战略和深化改革问题上产生严重分歧，戈尔巴乔夫和身为俄罗斯最高苏维埃主席的叶利钦达成原则协议，委托经济学家沙塔林院士组织制定向市场经济过度的具体计划。这个计划被称为"沙塔林计划"②，又称"500 天纲领"，即向市场经济过渡的"休克疗法"。这个计划显然是脱离苏联社会实际、急于求成的措施，因而遭到许多批评。后来戈尔巴乔夫又责成雷日科夫在沙塔林计划的基础上提出另一个方案，这个方案被称为"总统方案"。这些方案都脱离苏联实际，而且各种改革方案不断变化，相互冲突，矛盾百出，实施结果不但达不到目的，反而使得新旧问题叠加，经济发展速

---

① 《国际共产主义运动史》编写组编：《国际共产主义运动史》，人民出版社 2012 年版，第 345 页。

② 沙塔林计划，1990 年 8 月，苏联总统委员会委员，斯·谢·沙塔林起草的一份苏联向市场经济过渡的纲领（即 500 天纲领或称沙塔林纲领）。参见罗肇鸿、王怀宁主编：《资本主义大辞典》，人民出版社 1995 年版，第 172 页。

度进一步下降，社会动荡进一步加剧。

（二）从"新思维"到修改"《宪法》第 6 条"：政治改革变为政治改向

在推进改革的过程中，戈尔巴乔夫与他的改革伙伴逐步形成了一个坚定的信念：如果脱离政治改革，在经济领域就不可能出现进步的变革。他们形象的说法就是首先一定要"把苏共闹个天翻地覆"[①]，随即将改革的重点从经济领域转入政治领域。

1988 年 6—7 月，苏联共产党中央第十九次代表会议，根据戈尔巴乔夫的报告通过了《关于切实进行国家政治体制改革的若干迫切措施的决议》。决定进行以"公开性""民主化"为标志的政治体制改革。戈尔巴乔夫反复声称，苏联改革的真正目的，不仅"是要在经济、社会、政治和文化方面体现人道主义的价值"，而且要"力求使国际关系民主化和人道主义化"。戈尔巴乔夫的改革理论在《改革与新思维》一书中做了详细的阐述。[②] 他所倡导的民主化与公开性实质是指脱离马克思主义指导，脱离苏共党的领导的无区别、无界限的"广泛的、彻底的、最大限度的公开性"。在戈尔巴乔夫的默许下，主管意识形态的雅科夫列夫故意放任对舆论的监管和引导，甚至有意鼓励社会上一些势力将攻击的矛头聚焦于苏共和苏联社会的阴暗面。一批亲西方、对苏联社会不满的人逐步占据各种媒体的要职并把持舆论喉舌。如雅科夫列夫（他主管媒体）的亲信谢尔盖·扎雷金占据着《新世界》杂志，维塔

---

① ［俄］尼古拉·伊万诺维奇·雷日科夫：《大国悲剧：苏联解体的前因后果》（修订版），徐昌翰等译，新华出版社 2010 年版，第 6 页。

② 孔寒冰、项佐涛：《社会主义制度：从一国到多国的演进（1917—1991）》，北京师范大学出版社 2018 年版，第 304 页。

利·科罗季奇在《星火》杂志，叶戈尔·雅科夫列夫在《莫斯科新闻报》等。① 他们发表了大量攻击苏共、否定苏联社会主义制度和苏联历史的文章，使得苏共和苏联社会主义的形象一塌糊涂、一落千丈，在党员和人民群众中造成恶劣的影响，人们对苏共、对苏联的社会主义制度丧失了信心，造成严重的思想混乱。②

　　在"民主化与公开性"口号的蛊惑下，出现了形形色色没有取得合法地位的团体。这些团体的出现及其日益强化的政治活动，对苏联共产党构成了严峻的挑战。③ 仅在 1987 年就有 3 万个，1989 年 2 月达到 6 万个，1990 年达到 9 万个。其中大多数是有目标有组织的反共反社会主义的政治组织。在这些政治组织的策动和煽动下，各地爆发了大规模的针对苏共和苏联政府的群众抗议活动，1988 年就有 2600 次大规模群众示威活动，参加人数 1600 万，1989 年达到 5300 次群众集会，1260 万人参加，造成极大的社会动荡。④ 大量的非法组织日益强化的政治活动，对苏联共产党的执政合法性和执政地位构成了严峻的挑战。到了 1989 年 11 月 15 日，戈尔巴乔夫在全苏大学生会议上首次表示了对多党制的赞同态度，说苏联已经走上了深刻的改革之路，需要对宪法做出修改。1990 年 1 月 13 日，戈尔巴乔夫在立陶宛共产党积极分子会议上也公开声明苏联将实行多党制。⑤

　　1990 年 2 月召开的苏联共产党中央全会上，戈尔巴乔夫提出，苏

---

　　① 　［美］弗拉季斯拉夫·祖博克：《失败的帝国——从斯大林到戈尔巴乔夫》，李晓江译，社会科学文献出版社 2014 年版，第 414 页。

　　② 　《国际共产主义运动史》编写组编：《国际共产主义运动史》，人民出版社 2012 年版，第 347 页。

　　③ 　孔寒冰、项佐涛：《社会主义制度：从一国到多国的演进（1917—1991）》，北京师范大学出版社 2018 年版，第 305 页。

　　④ 　《国际共产主义运动史》编写组编：《国际共产主义运动史》，人民出版社 2012 年版，第 347 页。

　　⑤ 　孔寒冰、项佐涛：《社会主义制度：从一国到多国的演进（1917—1991）》，北京师范大学出版社 2018 年版，第 305 页。

联共产党应当放弃法律上和政治上的某种优越地位，应当在严格限制的民主程序中通过竞争争得执政党地位。全会经过激烈的讨论，通过了行动纲领草案《走向人道的、民主的社会主义》。这份纲领草案提出，苏联共产党是一个自治的社会政治团体，是一个选择了社会主义的政党，其理想是人道的、民主的社会主义。必须从根本上改变苏联共产党在社会中的地位，摆脱政治垄断。苏联共产党将在民主进程的范围内推行自己的政策，放弃任何法律和政治上的优先权。1990年3月，苏联第三次非常人民代表大会把苏联《宪法》第6条关于苏联共产党领导作用的条文"苏联共产党是苏联社会的领导力量和指导力量，苏联共产党是苏联社会政治制度以及国家和社会组织的核心"，改为"苏联共产党、其他政治组织以及工会、共青团，其他社会团体和群众运动通过自己选入人民代表苏维埃的代表并以其他形式参加制定苏维埃国家的政策，管理国家和社会事务"；将第51条所规定的"为了适应共产主义建设的目标，苏联公民结成有助于发挥其政治积极性、满足他们各种利益的社会团体"一条，改为"苏联公民有权结成政党、社会团体、参加有助于发挥政治积极性和主动性、满足他们各种利益要求的群众运动"。①

在此基础之上，1990年7月，苏联共产党召开了第28次代表大会，通过了新的《苏共党章》和《走向人道的、民主的社会主义》纲领性声明。政治上提出民主通过的法律至上、各政党组织在宪法范围内自由竞争、实行直接的普选制、三权分立之外，这次大会还对苏联共产党进行了如下的"改革"：一是在考虑到各社会集团利益的基础上制定社会主义改革以及社会经济、政治等方面的纲领和政策；二是提倡全人类的利益和普遍的道德观念；三是放弃一切国家职能并取消在军队、国家安

---

① 孔寒冰、项佐涛：《社会主义制度：从一国到多国的演进（1917—1991）》，北京师范大学出版社2018年版，第306页。

全系统和国家机关中的基层组织；四是不再干预国家机关干部的任免。10 月，苏联最高苏维埃又通过了《苏联社会联合组织法》和《苏联社会联合组织生效法》，进一步明确了多党制的法律原则。① 苏联共产党由此四分五裂。不仅著名的政治家和社会活动家，而且几百万普通党员也公开宣布退出苏共。仅从 1990 年 1 月到 1991 年 6 月，苏共党员人数就减少了 400 万名——从 1900 万减少到 1500 万。② 至此，苏共的执政地位在法理上基本丧失。接着就是苏共高层出现分裂。到 1991 年的夏天，苏共内部形成了几个相互区别很大的政治和思想派别。③ 由于对苏共 28 大的决议存在分歧，在大会上，苏共中央委员、俄罗斯联邦最高苏维埃主席叶利钦宣布退出苏共，"民主纲领派"等 20 多人也在大会上宣布与苏共"决裂"。

在苏共的政治地位发生变化的同时，苏联的最高权力结构也发生了变化。1988 年苏维埃第 12 次会议通过了《关于修改和补充苏联宪法（根本法）的法律》，对苏维埃体制做了重大修改。根据新宪法规定，苏联最高权力机关体制，由苏联人民代表大会、苏联最高苏维埃、苏联最高苏维埃主席团和苏联最高苏维埃主席团主席四级组成。由人民代表大会代替了最高苏维埃，成为国家的最高权力机关，而最高苏维埃则成了人民代表大会的常设立法、发布命令和监督的机构。④

1990 年的二月全会上，戈尔巴乔夫首次提出设立总统制的建议。之后不久由他主持的苏联最高苏维埃主席团会议一致赞同实行总统制。

---

① 孔寒冰、项佐涛：《社会主义制度：从一国到多国的演进（1917—1991）》，北京师范大学出版社 2018 年版，第 306 页。

② ［俄］罗伊·麦德维杰夫：《苏联的最后一年》（典藏版），王晓玉、姚强译，社会科学文献出版社 2013 年版，第 55 页。

③ ［俄］罗伊·麦德维杰夫：《苏联的最后一年》（典藏版），王晓玉、姚强译，社会科学文献出版社 2013 年版，第 55 页。

④ 孔寒冰、项佐涛：《社会主义制度：从一国到多国的演进（1917—1991）》，北京师范大学出版社 2018 年版，第 307 页。

3月12日至15日苏联第三次非常人民代表大会召开，大会以1817票赞成、133票反对、61票弃权通过了《关于设立总统职位和苏联宪法（根本法）修改补充法》。这次非常代表大会还通过了在这次大会上选举苏联总统的议案，代表大会以1702票赞同、156票反对、36票弃权确认了戈尔巴乔夫为第一任苏联总统候选人的资格。14日深夜，出席大会的人民代表进行了选举苏联总统的秘密投票，戈尔巴乔夫以1329票赞成、495票反对、313票弃权或无效当选为苏联历史上第一位总统。

（三）从"波罗的海三国"到俄罗斯：民族分裂主义从爆发到失控

苏联是由15个加盟共和国组成的联邦制国家，理论上，各加盟共和国都是拥有主权的独立国家，可以自由退出和加入苏联，但实际上苏联是凌驾于各加盟共和国之上的真正主权国家，加盟共和国的主权只不过是虚的名头。

自苏共28大通过的《走向人道的、民主的社会主义》纲领性声明和《苏共新党章》，戈尔巴乔夫的改革的政治路线就偏离和抛弃了马克思主义的指导思想，紧接着是改变了国家政体，而多党制又改变了苏共在苏联的政治领导地位，"重建苏维埃"和实施总统制改变了国家权力的重心，使得苏共的执政地位发生根本转移。联盟大厦的支柱和平衡重心发生动摇并在实际上发生位移，整个联盟大厦也摇摇欲坠。

联盟的动摇最先是由波罗的海三国闹独立开始的。爱沙尼亚、拉脱维亚和立陶宛这三国借助"苏德条约"签订48周年之际，举行游行示威，抗议条约关于这三个国家加入苏联的决定，并借机闹独立分裂联盟。从1987年8月，开始闹独立，到1990年达到高潮。1989年8月，三国的民族主义组织——人民阵线在立陶宛和爱沙尼亚共产党的支持下，联合举行了更大规模的行动。200多万人在15分钟的时间内手拉手形成了 600 多公里的"人链"，高呼着"俄罗斯人从波罗的海滚出去"的口号，这次行动被称为"波罗的海之路"。① 1990 年 2 月，立陶宛共产党宣布独立于苏共；3 月，爱沙尼亚共产党宣布独立；4 月，拉脱维亚共产党宣布独立，建立独立的党组织，不再受苏联共产党控制。紧接着是三国宣布国家独立。立陶宛于 3 月首次进行了自由选举，结果是产生了苏联境内第一个非共产党人控制的最高苏维埃。第二天，新的最高苏维埃正式宣布立陶宛独立，并且改国名、换国徽和变国旗。爱沙尼亚最高苏维埃也于 3 月通过了向独立过渡的宣言。拉脱维亚最高苏维埃于 5 月通过了关于恢复该共和国独立的宣言。

在中央和地方苏共的领导地位也进一步削弱。首先在苏共中央政治局、中央书记处职能的弱化。苏共中央下设的 23 个部全都被取消。在地方选举中，许多地方党组织也纷纷败北。在莫斯科和列宁格勒两个主要城市的苏维埃选举中，苏共的主要反对派获胜。之后，波罗的海三国，摩尔多瓦、乌克兰西部、格鲁吉亚等地，共产党的领导权落入分离主义派别手中。②

外高加索的亚美尼亚和阿塞拜疆两个加盟共和国之间的领土纠纷由来已久，随着国内政治经济局势的动荡日益严重并升级为武装冲突。这两个共和国之间的矛盾主要是由纳戈尔诺-卡拉巴赫（简称"纳卡"）自治州的归属问题引起的。面积约 4400 平方千米的纳卡自治州位于阿塞拜疆境内，人口有 18 万多，其中 80% 左右是亚美尼亚族，其余的是阿塞拜疆族和格鲁吉亚族。1921 年成立自治州以前，纳卡地区曾属亚美尼亚。阿塞拜疆人是穆斯林，信奉伊斯兰教，而亚美尼亚人和格鲁吉

---

① 孔寒冰、项佐涛：《社会主义制度：从一国到多国的演进（1917—1991）》，北京师范大学出版社 2018 年版，第 310 页。

② 《国际共产主义运动史》编写组编：《国际共产主义运动史》，人民出版社 2012 年版，第 348 页。

亚人信奉基督教。因此，占人口大多数的亚美尼亚族一直要求脱离阿塞拜疆的管辖，提出将该州划归亚美尼亚，但阿塞拜疆坚决反对。1988年2月，纳卡州人民代表苏维埃自行通过决议，要求并入亚美尼亚，引起阿塞拜疆族的激烈反对，随即发生两族之间的流血冲突，而且越来越激烈，到1989年底，双方动用了现代化的武器展开激战，范围也向周边地区扩展。

（四）从"8·19事件"到"别洛韦日密谋"：权力争斗与联盟解体

苏联共产党第十九次会议确立了人民代表苏维埃制度后，叶利钦辞去了国家建设委员会第一副主席的职务，参加竞选人民代表。在1990年3月26日的选举投票中，叶利钦以89.6%的绝对多数票当选为苏联第一届人民代表大会代表。在5月25日开幕的苏联第一届人民代表大会上，叶利钦又当选为最高苏维埃代表。在5月举行的俄罗斯联邦第一届人民代表大会上，叶利钦当选俄罗斯联邦最高苏维埃主席。他在当选后的记者招待会上说，俄罗斯联邦也应当实行总统制。在叶利钦的推动下，1991年3月在俄罗斯联邦实行总统制，得到了全民的公决确认。6月，叶利钦以57.3%的得票率当选为俄罗斯联邦的第一任总统。[1]

1990年6月，俄罗斯联邦人民代表大会通过了主权宣言，规定俄罗斯联邦宪法和法律在其全境居于首要地位。俄罗斯的这种做法不仅拆掉了苏联的主要支柱，而且在其他加盟共和国中引起多米诺骨牌效应。乌兹别克斯坦和摩尔多瓦于1990年2月20日、乌克兰于7月16日、白俄罗斯于7月27日、土库曼斯坦和塔吉克斯坦于8月23日、哈萨克斯坦于10月25日、吉尔吉斯斯坦于12月12日发表了独立宣言。

---

① 孔寒冰、项佐涛：《社会主义制度：从一国到多国的演进（1917—1991）》，北京师范大学出版社2018年版，第312页。

为了挽救苏联，1990年6月12日，戈尔巴乔夫在联邦委员会上提出用"社会主义主权国家联盟"取代苏联，正式提出了缔结新联盟条约的问题。

根据1991年1月14日苏联最高苏维埃的决定，3月17日全苏就是否保存苏联进行了全民公决，有80%的公民参加了投票，结果是76.4%的投票者赞成保留苏联。[①] 参加投票的有俄罗斯联邦、乌克兰、白俄罗斯、乌兹别克斯坦、阿塞拜疆、吉尔吉斯斯坦、塔吉克斯坦和土库曼斯坦等9个共和国。格鲁吉亚、拉脱维亚、立陶宛、摩尔多瓦、亚美尼亚、爱沙尼亚，6个共和国没有参加这次公决。

全民公决与一般的民意测验的区别在于它具有强制的政治威力，意味着苏联现政权可以采取一切必要措施保留苏联，避免联盟分裂。但是，戈尔巴乔夫没有采取任何保留苏联的措施，就连最小的象征性的措施也没有。就在3月17日苏联全民公决这天，俄罗斯通过全民投票的方式也将设立总统一职，俄罗斯总统在俄罗斯境内的权力超过苏联总统。[②]

面对这种局势，戈尔巴乔夫不顾1991年全民公决的结果，于4月3日会同俄罗斯联邦、乌克兰、白俄罗斯、乌兹别克斯坦、哈萨克斯坦、阿塞拜疆、塔吉克斯坦、吉尔吉斯斯坦、土库曼斯坦9个加盟共和国总统举行了"9+1"会晤，决定于8月20日签订取消"社会主义"的《苏维埃主权共和国联盟》的新联盟条约。这实际上是一个更加松散的联邦，这种情况下社会主义的苏联事实上就不复存在了。

为阻止联盟解体，1991年8月19日，副总统亚纳耶夫等部分苏联

---

① 孔寒冰、项佐涛：《社会主义制度：从一国到多国的演进（1917—1991）》，北京师范大学出版社2018年版，第313页。

② ［俄］罗伊·麦德维杰夫：《苏联的最后一年》（典藏版），王晓玉、姚强译，社会科学文献出版社2013年版，第35页。

高层领导，借戈尔巴乔夫到福罗斯别墅度假之机，制造了震惊世界的"8·19事件"，成立"紧急状态委员会"，宣布代行总统的最高权力，在全国实行"紧急状态"并采取进一步措施力图控制局势。但是，最终"事件"以失败告终。对紧急状态委员会的做法反应最强烈的是叶利钦。叶利钦1991年8月18日晚从阿拉木图飞回莫斯科，次日中午，叶利钦举行了记者招待会并且宣读了《告俄罗斯公民书》，宣布国家紧急状态委员会是"非法的"，是"右派反宪法的反动政变"①。

"8·19"政变失败后，叶利钦在8月22—25日间先后签署命令，宣布苏军中的共产党组织非法，暂停《真理报》《苏维埃俄罗斯报》等6份苏联共产党中央的出版物，查封苏联共产党中央大楼，其财产由俄罗斯总统办公厅接收。接着，苏联各加盟共和国纷纷宣布独立，到1991年10月底，除了俄罗斯联邦和哈萨克斯坦还保持着苏联的主权国家的地位之外，其余13个国家都宣布独立。

戈尔巴乔夫从度假别墅回到莫斯科，21日发表声明，责备苏联共产党中央及其政治局、书记处没有坚决地反对政变，不仅自己宣布辞去苏联共产党中央总书记的职务，而且要求苏联共产党中央自行解散，各共和国的地方党组织则自行决定自己的前途。次日，苏联共产党中央书记处被迫发表声明，宣布接受自动解散苏联共产党中央的决定。

12月8日，俄罗斯联邦、乌克兰、白俄罗斯三个加盟共和国的领导人在白俄罗斯的别洛韦日森林秘密召开会议，决定摆脱戈尔巴乔夫和联盟，宣布苏联作为一个"地缘政治体停止存在"。12月21日，以叶利钦为代表的苏联原11个主权共和国领导人在哈萨克斯坦首都阿拉木图签署议定书，决定创建"独立国家联合体"，以代替苏联。12月25日，戈尔巴乔发表电视讲话，宣布辞去苏联总统职务，苏联最终解体。

---

① 孔寒冰、项佐涛：《社会主义制度：从一国到多国的演进（1917—1991）》，北京师范大学出版社2018年版，第314页。

三、"多米诺骨牌"连锁反应：
东欧剧变的基本过程

20世纪80年代末90年代初，东欧各国都相继发生了急剧的社会变革。同以往社会变革不同，这次社会变革以其程度之剧烈、速度之快而前所未有，像多米诺骨牌一样经历了执政党下台，社会主义制度改变。东欧各国社会的剧烈变革不是偶然发生的，而是有着非常复杂的内外动因的。

（一）罗马尼亚：社会矛盾"厚积薄发"导致武力剧变

20世纪80年代末期，面对苏联和东欧其他国家的变化，齐奥塞斯库拒绝改革，反而更加坚持僵化的体制，强化专制统治，反对引入市场经济和实行政治多元化。一触即发的矛盾和问题被人为地压制并积累起来，最终以突发的形式表现出来。1989年12月16日，罗马尼亚西部城市发生百万民众抗议政府强行驱逐持不同政见者和匈牙利族新教神父拉斯洛-托克什的"蒂米什瓦拉事件"，这一事件的火苗迅速蔓延全国，其他城市接连发生示威游行。在日益激烈的全国性抗议声中，独断专横的齐奥塞斯库政权土崩瓦解，齐奥塞斯库本人及其妻子也于12月25日被处决。罗马尼亚临时政府"救国阵线委员会"接管政权，颁布的新纲领宣布，罗马尼亚"放弃一党领导作用，建立多元化的民主政体"，"实行多党制""自由选举"和实行"三权分立"。1990年5月，罗马尼亚救国阵线在大选中上台，新政府宣布与社会主义分道扬镳。

（二）匈牙利：反对派就在党内——社会主义工人党内部分裂

匈牙利的反对派出在党内。1988年，由于对改革的主张不一致，卡达尔被解除总书记职务，格罗斯当选总书记，波日高伊、涅尔什进入政治局，他们主张实行西方的多党制、三权分立的议会民主制。此后，党内反对派进入最高层，党代会通过了政治多元化的决议，社会主义工人党走向分裂。1989年2月的中央全会上，通过了实行多党制的决议。同年6月，匈牙利工人党召开由反对派参加的"民族圆桌会议"，决定取消宪法中关于工人党的领导地位、国家的社会主义性质等条款。先后有12万人退党，占党员总数的14%。10月，匈牙利社会主义工人党召开十四大，把党改名为社会党，放弃马克思主义的指导原则，以民主社会主义作为党的奋斗目标。12月17日重新召开十四大，宣布建立新的社会主义工人党（后更名为"匈牙利工人党"），18日通过了宪法修正案，取消了马克思主义政党领导作用的条款。从1988—1990年，匈牙利"和平地"实现了政权更迭。

（三）捷克斯洛伐克的"天鹅绒革命"

捷克斯洛伐克的剧变介于波兰和匈牙利之间，执政的共产党在反对派的紧逼下步步后退，直至失去政权，在反对派"街头政治"的全面胜利中改旗易帜，自身也演变成为社会民主党。以"七七宪章"① 运动为代表的反对派组织要求为"布拉格之春"平反，他们建立组织，创办报纸刊物，并不断掀起抗议浪潮向捷共和政府施压。以"七七宪章"等12个反对派组织建立了"公民论坛"，组成全国委员会，开展大规模的群众游行示威活动，提出为"布拉格之春"平反、追究镇压者的责任、捷共领导人下台等政治要求。在反对派的不断煽动下，社会动乱

---

① "七七宪章"运动是由捷克斯洛伐克国内持不同政见者，以维护"人权"和"公民自由"为名，在1977年1月1日发表《七七宪章声明》，开展反对政府活动而得名。后遭政府镇压，许多成员逃亡国外。苏联的"民主化""公开性"改革，鼓舞了捷克反对派，1987年开始转为公开活动。

不断升级，出现严重无政府状态。持续的危机动乱，致使捷共党内的斗争激烈起来，11 月 24 日的捷共非常会议上，捷共领导层被迫集体辞职。

1989 年 12 月 20—21 日，捷共召开非常代表大会，正式为"布拉格之春"平反，通过实现民主社会主义的纲领，联邦议会批准修改宪法，取消了捷共领导地位的条文。12 月 29 日，联邦议会选举"公民论坛"领导人哈韦尔为共和国总统。至此，捷共不仅改变了性质，失去了政权，而且最终被取缔。1990 年 3 月，捷克斯洛伐克联邦议会将国名改为捷克斯洛伐克联邦共和国，一个月后又改为捷克和斯洛伐克联邦共和国；1993 年 1 月 1 日，和平分出捷克共和国和斯洛伐克共和国。

（四）保加利亚：民族问题"祸起萧墙"

受东欧其他国家剧变的影响，1989 年起保加利亚也卷入了剧变的旋涡之中。导火线是 1989 年 6 月开始的境内土耳其人外逃。20 世纪 70 年代，保加利亚政府实行强制同化土耳其族的政策，引起土耳其族人的极大不满。1989 年 5 月，保加利亚宣布开放边界，大量土耳其族人出走，引发了保加利亚各种潜在的社会矛盾激化，民族危机逐渐演化成为政治危机，社会动荡加剧。

1989 年 10 月下旬，欧洲环保会议在保加利亚首都索非亚召开。西方国家公开表示，希望保加利亚加入"东欧改革俱乐部"，成为"多米诺骨牌效应的下一张牌"。这促使保加利亚国内持不同政见的人发起并建立了"生态公开性""支持工会""争取人权独立协会"等反对派组织，不断地举行示威活动。内外压力下，日夫科夫被迫辞职，姆拉德洛夫接任保共总书记。1990 年 1 月底 2 月初举行保共第十四次特别代表大会，通过了《保加利亚民主社会主义宣言》和新党章，宣布"发展政治多元化和多党制""建立民主的社会主义"，放弃了宪法对共产党在社会生活中的领导作用的规定及对政权的垄断，取消了保共是无产阶级先锋队和社会的领导力等条文。4月初，保共改名为保加利亚社会党。在6月举行的大选中，保加利亚社会党获得胜利，姆拉德洛夫出任总统，卢卡诺夫则任社会党政府总理。但在反对派的压力下，社会党人先后放弃了总统职位和组阁权，成为在野党。以卢卡诺夫为总理的社会党政府也仅存在了70天，在来自议会和街头两方面压力的夹击下垮台了。

（五）阿尔巴尼亚：极左到极右，改革的突然转向导致垮台

阿尔巴尼亚是东欧最封闭的国家。长期以来，阿尔巴尼亚一直固守斯大林模式，自称是"世界上唯一真正的社会主义国家"，其实是搞"贫穷社会主义"的典型。面对东欧剧变，阿尔巴尼亚劳动党开始试图顶住压力。党的总书记阿利雅在1989年9月提出了"四不原则"和"三不让步"。前者是指，永不允许为私有制和资本主义剥削开辟道路，永不允许削弱人民政权和无产阶级专政，永不削弱和放弃党的领导作用，永不允许损害国家的自由、独立与主权。后者则指，不应在任何领域向资产阶级思想让步，不应向宗教势力让步，不应向错误表现让步。但是，1990年7月发生大批公民外逃事件后，国内外压力加大，阿尔巴尼亚劳动党开始妥协退让，同意实行多党制和议会民主制。1991年3月，阿尔巴尼亚劳动党在第一次议会自由选举中获得多数议席。迫于反对派民主党的压力，议会决定取消国名中的"社会主义"和"人民"两个定语。阿尔巴尼亚国家和政权的性质都发生了根本性的变化。6月举行的阿劳动党第十次代表大会决定将党更名为社会党，宣布"遵循民主社会主义道路"。[1]

---

① 孔寒冰、项佐涛：《社会主义制度：从一国到多国的演进（1917—1991）》，北京师范大学出版社2018年版，第343—344页。

（六）民主德国的"墙倒众人推"："柏林墙"倒塌，外部压力促变

民主德国在外部的压力下演变。受国际形势和东欧其他国家的影响，从1988年起民主德国开始发生社会动荡并且逐渐波及政坛。1月，100多名教徒在柏林参加纪念卢森堡和李卜克内西活动时打出标语示威，要求出境自由。2月，德累斯顿市也有200多人要求出境。3月，东德发生多起公民驾车或乘热气球强行越过柏林墙的事件。这种情况下，民主德国政府放宽了政策，决定从1989年1月1日起，公民在提出申请并得到有关部门审批后，就可以到联邦德国和其他西方国家旅行。由此，民主德国的政局也开始动荡。

1988年9月19日，反对派组织"新论坛"成立。它的主要目的就是推动民主德国进行像波兰和匈牙利那样的政治改革，结束统一社会党大权独揽的局面，在民主德国建设另外一种社会主义。面对危急的政治局势，德国统一社会党开始做出让步，如以人道主义考虑为借口允许一批公民出境。"新论坛"不断地组织群众与当局对抗，在几个大城市组织了大规模游行示威，要求改善生活状况、实行新闻自由、发扬社会主义民主、进行社会主义改革、取消干部特权，并提出来明确的政治纲领。1989年10月，戈尔巴乔夫在民主德国40周年国庆讲话中一方面宣扬"民主化、公开性、多元化"的政治改革，一方面对德国统一社会党施压。10月17日，昂纳克被迫辞职，克伦茨接任总书记。11月8—10日，德国统一社会党召开十一届十中全会，中央政治局集体辞职。11月9日，隔离东西德28年的"柏林墙"被拆除，两德边界全部开放，两天内400万人涌入联邦德国，民主德国阵脚大乱。[1] 1990年10

---

[1] 《国际共产主义运动史》编写组编：《国际共产主义运动史》，人民出版社2012年版，第354页。

月 3 日，民主德国正式并入联邦德国，民主德国 41 年的历史终结。

（七）南斯拉夫：风雨飘摇中"四分五裂"

南斯拉夫作为一个多民族的联邦国家，它的剧变除了具有东欧其他国家的共性之外，还有自己的特点，那就是国家在血雨腥风中四分五裂。铁托去世以后，随着南斯拉夫国内经济、政治和社会危机的加剧，反对派组织开始出现，同时也有人抛出多党制的主张。在波兰、匈牙利、民主德国、捷克斯洛伐克等国剧变的影响下，西方施压和国内反对派公开挑战的形势下，南共联盟在 1990 年召开第十四次代表大会，试图寻找摆脱危机的良方。党内出现重大政治分歧，与会者经过反复争执之后，决定在南斯拉夫实行多党制，将南共联盟改造成为社会民主党。会后，斯洛文尼亚共盟宣布独立并且改名为斯洛文尼亚共盟—民主复兴党，克罗地亚共盟和马其顿共盟也相继改名。南共联盟实际上分裂为 6 个共和国组织。5 月 26 日，南共联盟宣布解散，各共和国联盟又陆续改名为"社会民主党""社会党"和"民主改革党"等。

南共联盟的解体使南斯拉夫丧失了凝聚力，各共和国要求脱离联邦的倾向加剧，各种民族主义势力乘机抬头。在 1990 年 4—5 月各共和国举行的首次多党制大选中，除黑山和塞尔维亚的共盟获得胜利外，其余各共和国的共盟均失去执政党的地位。由此，斯洛文尼亚、克罗地亚、马其顿先后于 1991 年下半年宣布独立，塞尔维亚和黑山则于 1992 年 4 月成立南斯拉夫联盟共和国。民族分立主义浪潮的冲击使得南斯拉夫社会主义联邦共和国土崩瓦解，分裂成波斯尼亚和黑塞哥维那（波黑）、斯洛文尼亚、克罗地亚、马其顿、南斯拉夫联盟五个独立国家，其中波黑还陷入了长期内战的深渊。[1]

---

[1] 孔寒冰、项佐涛：《社会主义制度：从一国到多国的演进（1917—1991）》，北京师范大学出版社 2018 年版，第 341—342 页。

四、苏东剧变的原因和教训

苏东剧变绝对不简单意味着一个超级大国苏联的轰然倒塌，更是长达70多年的苏联式的社会主义和东欧一批社会主义实验的失败，它给我们提供了极为深刻的历史教训。

（一）放弃了马克思主义的指导，解除了精神和思想武装。苏东剧变的原因很多，首要的就是放弃了马克思主义的指导，在思想上和精神上自废武功，执政的共产党工人党自动解除了思想武装。戈尔巴乔夫明确提出必须从经济基础到上层建筑根本改造整个社会大厦，后来直接提出"炸毁"这座大厦。他所提出的所谓"人道的民主的社会主义"，其要害就是抛弃马克思主义的指导地位，放弃了科学社会主义的基本原则。宣扬民主化、公开性、多元化，鼓吹全人类的利益高于阶级利益，反对阶级斗争和无产阶级专政。不仅自我解除了思想武装，也解除了反对错误思想的道义基础，更使得广大党员和干部失去了辨别大是大非的能力，使得反动势力得以展开思想理论攻击，改革变成了改向，实质上是把改革变成瓜分利益的权力游戏。在戈尔巴乔夫和苏共的纵容下，波兰、匈牙利、捷克斯洛伐克、民主德国、保加利亚、罗马尼亚、南斯拉夫和阿尔巴尼亚等东欧国家的共产党工人党也先后宣布放弃马克思主义，转而奉行民主社会主义，甚至全盘接受西方资产阶级的政治理念。

这个教训告诉我们，马克思主义是无产阶级求得自身解放和全人类解放的根本思想武器，是社会主义事业的理论基础，是社会主义联盟国家的灵魂，没有了灵魂，国家就只是个无脑的躯体。因此，放弃了马克思主义的指导，否定了科学社会主义的基本原则，改革必然会背离社会主义方向。只有始终不渝地坚持马克思主义，把马克思主义作为行动指南，而不是一成不变的教条，并在实践中不断丰富发展，才能不断走向胜利。

（二）改革中放弃了共产党工人党的领导地位，使得改革变成改向。苏东剧变和这些国家执政的共产党工人党放弃领导地位、自废"武功"有直接关系。共产党是苏联的唯一执政党，按照苏联宪法，共产党是苏联社会的"领导者和指导性力量"，苏共不仅是普通的执政党，还是苏联这个国家的缔造者，正是依靠苏共创始人和理论家的思想方针建立和巩固起来的联盟国家。这个国家能联合在一起并不是依靠民族命运和传统的共性，而是依靠统一的意识形态。在此情况下，苏共的机构不可避免地成为统治国家的国家机构，也就是说是国家的承重机构，即"承重墙"，党的威信的下降必然导致承重能力的减弱，它必然难以承受原有的和不断增加的新负荷。[①]

戈尔巴乔夫执政初期还表示要坚持共产党的领导。但是，自从经济改革受挫之后的 1987 年，他就将阻碍改革的矛头指向了共产党，直到最后否定共产党的领导地位。1988 年 6 月苏共第十九次代表会议上，戈尔巴乔夫提出要进行政治体制改革，实行政治多元化，建立多党制。由此，整个社会掀起一股反共反社会主义的思潮，社会上出现了层出不穷的反共组织，严重动摇了苏共的思想基础和社会基础。1990 年 7 月，苏共 28 大建议修改宪法，通过对《宪法》第六条的修改，删除了共产党领导地位的规定。这就彻底地挖去了苏共在整个苏联社会主义的权力根基，尤其是他又将权力的重心由苏共中央转移到了人民代表和最高苏维埃，使得苏联社会主义大厦的重心根本位移并动摇，解体就是迟早的事了，就势不可当了。东欧的一些国家也是在苏共的影响下放弃共产党的领导地位的，在与反对派较量中主动或被动缴械投降的。波兰统一工人党在十中全会上通过了"政治多元化与工会多元化"的建议，有条

[①] ［俄］罗伊·麦德维杰夫：《苏联的最后一年》（全本），童师群、王晓玉、姚强译，社会科学文献出版社 2010 年版，第 646 页。

件地承认了被一度取消的团结工会。后来决定与团结工会举行圆桌会议，在谈判中波兰共产党放弃了领导地位，允许反对派参政，最终导致团结工会上台。匈牙利国会 1989 年通过宪法修正案，取消了马克思主义政党领导地位的条款。保加利亚、阿尔巴尼亚等都是采取了相似的举措，在多元化政治的游戏中自动垮台的。

放弃共产党的领导地位的教训说明，无产阶级政党作为工人阶级的先锋队，必须始终保持着社会主义革命和建设的领导核心，坚持无产阶级政党的领导是社会主义建设和改革胜利的根本保证。共产党的领导是社会主义最本质的特征，这是马克思主义的基本原理在当今时代的最新理论成果，放弃共产党的领导必然造成各种反马克思主义思潮的猖獗，必然动摇社会主义制度的根本原则，所有的改革就必然变成改向、改制，社会主义事业必然被葬送。

（三）涣散了党的各级组织，党的领导失去了组织基础。苏东剧变的发生都与这些国家执政党的各级组织机构不作为、乱作为有直接关系。党员群众不关心党的存亡，党员干部离心离德，甚至有些党组织和党员公开支持反对派，更有甚者，有的党的高级干部也支持反对派。戈尔巴乔夫一开始改革时提出的民主是有条件的民主化，到 1988 年他所要的是无条件的民主化，1990 年提出"重新认识民主集中制"，在上下级关系中推行党组织的自愿原则，在中央和地方的关系上，加盟共和国如果不同意苏共中央的决议，可以不执行。这就完全削弱了党的集中统一领导，破坏了党的组织原则：民主集中制。从解体的基本过程看，苏联解体、苏共瓦解，就是从一些加盟共和国的党中央声明脱离苏共，一些加盟共和国政府宣布脱离联盟开始的。

戈尔巴乔夫奉行极端民主化的组织路线，但在干部政策上，却实行个人专断，一方面大力扶持亲信，另一方面以不适应改革为借口极力排斥异己。在他执政的几年里，苏共中央书记处成员、党中央各部部长和苏联部长会议主席的成员几乎全部被更换，叶利钦、雅科夫列夫、雷日科夫、利加乔夫进入高层关键位置。极端民主化路线使得苏共党内以叶利钦为首的激进民主派在思想上组织上分裂党的活动肆无忌惮地公开进行，却得不到苏共中央的有效制止。许多人成为推动苏共瓦解、苏联解体的中坚力量。同时，极端民主化路线也造成中央与基层组织的联系日益松散，基层组织涣散，广大党员干部离心离德，大批党员退党，在1989年到1991年几年时间里，大约300万到400万党员退党，多数基层组织解散或停止活动。

与苏共的情况差不多，东欧各国也程度不同地出现基层组织涣散的问题。南斯拉夫长期实行自治社会主义，地方的权力比较大，南共中央的领导说轻点就是相对较弱，实质上几乎是放任不管。20世纪80年代末，受苏共新思维改革的影响，南斯拉夫地方分立主义势力兴起并坐大，最终导致南共停止活动，联盟解体。

苏东剧变的教训说明，无产阶级政党必须有坚强统一的各级组织，特别是基层组织。党的基层组织是党的全部战斗力的基础，是党的生命力的源泉。习近平总书记指出：基础不牢，地动山摇。要加强基层组织建设，坚持民主集中制，只有如此才能保持党的凝聚力和战斗力，保持党的生机活力。党的领导权必须始终掌握在忠诚于马克思主义、忠诚于党和人民的人手里。

（四）放松甚至放弃了对新闻舆论的领导权，任凭舆论"狂轰滥炸"。苏联东欧各国共产党放松对舆论的领导权，改革过程中放任各种反党反社会主义的势力和其他势力占领舆论阵地，是苏东剧变的重要原因。

戈尔巴乔夫倡导公开性运动，而且主动放弃对舆论的领导权。1989年12月，苏联国家教育委员会颁布命令，全部取消大学和其他高校学生必须学习的马列主义课程；1990年，戈尔巴乔夫批准《新闻出版法》，宣布新闻自由，不允许垄断任何一种舆论工具。这样做的结果是各种反共反社会主义、攻击谩骂社会主义制度、揭露历史的阴暗面的言论纷纷出笼，反思历史成为一种"时髦"。十月革命的"暴力和罪恶"、苏共是历史的"罪人"、社会主义是"万恶之源"等言论在社会上造成极大的心理困惑和震撼，严重动摇了苏共和社会主义的思想政治基础，在思想上打开了瓦解苏共和苏联的闸门。

东欧各国也是在公开性的推动下，苏联的历史"旧账"被重新翻出来，导致东欧与苏联的国家关系愈加复杂化，苏联党和国家在东欧国家的形象受到严重损害，同时也极大地影响了东欧国家在人民心目中的形象，导致民众不满情绪日益增长。

苏东剧变的教训说明，舆论导向多么重要，尤其是在今天的新媒体互联网时代，信息传播速度超出人们的想象。正确的舆论导向能团结民众，能统一思想，维护生活稳定。相反，错误的舆论导向会搞乱思想，引发信任危机，给敌对势力以可乘之机。

（五）放任西方敌对势力的演变和颠覆，不断妥协退让。苏东剧变得以发生的一个重要的外部原因就是，这些国家的党和政府没有采取有效措施抵制和反对西方和平演变及其"西化分化"战略。戈尔巴乔夫提出"新思维"改革战略后，西方加紧对苏联和东欧的和平演变和思想文化渗透，既利用经济援助，又利用"人权外交"扶持政治反对派。戈尔巴乔夫认为，苏联社会主义和民主资本主义在全球是相互依存的。在雷克雅未克峰会失败后。他认为重新赢得西欧各国领导人、受过教育的精英以及大众的同情至关重要，允许著名异见分子结束流放。停止对英国广播公司、"美国之音"和西德的"德国之声"的无线电干扰。①为了博得"民主派""改革派"的名号，一味地迎合西方对苏联公然的

---

① ［美］弗拉季斯拉夫·祖博克：《失败的帝国——从斯大林到戈尔巴乔夫》，李晓江译，社会科学文献出版社 2014 年版，第 410 页。

颠覆和分化图谋,在战略上进行收缩。比如,在阿富汗问题上主张向美国退让;放弃在意识形态上的斗争来谋求所谓和平,开放禁书 7930 种,同时拨款 400 万卢布,进口 20 种西方国家报刊。① 在苏共的压力下,东欧国家波兰、匈牙利等国执政的共产党和工人党也采取了放任妥协政策。以放弃意识形态领域斗争来谋求和平,实际上是在西方的大举进攻面前自动解除武装,这就极大地助长了国内反对势力的气焰,使得反对势力内外勾结、相互呼应,加速了苏联东欧的剧变。

以铜为镜,可以正衣冠;以古为镜,可以知兴替;以人为镜,可以明得失。苏联的倒台,对中国共产党来说,是一面镜子,更是前车之鉴。苏东剧变留给了我们太多的历史教训,必须警钟长鸣!

---

① 《国际共产主义运动史》编写组编:《国际共产主义运动史》,人民出版社 2012 年版,第 363 页。

第 九 讲

中国共产党对社会主义
建设道路的艰辛探索

习近平总书记指出："我们党领导人民进行社会主义建设，有改革开放前和改革开放后两个历史时期，这是两个相互联系又有重大区别的时期，但本质上都是我们党领导人民进行社会主义建设的实践探索。"[①] 1956 年中国社会主义制度建立后，以毛泽东同志为核心的中国共产党第一代中央领导集体为寻找一条有别于苏联模式、适合中国情况的社会主义建设道路，进行了 20 年前无古人、披荆斩棘的艰辛探索，取得了许多有价值的重要理论和实践成果，也经历了严重曲折。所有这一切，都为我们党在十一届三中全会后继续探索并成功开创中国特色社会主义新道路提供了宝贵经验、理论准备、物质基础。

一、以苏为戒，"努力找到中国建设
社会主义的具体道路"

1956 年这一年，以基本完成对生产资料私有制的社会主义改造，建立起社会主义基本制度，进入全面建设社会主义新时期而载入党和国家的史册。社会主义制度的建立，是我们党继领导建立新中国后在 20

---

① 习近平：《关于坚持和发展中国特色社会主义的几个问题》，《求是》2019 年第 7 期。

世纪实现的中国社会第二次历史性巨大变化，对此，全党全国人民精神振奋，急切地想做出一番新的伟大事业。党的主要任务，不再是进行阶级斗争、政治革命，而是要"革技术的命，叫技术革命，叫文化革命，要搞科学，要革愚蠢同无知的命"①。我们的目标，"要在几十年内，努力改变我国在经济上和科学文化上的落后状况，迅速达到世界上的先进水平"②。但是，对于在中国这样一个贫穷落后、人口众多的国家怎样进行社会主义经济、政治、文化等建设，达到以上目标，却是全党面临的一个经验不多、知识甚少的新课题。

新中国建立初期一段时间，我们党提出了以苏联为榜样的号召。在进行社会主义改造和实施第一个五年计划的过程中，我们以苏联模式为蓝本，逐步建立了以高度集中为特征的中国社会主义的政治、经济体制。这种体制的主要特点是政治上高度集权，经济上实行高度集中的计划经济，所有制上搞单一的公有制等。在我国经济恢复和发展的过程中，苏联模式曾发挥了积极的作用，但也存在严重弊端。

对于这个时期照抄照搬苏联模式的做法，毛泽东认为，应采取辩证分析的态度。第一，"抄"还是必要的，"解放后，三年恢复时期，对搞建设，我们是懵懵懂懂的。接着搞第一个五年计划，对建设还是懵懵懂懂的"③，"因为我们不懂，完全没有经验，横竖自己不晓得，只好搬"④，"只得照抄苏联，特别是在重工业方面，几乎一切都抄苏联"⑤。

① 中共中央文献研究室编：《毛泽东传（1949—1976）》（上），中央文献出版社2003年版，第469页。
② 中共中央文献研究室编：《毛泽东传（1949—1976）》（上），中央文献出版社2003年版，第470页。
③ 《毛泽东文集》第八卷，人民出版社1999年版，第117页。
④ 中共中央文献研究室编：《毛泽东传（1949—1976）》（上），中央文献出版社2003年版，第791页。
⑤ 中共中央文献研究室编：《建国以来重要文献选编》第十五册，中央文献出版社1997年版，第131页。

第二，毛泽东又对"抄"不满意，认为"一切都抄苏联"，"缺乏创造性，缺乏独立自主的能力"，"总觉得不满意，心情不舒畅"①，"不应当是长久之计"。②特别是苏联一些不好的经验，被我们"抄"过来之后，产生了许多弊病，影响了我国建设。这样，当1956年我国三大改造即将胜利在握、社会主义制度即将建立的时候，毛泽东便将自己的注意力逐渐由社会主义改造转移到社会主义建设上来，开始以更多的精力研究社会主义经济问题，希望在斯大林模式之外，另辟蹊径，探索出一条适合中国情况的社会主义建设道路来。

对在中国怎样建设社会主义，从马列主义的书本上找不到现成的答案，照抄照搬苏联模式又不符合中国国情，更不可能凭主观去想象，中国自己的社会主义建设道路只能在实践探索中逐步解决，只能通过深入的调查研究、从对国情的深刻认识和把握中研究解决。1956年1月中旬，毛泽东从杭州回到北京不久，从薄一波那里听说刘少奇正在听取国务院一些部委汇报工作，立刻引起他的兴趣。他对薄一波说："这很好，我也想听听。你能不能替我也组织一些部门汇报？"③

刘少奇召集国务院各部门汇报工作，是从1955年12月7日开始的，是为起草中共八大政治报告做准备的。毛泽东的调查，既是为八大做准备，同时又超出了这个范围，提出一些对社会主义建设有长远指导意义的思想。被称为探索适合中国情况的建设社会主义道路的开篇之作的《论十大关系》，就是这次调查的直接成果。毛泽东后来回忆说："那个十大关系怎么出来的呢？我在北京经过一个半月，每天谈一个部，找了三十四个部的同志谈话，逐渐形成了那个十条。如果没有那些

---

① 《毛泽东文集》第八卷，人民出版社1999年版，第117页。

② 中共中央文献研究室编：《建国以来重要文献选编》第十五册，中央文献出版社1997年版，第131页。

③ 中共中央文献研究室编：《毛泽东传（1949—1976）》（上），中央文献出版社2003年版，第470—471页。

人谈话，那个十大关系怎么会形成呢？不可能形成。"①

毛泽东的调查研究，从 1956 年 2 月 14 日开始到 4 月 24 日结束，毛泽东在两个多月时间里先后听取了国务院 35 个部门的汇报以及国家计委关于第二个五年计划的汇报，实际听汇报的时间为 43 天。毛泽东这次听取汇报，是在极为紧张疲劳的状态下进行的，用他自己的话说，几乎每天都是"床上地下，地下床上"。一起床，就开始听汇报。每次都长达四五个小时。周恩来除个别时候因事请假外，每次都来参加听汇报。刘少奇、陈云、邓小平有时也来参加。各部事先把汇报写成书面材料送给毛泽东。毛泽东听口头汇报时，不断插话，提出问题，为了听汇报，他还不得不改变长期养成的夜间工作的习惯。

在听取汇报的这段时间里，毛泽东还同时做了另一件重要而紧迫的工作，就是研究和思考由苏共二十大特别是赫鲁晓夫秘密报告引发的国际共运重大问题。苏共二十大于 1956 年 2 月 14 日开始在莫斯科召开。会议即将结束时，2 月 24 日夜至 25 日晨，苏共中央总书记赫鲁晓夫突然召集与会苏共代表，作了长达四个半小时的秘密报告，题为《关于个人崇拜及其后果》。报告集中揭露和批判了斯大林所犯的一系列严重错误，包括违背民主集中制原则搞个人崇拜，肃反扩大化，在反法西斯的卫国战争前夕对德国的进攻丧失警惕，在国内民族问题上的错误处置，以及在对待南斯拉夫问题上的错误态度等，触及了 20 世纪 30 年代以来苏联党和国家政治生活中的深层次问题。但是，这些揭露和批判，过分追究个人品质和个人责任，对斯大林这样一位国际共产主义运动的重要历史人物几乎全盘否定，并促发了波兰和匈牙利事件。毛泽东对苏共二十大揭露和批评斯大林，一则以喜，一则以忧。喜的是揭开了对斯

---

① 中共中央文献研究室编：《毛泽东传（1949—1976）》（上），中央文献出版社 2003 年版，第 471 页。

大林神化的盖子，破除了迷信，解放了思想，犹如"一场解放战争"，使大家都敢讲话、都能想问题了；忧的是赫鲁晓夫批判斯大林，过分追究个人品质和个人责任，对斯大林采取"一棍子打死"的做法，由此带来一系列严重后果。美国等西方国家即利用这个秘密报告在全世界掀起了一股反苏反共潮流。

为了向全世界表明中国共产党在斯大林评价问题上的基本立场和态度，在继续听取各部门汇报的同时，毛泽东从 3 月 12 日起把更多的注意力转到苏共二十大的问题上，或召集会议，或进行个别谈话，讨论和研究苏共二十大和斯大林问题，主持发表了《关于无产阶级专政的历史经验》一文，分析了斯大林犯错误的原因，阐述了对国际共产主义运动中所发生错误应采取的正确态度，总结了中国共产党从中应吸取的教训，明确表示："最重要的是要独立思考，把马列主义的基本原理同中国革命和建设的具体实际相结合。民主革命时期，我们吃了大亏之后才成功地实现了这种结合，取得了新民主主义革命的胜利。现在是社会主义革命和建设时期，我们要进行第二次结合，找出在中国怎样建设社会主义的道路。"中国的社会主义建设"应该从各方面考虑如何按照中国的情况办事，不要再像过去那样迷信了"，"要努力找到中国建设社会主义的具体道路"①。

在听取汇报即将结束和讨论研究苏共二十大的过程中，毛泽东思考不断深化，并着手理论概括工作。4 月 25 日，毛泽东主持召开中央政治局扩大会议，首次发表《论十大关系》讲话。5 月 2 日，在最高国务会议上，毛泽东又对十大关系作了进一步阐述。

《论十大关系》开篇即提出："特别值得注意的是，最近苏联方面暴露了他们在建设社会主义过程中的一些缺点和错误，他们走过的弯

---

①　吴冷西：《忆毛主席——我亲身经历的若干重大历史事件片断》，新华出版社 1995 年版，第 9、10 页。

路，你还想走？过去我们就是鉴于他们的经验教训，少走了一些弯路，现在当然更要引以为戒。"根据中国情况探索中国自己的社会主义道路，"以苏为戒"，是贯穿《论十大关系》的基本思想。"在十大关系中，工业和农业，沿海和内地，中央和地方，国家、集体和个人，国防建设和经济建设，这五条是主要的。"①《论十大关系》确定的基本方针，就是"努力把党内党外、国内国外的一切积极的因素，直接的、间接的积极因素，全部调动起来，把我国建设成为一个强大的社会主义国家"。《论十大关系》的发表，表明党和毛泽东对中国社会主义建设道路的探索有了一个初步的又比较系统的思路。1958 年 3 月，毛泽东在成都会议上说："一九五六年四月的《论十大关系》，开始提出我们自己的建设路线，原则和苏联相同，但方法有所不同，有我们自己的一套内容。"②《论十大关系》以苏联为鉴戒，从总结中国建设经验方面，《关于无产阶级专政的历史经验》则结合中国实际，从总结国际经验方面，为中共八大召开做了思想理论上的重要准备。

1956 年 9 月 15 日，中国共产党第八次全国代表大会在全国政协礼堂隆重开幕。刘少奇代表中央委员会作政治报告，周恩来作关于发展国民经济的第二个五年计划的建议的报告，邓小平作关于修改党章的报告。毛泽东在大会开幕词中开宗明义指出："我们这次大会的任务是：总结从七次大会以来的经验，团结全党，团结国内外一切可能团结的力量，为了建设一个伟大的社会主义的中国而奋斗。"

党的八大正确分析国内形势和国内主要矛盾的变化，明确规定了党和全国人民在新形势下的主要任务。大会宣布：我国无产阶级同资产阶级之间的矛盾已经基本上解决，几千年来的阶级剥削制度的历史已经基

---

① 中共中央文献研究室编：《毛泽东传（1949—1976）》（上），中央文献出版社 2003 年版，第 483、484 页。

② 《毛泽东文集》第七卷，人民出版社 1999 年版，第 369—370 页。

本上结束，社会主义的社会制度在我国已经基本上建立起来。我国"国内的主要矛盾，已经是人民对于建立先进的工业国的要求同落后的农业国的现实之间的矛盾，已经是人民对于经济文化迅速发展的需要同当前经济文化不能满足人民需要的状况之间的矛盾"。"党和全国人民的当前的主要任务，就是要集中力量来解决这个矛盾，把我国尽快地从落后的农业国变为先进的工业国。"又说："由于社会主义革命已经基本上完成，国家的主要任务已经由解放生产力变为保护和发展生产力"。党的八大坚持了1956年5月党中央提出的既反保守又反冒进，即在综合平衡中稳步前进的经济建设方针。周恩来在报告中提出四条重要意见：应根据需要和可能，合理地规定国民经济的发展速度，把计划放在既积极又稳妥可靠的基础上，以保证国民经济比较均衡地发展；重点建设与全面安排相结合；增加后备力量，健全物资储备制度；正确处理经济与财政的关系。大会还提出在三个五年计划或者再多一点的时间内，在我国建成一个基本上完整的工业体系的战略设想。这是党为全国人民描绘的社会主义发展的宏伟蓝图。

党的八大还着重提出了执政党的建设问题。邓小平在大会上作的《关于修改党的章程的报告》，一方面突出地提出反对党内主观主义、宗派主义、官僚主义，批评那种脱离实际、脱离群众的思想作风；另一方面，根据苏联社会主义建设的经验教训，强调坚持民主集中制和集体领导制度，反对个人崇拜，反对突出个人，反对对个人歌功颂德。党章增加了"中央委员会认为有必要的时候，可以设立中央委员会名誉主席一人"一款。这是因为这年夏天毛泽东已向中央提出，他准备在适当的时候不当党的主席。毛泽东还提出不再担任下届国家主席，并且建议修改宪法，规定国家主席、副主席连选只得连任一届。这些设想是酝酿废除实际存在的领导干部职务终身制的重要探索。

党的八大是一次解放思想、民主开放的大会。大会的进程、大会的主报告和代表们的发言，通过新闻媒体的迅速传播，为全党和全国人民所了解。整个会议期间，共有68人在大会上作了发言，有45人作了书面发言。陈云在发言中提出了"三个主体，三个补充"的思想，即以国家经营和集体经营、计划生产、国家市场三者为主体，以个体经营、自由生产、自由市场三者作为补充，为大会决议所采纳。董必武着重谈了有法可依、有法必依的问题。代表们的发言体现了党的八大在怎样建设社会主义这个问题上所取得的探索成果。

党的八大制定的路线是正确的，提出的许多新方针和新设想是富于创造精神的，对于党的事业发展有长远的重要意义。

《论十大关系》讲话的发表、党的八大的成功召开，标志着党对中国社会主义建设道路的探索开局良好。八大以后，党沿着正确道路进一步探索。在当时的经济生活中，自由市场活跃，个体工商户明显增长，出现了人们称之为"地下工厂"的较大的手工业个体户和手工工场，还出现了"地下商店"。如何对待社会主义改造后出现的这类事物？1956年12月7日，在同黄炎培、陈叔通等人谈话时，毛泽东第一次明确提出了"可以消灭了资本主义，又搞资本主义"的思想，指出："上海的地下工厂同合营企业是对立物，因为社会有需要，就发展起来。要使它成为地上，合法化，可以雇工。现在做衣服要三个月，合作工厂做的衣服裤腿一长一短，扣子没眼，质量差。最好开私营工厂，同地上的作对，还可以开夫妻店，请工也可以。这叫新经济政策。……还可以考虑，只要社会需要，地下工厂还可以增加。可以开私营大厂，订个协议，十年、二十年不没收。华侨投资的，二十年、一百年不要没收。可以开投资公司，还本付息。可以搞国营，也可以搞私营。可以消灭了资本主义，又搞资本主义。"[1] 刘少奇对毛泽东的思想作了进一步的发挥，

---

[1] 《毛泽东文集》第七卷，人民出版社1999年版，第170页。

他说：有一些资本家，他们每年分的定息很多，有分到百把万元、几百万元的，一家子一年用不了这么多钱。如果资本家要盖工厂，是否可以准许他盖呢？可以的。我们国家有百分之九十几的社会主义，有百分之几的资本主义，我看也不怕。有这么一点资本主义，一条是它可以作为社会主义经济的补充，另一条是它可以在某些方面同社会主义经济作比较。周恩来提出，主流是社会主义，小的给些自由，这样可以帮助社会主义的发展。这是对党的八大确定的"三个主体，三个补充"政策的新发展。

党的八大以后，党对农业集体经济的内部关系也作了调整。1957年9月，中央先后作出了三个关于整顿和巩固农业生产合作社的指示，提出：调整社队规模，一般一村一社，作为基本生产单位的生产队以20户左右为宜；社对队实行"包工、包产、包财务"，超产提成，减产扣分，深远山区也可以包产到组、到户；队对组实行按片按季包工到组，田间零活包工到户；大活集体干、小活分开干。这是朝向实行农业生产责任制的重要尝试。从1956年到1957年上半年，四川、安徽、浙江、广东等地农村出现了包产到户的生产经营方式。党的八大以后，党中央还进行了以简政放权为内容的经济管理体制改革。

二、探索中国社会主义建设道路经历严重曲折

邓小平指出：从"一九五七年开始，我们犯了'左'的错误，政治上的'左'导致一九五八年经济上搞'大跃进'，使生产遭到很大破坏，人民生活很困难。"① 邓小平所说的政治上的"左"，是从1957年夏全党整风转向、反右派斗争严重扩大化开始的。

---

① 《邓小平文选》第三卷，人民出版社1993年版，第227页。

1956 年被毛泽东称为"多事之秋"。苏共二十大后，1956 年 6 月，波兰西部的波兹南地区发生由于工人的某些要求没有得到满足而引起的流血冲突，波兰局势陷入持续动荡。10 月下旬，匈牙利首都布达佩斯又发生大规模骚乱，匈牙利各地发生多起捕杀共产党人事件，反社会主义势力嚣张。波匈事件发生后，帝国主义乘机掀起反苏反共反社会主义的浪潮。波匈事件对中国也产生了影响。

20 世纪 50 年代中期的中国，正处在历史大转折时期。大规模的急风暴雨式的阶级斗争基本结束了，敌我矛盾、阶级剥削与被剥削的矛盾基本解决了，但人民内部矛盾却大量地显露出来，开始成为我国政治生活中的一个突出特点。从 1956 年下半年起，我国一些地区接连出现了严重的不安定形势。据统计，在 1956 年 9 月后的半年时间里，全国城乡发生数十起罢工、请愿事件，每起事件少则数十人，多则一二百人甚至近千人；在农村，夏收以来也连续发生多起闹社的风潮，如浙江省农村发生请愿上访、哄抢公物、殴打干部等事件 1100 多起，广东省农村到年底先后闹退社的有 7 万余户等。发生的这些事件的原因，绝大多数是因为领导机关的严重官僚主义，事件的性质显然属于人民内部矛盾。但是，当时各地的许多干部党员却认为，"好人不闹事，闹事没好人"，"凡是与政府闹事的就是敌我矛盾"。基于这样的认识，他们对群众的闹事，一是"怕"；二是"简单处理"，即采取压制和压服的办法，动辄批判、开除，甚至动用武力。用简单粗暴手段处理人民内部矛盾的做法不但未能解决问题，反而激化了矛盾。1956 年 11 月，在党的八届二中全会上，毛泽东尖锐地指出："现在，有这样一些人，好像得了天下，就高枕无忧，可以横行霸道了。这样的人，群众反对他，打石头，打锄头，我看是该当"①。又说："现在我们有些同志，对待人民内部问

---

① 华宸编著：《擎天柱：人民的领袖毛泽东（1949—1976）》，人民出版社 2015 年版，第 135 页。

题动不动就想'武力解决'，这是非常危险的，必须坚决纠正的"①。对少数人闹事的原因，毛泽东认为，主要是"由于领导上存在着官僚主义和主观主义""工作方法不对"以及"反革命分子和坏分子的存在"，归根到底属于社会主义社会敌我矛盾和人民内部矛盾的反映，大量属于人民内部矛盾。毛泽东提出："凡是人民内部的事情，党内的事情，都要用整风的方法，用批评和自我批评的方法来解决，而不是用武力来解决。"②

根据党的八大的部署，为了在全党开展好整风，1957 年 2 月 27 日，毛泽东在最高国务会议上以《如何处理人民内部的矛盾》为题发表讲话③，讲话围绕着正确处理人民内部矛盾这个总题目，就社会主义社会是否存在矛盾、矛盾的性质以及处理矛盾的方法等问题，创造性地提出了一系列认识和处理社会主义条件下矛盾问题的正确方针。一是揭示了社会主义社会的基本矛盾及其性质、特点和运动规律。毛泽东指出：矛盾普遍存在，社会主义社会仍然充满着矛盾，其基本矛盾仍然是生产关系和生产力、上层建筑和经济基础之间的矛盾，正是这些矛盾推动着社会主义社会向前发展。二是提出了两类不同性质的矛盾及其区分和处理的正确方法。毛泽东认为，社会主义国家政治生活中存在着两类不同性质的矛盾。敌我之间的矛盾是对抗性的矛盾，必须用强制、专政的方法去解决，而人民内部矛盾则是非对抗性的矛盾，只能用民主的、说服教育的、"团结—批评—团结"的方法去解决。三是提出正确处理人民内部矛盾是社会主义国家政治生活的主题。社会主义社会的政治性矛盾虽然分为两类，但在社会主义改造完成后，革命时期的大规模的急风暴雨

---

①　薄一波：《若干重大决策与事件的回顾》（下卷），中共中央党校出版社 1993 年版，第 571 页。

②　毛泽东在党的八届二中全会上的讲话记录，1956 年 11 月 15 日。

③　这个讲话后来经过整理并作了若干修改与补充，以《关于正确处理人民内部矛盾的问题》为题，在 1957 年 6 月 19 日《人民日报》上公开发表。

式的群众阶级斗争基本结束，剥削阶级作为一个完整的阶级已经被消灭，大量突出的是人民内部矛盾，而且愈益上升为主导地位。四是阐明了正确处理人民内部矛盾的一系列具体方针和政策。比如，在经济工作方面，提出要"统筹兼顾，适当安排"；在分配方面，要兼顾国家、集体和劳动者个人三者的利益；在科学文化方面，要坚持"百花齐放，百家争鸣"；在共产党与民主党派关系方面，要实行"长期共存，相互监督"方针；在处理民族关系上，既要反对大汉族主义，又要反对地方民族主义；等等。毛泽东提出这些方针和政策的着眼点，是调动一切积极因素，团结一切可以团结的人，并尽可能化消极因素为积极因素，为社会主义这一伟大事业服务。这个讲话为全党整风做了重要准备。

1957 年 4 月下旬，中共中央正式发出《关于整风运动的指示》，确定整风的主要内容是"反官僚主义、反宗派主义、反主观主义"。整风开始后，群众提出的意见绝大部分是正确的、有益的，是有利于改进党的领导的。但是，随着整风的迅猛展开，也出现了极少数人乘机向党和新生的社会主义制度发动进攻的情况。一些尖锐言论的出现，引起了党的高度警觉，并被看成是一个危险的政治信号。6 月，中央发出组织力量反击右派分子进攻的指示，大规模的反右派斗争随之展开。对极少数反党反社会主义的言行进行及时反击和批判，是必要的。但在处理这个问题的时候，由于党对当时阶级斗争和右派进攻的形势作了过于严重的估计，对反右派斗争的猛烈发展未能谨慎掌握和引导，使得反右派斗争严重扩大化了，一批知识分子、爱国人士和党内干部被错划为右派分子，造成了不幸后果。

1957 年，党的八届三中全会提出"无产阶级和资产阶级的矛盾，社会主义道路和资本主义道路的矛盾，毫无疑问，这是当前我国社会的主要矛盾"的判断，两个阶级、两条道路的矛盾被作为中国社会主要矛盾重新强调，表明党在指导思想上开始出现"左"的偏差。经过反右派斗争，党中央认为，政治思想战线上的社会主义革命已取得伟大胜利，广大人民群众热情高涨，因此经济建设也应该搞得更快一些。在这个判断下，党的八届三中全会还同时改变了中共八大确认的在经济建设上既反保守又反冒进的方针，这次全会结束后不久，党中央于 1957 年 10 月 25 日公布了全会通过的《1956 年到 1967 年全国农业发展纲要（修正草案）》。10 月 27 日，《人民日报》发表题为《建设社会主义农村的伟大纲领》的社论，要求"有关农业和农村各方面的工作在十二年内都按照必要和可能，实现一个巨大的跃进"。这是党中央提出"大跃进"的先声。1957 年冬季在全国范围掀起了以兴修水利为中心的农业生产高潮，从行动上拉开了"大跃进"运动的序幕。

这个时候社会主义阵营内的赶超浪潮，也是推动我国领导人发动"大跃进"的一个重要因素。1957 年 11 月，毛泽东率中国代表团参加在莫斯科举行的各国共产党和工人党代表会议。此前不久，苏联把人类第一颗人造地球卫星送上太空。这既给全世界社会主义者以巨大鼓舞，也一度引起西方国家的震惊和危机感。莫斯科会议对国际形势作出了"社会主义在向上发展，而帝国主义却在衰退"的过于乐观的估计，一些社会主义国家在肯定和接受赶超发展战略的同时，相继提出各自的赶超目标。苏联提出要在 15 年赶上和超过美国，毛泽东提出中国在 15 年钢产量赶上或者超过英国。在中国工会第八次全国代表大会上，刘少奇代表党中央致辞，向全国人民宣布了 15 年在钢铁和其他重要工业产品的产量方面赶上或者超过英国的口号。

1958 年 1 月 1 日，《人民日报》发表题为《乘风破浪》的社论，再次提出 15 年赶超英国的目标。1958 年上半年，党中央相继召开南宁会议、成都会议等会议，为"大跃进"做了进一步准备。1958 年 5 月，党的八大二次会议正式通过"鼓足干劲，力争上游，多快好省地建设社会主义"的社会主义建设总路线，通过了 15 年赶超英国的目标，通过了"苦干三年，基本改变面貌"等口号，标志着追求高速度、超英赶美的"大跃进"运动正式发动。

"大跃进"运动在开始阶段，主要表现为农业生产上的虚报浮夸，各地竞放高产"卫星"。1958 年夏收期间，各地虚报农业亩产量，通过"并田"造假，竞放高产"卫星"。广西环江县红旗农业社"发射"的全国最大一颗水稻高产"卫星"，亩产竟报 13 万多斤。报刊舆论不断宣扬"人有多大胆，地有多大产"，批判所谓"条件论""悲观论"和"粮食增产有限论"。农业生产上盲目推行深耕密植等所谓先进经验，瞎指挥盛行一时。在农业"大跃进"的促动下，工业方面，提出"以钢为纲"的口号，要求 7 年、5 年以至 3 年内提前实现 15 年钢产量赶超英国的目标，并发动全民大炼钢铁运动。1958 年 8 月，北戴河中央政治局扩大会议正式决定 1958 年钢产量比 1957 年翻一番，达到 1070 万吨。这是一个严重脱离实际的高指标。会后，为了在余下 4 个月的时间里（前 8 个月只生产钢 400 万吨）完成钢产量翻番的任务，全国掀起大炼钢铁的群众运动。各级党委第一书记挂帅，动员 9000 多万人上山，砍树挖煤，找矿炼铁，建起几百万座小土高炉、小土焦炉，降低生产标准，用土法炼铁炼钢，甚至把家庭做饭用的铁锅和其他铁器砸碎，用作炼铁炼钢原料。同时，电力、煤炭、运输、文教等部门也掀起"全民大办"，形成所谓"以钢为纲，全面跃进"，"一马当先，万马奔腾"的局面。到 1958 年底，共生产钢 1108 万吨，合格的钢只有 800 万吨。大炼钢铁的群众运动，造成人力物力的巨大浪费、国民经济比例的严重失调以及自然资源和生态环境的严重破坏。由于大批农村劳动力被占用，当年粮食等主要农作物"丰产不丰收"，人民生活开始发生严重困难。

在发动工农业"大跃进"的同时，1958 年 8 月，北戴河中央政治局会议通过《关于在农村建立人民公社问题的决议》，全国农村一哄而起，仅用一个多月的时间，就基本实现了人民公社化。人民公社的特点是"一大二公"。所谓大，就是规模大。将原来百户的合作社合并成为四五千户以至一二万户的人民公社，一般是一乡一社，有的甚至是数乡一社。作为"共产主义试点"的河北徐水县和河南修武县成为一县一社。所谓公，就是生产资料公有化程度高。原来几十个上百个经济条件、贫富水平不同的合作社合并后，一切财产上交公社，多者不退，少者不补，在全社范围内统一核算，统一分配。社员的自留地、家畜、果树等都被收归社有。在各种"大办"中，政府和公社还经常无偿地调用生产队的土地、物资、劳动力和农民的财物。在公社范围内实行贫富拉平、平均分配，对生产队的某些财产无代价地上调。人民公社实行政社合一的体制，既是经济组织，也是政权机构；人民公社划分为若干个生产大队，生产大队又划分为若干个生产队，实行三级管理。人民公社实行供给制和工资制相结合的分配制度，社员都到公共食堂吃饭，甚至"吃饭不要钱"。有些公社提出"八包""十包"等，即社员的衣食住行、生老病死、婚丧嫁娶、教育医疗等所需费用都由公社供给。到1958年10月底，全国农村建立公共食堂265万多个，在食堂吃饭的人占农村总人口的70%至90%。在大办人民公社的高潮中，不少地方喊出了"跑步进入共产主义"的口号，急于向共产主义过渡，严重混淆了社会主义和共产主义的界限。

党和毛泽东发动"大跃进"的初衷，是希望以最快的建设速度尽快改变中国贫穷落后的面貌，使中国真正发展、强大起来。毛泽东在发动"大跃进"之时曾说过："中国经济落后，物质基础薄弱，使我们至今还处在一种被动状态，精神上感到还是受束缚，在这方面我们还没有得到解放。"① 这番话，说出了全党的共同感受，他急于改变中国贫穷落后面貌的愿望，与广大干部群众的普遍愿望也是一致的，广大干部群

---

① 《毛泽东文集》第七卷，人民出版社1999年版，第350页。

众在"大跃进"期间付出的辛勤劳动确实也取得了一部分实际成果。但是，经济建设有不以人的主观意志为转移的客观规律，生产力的发展也需要有一个长期积累过程，在"大跃进"酝酿和实施的过程中，由于党对在中国这样一个幅员辽阔、人口众多、经济文化落后的大国建设社会主义的艰巨性、复杂性、长期性估计不足，过分夸大了主观意志和主观努力的作用；由于简单搬用战争年代大搞群众运动、开展政治军事斗争的成功经验来从事社会主义经济建设，结果在实际工作中发生了严重违反自然规律、科学规律和超越历史发展阶段的诸多问题。"大跃进"和人民公社化运动高潮期间，以高指标、瞎指挥、浮夸风、"共产风"为主要标志的"左"的错误泛滥，主观主义、唯意志论盛行，给我国经济建设造成了重大损失。特别是 1959 年"反右倾"以后继续"大跃进"的错误，再加上自然灾害等因素，使我国国民经济和人民生活遭受严重困难：粮、油和蔬菜、副食品等极度缺乏，许多地方城乡居民出现了浮肿病，出生率大幅度大面积降低，死亡率显著增高，1960年全国总人口比上年大幅度减少。

"大跃进"和人民公社化运动，动机与结果相悖，是党在探索中国自己的社会主义建设道路过程中出现的一次严重挫折。"大跃进"运动的最大失误是在建设速度上急于求成，人民公社化运动的最大失误是在所有制关系上急于求纯。两者共同的教训，是限于当时对社会主义的认识，脱离了中国社会生产力发展水平的现实，违背了经济和社会发展的客观规律。其提供的教训极为深刻，需要永远记取。

三、反思与调整及探索中"左"的错误的再度发展

面对"大跃进"造成的严重困难，党和毛泽东不得不重新思考中

国社会主义建设的理论和战略问题。毛泽东是"大跃进"和人民公社化运动的积极倡导者和推动者，也是较早通过初步调查研究觉察到运动出现问题并努力加以纠正的领导人。从 1958 年 10 月中旬起，毛泽东赴河北、河南、湖北等省调查研究。1959 年 7 月，庐山中央政治局扩大会议开展"反右倾"斗争、打断纠"左"进程、继续"大跃进"造成更严重问题后，1960 年 11 月，中央发出《关于农村人民公社当前政策问题的紧急指示信》，要求全党用最大的努力来坚决纠正各种"左"的偏差。1961 年 1 月，党的八届九中全会正式决定对国民经济实行"调整、巩固、充实、提高"的方针。这两件事表明，"大跃进"战略被放弃了，代之而起的是对国民经济进行调整。

在指导经济调整的过程中，鉴于"大跃进"期间做的一些"蠢事"，毛泽东在党的八届九中全会上号召全党大兴调查研究之风，把 1961 年搞成实事求是年。会后，毛泽东、刘少奇、周恩来等中央领导人带头深入基层调查研究，领导制定各项调整政策。在此期间，毛泽东还结合"大跃进"以来急于求成的教训，对中国社会主义建设的长期性、艰巨性问题进行深入思考，郑重提出建设强大的社会主义经济，需要一百年或者更长的时间。在此之前，1959 年 12 月到 1960 年 2 月，在读苏联《政治经济学教科书》时，毛泽东还比较集中地谈论了社会主义社会的发展阶段问题，提出社会主义又可以分为"不发达"和"比较发达"两个阶段的思想。这些观点，成为十一届三中全会后我们党正确认识国情、确立社会主义初级阶段理论的重要思想来源。

对于搞社会主义建设，搞工业，毛泽东曾经很自信，认为没有什么神秘，不要把它看得那么困难。但经过"大跃进"的大挫折，他改变了看法。1961 年 8 月 23 日，在中央常委和大区负责人参加的会议上，他讲了这样一段话："我们有把握的、有成套经验的还是民主革命。民主革命搞了几十年，经过了陈独秀的错误，三次'左'倾错误，又经过了抗日战争时期的右倾错误，犯了许多错误，碰了许多钉子，最后经过了整风，才搞出了一套包括理论的和具体政策的为大家所公认的教科书。"如何搞经济建设？"现在遭了挫折和失败，碰了钉子，但还碰得不够，还要碰。再搞两三年看看能不能搞出一套来。对社会主义，我们现在有些了解，但不甚了了。我们搞社会主义是边建设边学习的。搞社会主义，才有社会主义经验，'未有先学养子而后嫁者也'。说没经验，已经搞了十二年，也有些，但也只有十二年。""搞社会主义我们没有一套，没有把握。比如工业，我就不甚了了。"①

在调整取得初步成果的基础上，1962年初，中共中央召开扩大的工作会议（七千人大会），较为系统地总结了"大跃进"以来经济建设中的经验教训。毛泽东、刘少奇等中央领导以及各省市负责人都在这次会议上作了自我批评。毛泽东说："凡是中央犯的错误，直接的归我负责，间接的我也有份，因为我是中央主席。我不是要别人推卸责任，其他一些同志也有责任，但是第一个负责的应当是我。"他还说："对于建设社会主义的规律的认识，必须有一个过程。必须从实践出发，从没有经验到有经验，从有较少的经验，到有较多的经验，从建设社会主义这个未被认识的必然王国，到逐步地克服盲目性、认识客观规律、从而获得自由，在认识上出现一个飞跃，到达自由王国。"他坦诚地说："在社会主义建设上，我们还有很大的盲目性。社会主义经济，对于我们来说，还有许多未被认识的必然王国。拿我来说，经济建设工作中间的许多问题，还不懂得。工业、商业，我就不大懂。别人比我懂，少奇同志比我懂，恩来同志比我懂，小平同志比我懂。陈云同志，特别是他，懂得较多。对于农业，我懂得一点。但是也只是比较地懂得，还是懂得不多。""我注意得较多的是制度方面的问题，生产关系方面的问

---

① 中共中央文献研究室编：《毛泽东传（1949—1976）》（下），中央文献出版社2003年版，第1168—1169页。

题。至于生产力方面，我的知识很少。社会主义建设，从我们全党来说，知识都非常不够。我们应当在今后一段时间内，积累经验，努力学习，在实践中间逐步地加深对它的认识，弄清楚它的规律。"① 七千人大会在当时历史条件下取得了重要成果。会议虽然未能从根本指导思想上清理"大跃进"和"反右倾"的错误，但对待缺点错误的比较实事求是的态度，以及发扬民主和进行自我批评的精神，给全党以鼓舞，增强了党的凝聚力，在动员全党团结奋斗战胜困难方面起了积极作用。

七千人大会后，刘少奇主持召开政治局常委扩大会议（西楼会议）和中央工作会议，对国民经济面临的困难形势作了进一步分析研判，提出了对国民经济实行"伤筋动骨"② 调整的重大措施：一是大力精减职工，减少城市人口。二是进一步压缩基本建设规模，停建缓建大批基建项目。三是进一步从人力物力财力等方面加强和支援农业。在全党全国人民共同努力下，到 1965 年底，我国逐步克服了由"大跃进"、人民公社化运动造成的困难，经济发展主要指标恢复到了新中国成立后最高水平，五年调整任务胜利完成。

但遗憾的是，就在经济调整的过程中和调整取得较大成绩的同时，党自 1957 年以来在阶级斗争问题上的"左"的错误再度发展起来。1962 年八九月间，在相继召开的中央工作会议和八届十中全会上，出于对苏联发生赫鲁晓夫修正主义的极大警惕和对国内形势的观察，毛泽东把与刘少奇等人在国内形势估量、包产到户、甄别平反、对外政策等问题上的认识分歧，当作"黑暗风""单干风""翻案风"进行严厉批判，并把这些都看作是右倾机会主义、修正主义和阶级斗争的表

---

① 中共中央文献研究室编：《毛泽东传（1949—1976）》（下），中央文献出版社 2003年版，第 1202—1203 页。

② 中共中央文献研究室编：《建国以来重要文献选编》第十五册，中央文献出版社1997 年版，第 244 页。

现，进而把社会主义社会中一定范围内存在的阶级斗争扩大化和绝对化，断言"在无产阶级革命和无产阶级专政的整个历史时期，在由资本主义过渡到共产主义的整个历史时期"，都将"存在着无产阶级和资产阶级之间的阶级斗争，存在着社会主义和资本主义这两条道路的斗争"，提出从现在起，阶级斗争必须年年讲、月月讲。上述论断，把党在社会主义社会阶级斗争问题上的"左"的错误更加系统化、理论化了，实际上提出了以阶级斗争为纲的思想。

党的八届十中全会后，全党随即在国际国内两个战线开始了"反修防修"实践。国际上的"反修防修"，主要表现为 20 世纪 60 年代的中苏论战。国内的"反修防修"，则是开展城乡社会主义教育运动，进行意识形态领域的批判运动，并在运动过程中错误地提出了"官僚主义者阶级"和"党内走资本主义道路的当权派"等问题。在"左"的理论和实践的不断推动下，最终发动了"文化大革命"。

从 1956 年到 1966 年"文化大革命"爆发前的十年，是党领导我国社会主义建设在探索中曲折发展的十年。其间，虽然遭受过严重挫折，仍然取得了很大的建设成就。工业建设方面，以 1966 年同 1956 年相比，全国工业固定资产按原价计算，增长了 3 倍。石油工业的发展尤其突出，到 1965 年已经实现原油的全部自给。电子工业、石油化工、原子能、航天等一批新兴工业逐步建设起来，初步改善了工业布局，形成有相当规模和一定技术水平的工业体系。铁路、公路、水运、航空、邮电等事业都有较大发展。农业基本建设和技术改造大规模展开，全国农用拖拉机产量和化肥施用量都增长 6 倍以上，农村用电量增长 70 倍。科学技术工作取得比较突出的成果，国防科学技术的进展最为显著。1964 年 10 月 16 日，成功爆炸第一颗原子弹，打破了超级大国的核垄断和核讹诈，极大提高了我国的国际地位，导弹和人造卫星的研制也取得突破性进展。这些成就是在国内发生严重经济困难，国际上遭到战争威胁和巨大压力的情况下取得的，显得尤其可贵。在严重困难面前，中国人民所表现出来的艰苦奋斗、同自然灾害和物质匮乏作斗争的大无畏气概和团结一致、奋发图强的社会风貌更是一笔值得我们永远珍惜的宝贵精神财富。总起来看，我国赖以进行现代化建设的物质技术基础，很大一部分是这个时期建设起来的；全国经济文化建设等方面的骨干力量和他们的工作经验，大部分是在这个时期培养和积累起来的；在十年艰辛奋斗中，我们党还积累了如何领导社会主义建设的一些极其宝贵的经验，形成了一系列正确的思想理论观点——这是党探索中国自己的建设社会主义道路十年工作中的主导方面。

四、"文化大革命"爆发：探索遭受重大挫折

从 1966 年 5 月到 1976 年 10 月，我国经历了给党和人民造成严重危难的"文化大革命"时期。"文化大革命"的发生，表明党对中国自己的社会主义建设道路的探索偏离了正轨而陷入歧途。

毛泽东发动"文化大革命"的出发点是防止资本主义复辟、维护党的纯洁性和寻求中国自己的建设社会主义的道路。"文化大革命"期间毛泽东关于社会主义的认识和思考，大致包括以下内容：（一）关于社会主义建设的指导思想，这就是"无产阶级专政下继续革命的理论"。20 世纪 60 年代中期后，基于对党内分歧性质和国内外形势的错误判断，毛泽东的阶级斗争理论进一步发展，逐步形成了在中央存在一个资产阶级司令部、有一条修正主义的政治路线和组织路线的认识，认为过去几年在农村进行的"四清"、在城市进行的"五反"和意识形态领域的批判运动，都不能解决"防止资本主义复辟"的问题，而只能通过特殊的形式，以"文化大革命"的形式，公开地、全面地、由下而上地发动广大群众来揭露党和国家生活中的阴暗面，把被"走资派"

篡夺的权力重新夺回来，才能逐步达到他理想中的社会主义目标。毛泽东的这一思想，后来被概括为"无产阶级专政下继续革命的理论"，成为"文化大革命"的指导思想。（二）关于社会主义建设的目标模式，这就是"五七"模式。对这个目标模式的具体图景，毛泽东1966年5月7日在写给林彪的关于部队农副业生产的批示信（《五·七指示》）中曾作过表述。其根本要求，是政治上不断开展阶级斗争，思想上高度革命化，经济上逐步消灭行业和专业分工，人人"亦工亦农、亦文亦武"，限制商品生产和按劳分配。这个模式，实际上是1958年关于人民公社构想的进一步发展。（三）关于实现上述社会主义目标模式的途径，这就是"天下大乱，达到天下大治"，基本战略则是"抓革命，促生产"。事实表明，毛泽东"文化大革命"期间关于社会主义建设的这些思考和构想，脱离了中国实际，也不符合马克思主义的根本要求。在"无产阶级专政下继续革命理论"的指导下，在林彪、"四人帮"集团利用毛泽东的错误又将这个错误进一步推向极端的情况下，"文化大革命"不但没有达到毛泽东追求理想社会主义的目标，反而严重损害了社会主义的形象，给我国经济建设造成了巨大损失。邓小平指出，"文化大革命"虽然口头上也讲社会主义，但实际上搞的是"以极左面目出现的主张普遍贫穷的假社会主义"[1]。

"文化大革命"在理论和实践上都是完全错误的，必须彻底否定。但在这十年中，我国社会主义建设仍然在一些重要领域取得了一定进展，特别是在国防科技和外交工作等方面取得了突破性进展——这些成就决不是"文化大革命"的果实，恰恰相反，是抵制"文化大革命"的干扰而取得的。从毛泽东来说，作为这场"大革命"的发动者，虽然在全局上一直维护和坚持"文化大革命"，但在运动发展的过程中，

---

[1] 《邓小平文选》第二卷，人民出版社1994年版，第165页。

他对极左思潮的危害也有一定的认识，他制止和纠正过某些具体错误，保护过一些党的重要领导干部和党外著名人士，后来还一再呼吁安定团结，要求"把国民经济搞上去"；他也有限度地支持过周恩来、邓小平的整顿。这就使得即便是在"文化大革命"最为混乱的时期，我们党作为一个整体力量，没有被摧毁，也没有被分裂；国务院等机构仍能进行许多必要的工作；我国社会主义制度的根基仍然保存着；我们这个多民族的国家仍然保持统一，人民解放军仍然英勇地保卫着祖国的安全。所有这些，都保证了我国的社会主义建设能够继续进行。

1976年10月粉碎"四人帮"，"文化大革命"结束。1978年底党的十一届三中全会召开，我们党从严重危难中重新奋起，在改革开放中继续探索并成功开创了中国特色社会主义新道路。

必须指出的是，虽然"毛泽东同志在社会主义建设道路的探索中走过弯路，他在晚年特别是在'文化大革命'中犯了严重错误"，但正如邓小平所指出的："毛泽东同志的功绩是第一位的，他的错误是第二位的，他的错误在于违反了他自己正确的东西，是一个伟大的革命家、伟大的马克思主义者所犯的错误。"毛泽东同志晚年的错误有其主观因素和个人责任，还在于复杂的国内国际的社会历史原因，应该全面、历史、辩证地看待和分析。对历史人物的评价，应该放在其所处时代和社会的历史条件下去分析，不能离开对历史条件、历史过程的全面认识和对历史规律的科学把握，不能忽略历史必然性和历史偶然性的关系；不能用今天的时代条件、发展水平、认识水平去衡量和要求前人，不能苛求前人干出只有后人才能干出的业绩来。革命领袖是人不是神，不能因为他们伟大就把他们像神那样顶礼膜拜，也不能因为他们有失误和错误就全盘否定，抹杀他们的历史功绩，陷入虚无主义的泥潭。总之，"一个马克思主义政党对自己的错误所抱的态度，是衡量这个党是否真正履行对人民群众所负责任的一个最重要最可靠的尺度。我们党对自己包括领袖人物的失误和错误历来采取郑重的态度，一是敢于承认，二是正确分析，三是坚决纠正，从而使失误和错误连同党的成功经验一起成为宝贵的历史教材"①。

五、宝贵的成果，有益的启示

习近平总书记指出："中国特色社会主义是在改革开放历史新时期开创的，但也是在新中国已经建立起社会主义基本制度并进行了 20 多年建设的基础上开创的。"② 党和毛泽东在对中国社会主义建设道路的 20 年探索中，取得的主要积极成果——包括曾经提出但"当时没有真正落实"的思想理论成果，归结起来，主要有以下十个方面：

第一，在社会主义发展道路问题上，提出了以苏为鉴，探索中国自己的社会主义建设道路的思想。第二，在社会主义经济建设问题上，作出了工作重点转移到经济建设上来的正确决策，提出了在综合平衡中稳步前进的经济建设方针，以及要按农轻重次序合理安排国民经济，发展商品生产、重视价值规律作用等重要思想。第三，在社会主义经济体制改革问题上，提出要扩大地方和企业自主权，实行"三个主体三个补充"，可以消灭资本主义又搞资本主义等重要思想。第四，在社会主义社会矛盾问题上，提出了主要矛盾、基本矛盾和两类矛盾学说以及正确处理人民内部矛盾的一系列正确主张。第五，在社会主义民主政治建设问题上，提出要扩大人民民主、健全社会主义法制，确定社会主义民主政治建设的基本目标是造成"又有集中又有民主，又有纪律又有自由，

---

① 习近平：《在纪念毛泽东同志诞辰 120 周年座谈会上的讲话》，人民出版社 2013 年版，第 10、11、12 页。

② 习近平：《关于坚持和发展中国特色社会主义的几个问题》，《求是》2019 年第 7 期。

又有统一意志又有个人心情舒畅、生动活泼，那样一种政治局面"；制定和实施了民族区域自治制度；提出了与民主党派"长期共存，互相监督"的方针。第六，在社会主义发展战略问题上，提出建设强大的社会主义经济，要一百年或者更多的时间，提出了"四个现代化"的奋斗目标。第七，在社会主义文化建设问题上，提出了"百花齐放，百家争鸣"的方针，确认知识分子是工人阶级的一部分，强调了科学技术在经济、国防和文化发展中的决定性作用。第八，在社会主义建设的政治保证问题上，提出了"只有社会主义能够救中国"；人民民主专政是广大群众的"护身法宝"和"传家法宝"；"领导我们事业的核心力量是中国共产党"；"指导我们思想的理论基础是马克思列宁主义"等基本原则。第九，在社会主义对外关系问题上，提出了独立自主的和平外交政策和和平共处五项原则，反对霸权主义，维护世界和平；主张在平等互利基础上，加强中外经济文化交流，向世界各国包括西方发达资本主义国家一切好的经验和长处学习。第十，在党的建设问题上，提出要加强和改善党的领导，要重视执政党的自身建设，密切党与人民群众的联系，等等。以上探索成果，为改革开放后的社会主义实践积累了"思想"和"制度"条件。①

但是，由于党领导社会主义建设的思想理论准备和实践经验不足、制定的路线方针政策超越了社会主义初级阶段、思想方法上的教条主义和经验主义、对复杂的国际国内形势作出错误估量以及党和国家组织制度和领导体制上存在的缺点弊端，归根结底，由于违背了党的实事求是的思想路线，使得探索中在对"什么是社会主义、怎样建设社会主义"这个重大理论和实践问题的认识上多次出现偏差，发生严重失误以致发生"文化大革命"这样的错误，探索未能获得成功。

---

① 参见习近平：《关于坚持和发展中国特色社会主义的几个问题》，《求是》2019 年第7 期。

"人世间没有一帆风顺的事业。综观世界历史，任何一个国家、一个民族的发展，都会跌宕起伏甚至充满曲折。"特别是"在中国这样的社会历史条件下建设社会主义，没有先例，犹如攀登一座人迹未至的高山，一切攀登者都要披荆斩棘、开通道路"①。党和毛泽东在艰辛探索中国自己的社会主义建设道路过程中的成败得失和经验教训，给我们很多启示，主要是：在中国从事社会主义建设，必须立足中国国情，一切从实际出发、实事求是，充分认识社会主义建设的长期性、艰巨性；必须以科学的态度正确对待马克思主义，要在坚持马克思主义基本原理的基础上，适应时代的变化创造性地发展马克思主义，推进指导思想的与时俱进；必须科学把握社会主义的本质，始终把解放和发展生产力放在党和国家工作的首要位置，生产关系的变动要适合生产力发展的要求和水平；必须通过改革和对外开放、发展科学技术、提高创新能力来建设和发展社会主义，决不能以阶级斗争为纲；必须建立健全党和国家的民主制度，大胆探索并建立既符合世界政治文明发展潮流又适应中国国情的社会主义民主政治体制和机制，推进政治体制改革和民主法制建设，不断提高依法治理国家能力和治理水平。

① 习近平：《在纪念毛泽东同志诞辰 120 周年座谈会上的讲话》，人民出版社 2013 年版，第 10、11 页。

第 十 讲
中国特色社会主义的形成和发展

党的十一届三中全会后，在以邓小平同志为核心的党的第二代中央领导集体的带领下，我们党逐步开辟了一条有中国特色的社会主义建设道路，这条道路为中国特色社会主义的形成和发展奠定了坚实基础。至今，中国特色社会主义已发展成为由道路、理论体系、制度和文化四位一体构成的科学体系，成为引领中华民族实现伟大复兴的光辉旗帜。中国特色社会主义是我们党团结带领全国各族人民在长期实践中取得的根本成就，它承载着几代中国共产党人的理想和奋斗。习近平总书记对中国特色社会主义的发展历程进行了精辟概括："坚持和发展中国特色社会主义是一篇大文章，邓小平同志为它确定了基本思路和基本原则，以江泽民同志为核心的党的第三代中央领导集体、以胡锦涛同志为总书记的党中央在这篇大文章上都写下了精彩的篇章。现在，我们这一代共产党人的任务，就是继续把这篇大文章写下去。"①

一、伟大的历史转折和中国特色社会主义的开创

中国特色社会主义的开创，是以党的十一届三中全会这一伟大历史转折为开端，历经党在指导思想上拨乱反正任务的完成，中国特色社会

---

① 习近平：《关于坚持和发展中国特色社会主义的几个问题》，《求是》2019 年第7 期。

主义命题的提出，中国特色社会主义道路的成功开辟，中国特色社会主义理论体系的奠基之作——邓小平理论的形成，这期间是长达 14 年的艰辛探索历程。

（一）实现伟大的历史转折

1976 年 10 月，"文化大革命"结束，党和国家获得了重新走上正确发展道路的契机。广大干部群众期待着党中央能够及时拨乱反正，清除"左"倾路线的影响，把中国社会主义事业推向前进。但是，当时在党和国家事业发展的指导思想上仍然坚持"左"倾错误理论和方针。1977 年 2 月 7 日，在《人民日报》等"两报一刊"上，发表了社论《学好文件抓住纲》，正式提出了"两个凡是"，即"凡是毛主席作出的决策，我们都坚决维护，凡是毛主席的指示，我们都始终不渝地遵循"[①]。"两个凡是"妨碍了人们对毛泽东思想的科学认识，阻碍了中国社会的发展进步。邓小平旗帜鲜明地反对"两个凡是"。他提出："我们必须世世代代地用准确的完整的毛泽东思想来指导我们全党、全军和全国人民，把党和社会主义的事业，把国际共产主义运动的事业，胜利地推向前进"[②]。他坚定地支持关于真理标准问题的大讨论，促使党重新确立了解放思想、实事求是的思想路线。1978 年 5 月 11 日，《光明日报》发表题为《实践是检验真理的唯一标准》的评论员文章，针对"两个凡是"尖锐地指出：社会实践不仅是检验真理的标准，而且是唯一标准。通过这场讨论，人们的思想获得了极大解放，长期盛行的个人崇拜的思想禁锢逐步被打破。关于真理标准问题的讨论，成为党的十一届三中全会实现伟大转折的思想先导。

---

① 转引自中共中央文献研究室编：《邓小平年谱（一九七五——一九九七）》（上），中央文献出版社 2004 年版，第 155 页。

② 《邓小平文选》第二卷，人民出版社 1994 年版，第 39 页。

1978 年 12 月，党的十一届三中全会在党和国家面临向何处去的重大历史关头胜利召开。大会做出了具有历史转折意义的四项战略决定。一是开始全面纠正"文化大革命"的"左"倾错误；彻底否定"两个凡是"，提出要正确对待毛泽东的地位和毛泽东思想；同时，高度评价了关于真理标准问题的讨论，确定了解放思想，实事求是，团结一致向前看的指导方针。二是彻底否定"以阶级斗争为纲"的错误理论和实践，从党的指导思想上进行拨乱反正，做出了把党和国家的工作重心转移到以经济建设为中心的社会主义现代化建设轨道上的战略决策。三是顺应时代潮流和人民愿望，作出了改革开放的重大战略决策。四是做出了加强民主法制的决定，恢复了党的民主集中制的优良传统，开始了系统清理重大历史是非的拨乱反正工作。这些重大判断，为成功探索中国特色社会主义奠定了思想基础，提供了政治保证和组织保证，是党领导的社会主义事业走上新道路、开创新时期的标志。

（二）提出建设有中国特色的社会主义新命题

1979 年 3 月，邓小平首次提出"中国式现代化道路"的命题，他强调："过去搞民主革命，要适合中国情况，走毛泽东同志开辟的农村包围城市的道路。现在搞建设，也要适合中国情况，走出一条中国式的现代化道路。"[①] 在党的十一届三中全会后的 4 年里，各个领域的拨乱反正不断推进，改革开放渐次展开。1981 年 6 月，党的十一届六中全会通过了《关于建国以来党的若干历史问题的决议》，对新中国成立 32 年来党的重大历史事件特别是对"文化大革命"作出了正确的总结，科学分析了在这些事件中党在指导思想方面的正确和错误，分析了产生错误的主观因素和社会原因，实事求是地评价了毛泽东在中国革命中的

---

① 《邓小平文选》第二卷，人民出版社 1994 年版，第 163 页。

历史地位，充分论述了毛泽东思想作为我们党的指导思想的伟大意义。《决议》肯定了党的十一届三中全会以来逐步确立的适合我国情况的建设社会主义现代化强国的正确道路，进一步指明了我国社会主义事业和党的工作继续前进的方向。

1982 年 9 月，党的十二大召开，这是改革开放后召开的第一次党的全国代表大会，也是新中国成立以来召开的一次具有重要意义的党代会。正如邓小平指出的："回顾党的历史，这次代表大会将是党的第七次全国代表大会以来的一次最重要的会议。"① 在党的十二大开幕词中，邓小平在深刻总结我国革命和建设正反两方面历史经验的基础上，明确提出了"把马克思主义普遍真理同我国的具体实际结合起来，走自己的道路，建设有中国特色的社会主义"② 的著名论断。首次明确提出中国要走自己的道路、建设有中国特色的社会主义的科学命题，并初步阐述了有中国特色社会主义道路的内涵。"建设有中国特色的社会主义"这一重要命题，是我们党在改革开放和社会主义现代化建设的历史新阶段，为寻找中国自己的社会主义发展道路，形成自己的理论、纲领、目标所做出的最鲜明的概括。从此，建设有中国特色的社会主义，就成为凝聚全国各族人民，进行改革开放和现代化建设的光辉旗帜。党的十三大报告的题目就是"沿着有中国特色的社会主义道路前进"。

（三）深刻认识初级阶段的基本国情

党的十二大后，我国的社会主义建设无论是在理论发展还是在实践创新方面，都提出了"如何正确认识我国社会所处的历史阶段"的新要求，这是建设中国特色社会主义的首要问题，也是党和国家制定正确

① 《邓小平文选》第三卷，人民出版社 1993 年版，第 1 页。
② 中共中央文献研究室编：《十三大以来重要文献选编》（中），人民出版社 1991 年版，第 1429—1430 页。

的路线和政策的根本依据。邓小平和我们党通过判断我国的现实国情，对这一问题做出科学回答。

邓小平和我们党对这个问题的认识也经历了不断探索的过程。1979年9月30日，叶剑英在国庆30周年大会上的讲话中提出了"社会主义制度幼年时期"的重要观点："同已经有了三四百年历史的资本主义制度相比，社会主义制度还处在幼年时期。……它还不成熟，不完善"①。这里虽然未明确提出社会主义初级阶段概念，但"社会主义制度幼年时期"的观点为初级阶段概念的诞生进行了思想准备。在1981年6月发布的《关于建国以来党的若干历史问题的决议》中，我们党第一次明确提出了中国的社会主义制度还处于初级阶段这一重要论断："尽管我们的社会主义制度还是处于初级的阶段，但是毫无疑问，我国已经建立了社会主义制度，进入了社会主义社会，任何否认这个基本事实的观点都是错误的。"② 党的十二大又一次确认了我国现在还处在社会主义社会初级阶段这一历史事实："我国的社会主义社会现在还处在初级发展阶段，物质文明还不发达。"③ 实际上，这是我们党开始从物质基础方面探讨社会主义初级阶段的特征，只是这一探索没有展开。1987年3月，当时的中央负责同志就十三大报告的起草工作给邓小平写了一封信，提出十三大报告拟以社会主义初级阶段作为立论根据，集中论述经济建设发展战略、经济体制改革的方向、政治体制改革的原则和党的建设任务；并且认为以社会主义初级阶段立论，有可能把避免"左"和右两种错误倾向这个问题说清楚，也有可能说清楚改革的性质和根据。这个意见到

---

① 中共中央文献研究室编：《三中全会以来重要文献选编》（上），人民出版社1982年版，第220—221页。

② 中共中央文献研究室编：《三中全会以来重要文献选编》（下），人民出版社1982年版，第838页。

③ 中共中央文献研究室编：《十二大以来重要文献选编》（上），人民出版社1986年版，第26页。

邓小平的首肯。邓小平于 1987 年 3 月 25 日批示："这个设计好。"①

1987 年 9 月 29 日，邓小平在会见意共领导人约蒂和赞盖里的谈话中，首次明确提出社会主义初级阶段的论断。他指出："我们党的十三大要阐述中国社会主义是处在一个什么阶段，就是处在初级阶段，是初级阶段的社会主义。社会主义本身是共产主义的初级阶段，而我们中国又处在社会主义的初级阶段，就是不发达的阶段。"② 随后召开的党的十三大，第一次对社会主义初级阶段做了系统阐述："我国正处在社会主义的初级阶段。这个论断，包括两层含义。第一，我国社会已经是社会主义社会。我们必须坚持而不能离开社会主义。第二，我国的社会主义社会还处在初级阶段。我们必须从这个实际出发，而不能超越这个阶段。"③ 由此，中国共产党在中国社会主义发展阶段问题的认识上产生了一次飞跃，这种认识随着实践的发展还在不断深入。在南方谈话中，邓小平指出："我们搞社会主义才几十年，还处在初级阶段。巩固和发展社会主义制度，还需要一个很长的历史阶段，需要我们几代人、十几代人，甚至几十代人坚持不懈地努力奋斗，决不能掉以轻心。"④

党的十三大在对社会主义初级阶段做出科学判断的同时，还提出了社会主义初级阶段的基本路线。这就是："领导和团结全国各族人民，以经济建设为中心，坚持四项基本原则，坚持改革开放，自力更生，艰苦创业，为把我国建设成为富强、民主、文明的社会主义现代化国家而奋斗。"⑤ 邓小平指出："要坚持党的十一届三中全会以来的路线、方

---

① 中共中央文献研究室编：《十二大以来重要文献选编》（下），人民出版社 1988 年版，第 1307 页。

② 《邓小平文选》第三卷，人民出版社 1993 年版，第 252 页。

③ 中共中央文献研究室编：《十三大以来重要文献选编》（上），人民出版社 1991 年版，第 9 页。

④ 《邓小平文选》第三卷，人民出版社 1993 年版，第 379—380 页。

⑤ 中共中央文献研究室编：《十三大以来重要文献选编》（上），人民出版社 1991 年版，第 15 页。

针、政策，关键是坚持'一个中心、两个基本点'。""基本路线要管一百年，动摇不得。"① "一个中心、两个基本点"是这条路线的简明概括。它由新时期的总任务、总路线发展而来。这个基本路线反映了中国社会主义现代化建设的基本规律，规定了中国特色社会主义的基本走向和核心内容，是中国特色社会主义发展的基本遵循。

做出中国处于社会主义初级阶段的科学判断，解决了中国特色社会主义发展中两个根本性的问题：第一，中国的社会性质是社会主义社会。它决定了考虑和解决中国问题必须坚持而不能离开社会主义的本质要求；第二，中国的社会发展阶段是社会主义初级阶段。这两点的结合，为中国特色社会主义的发展提供了重要国情依据。

（四）科学判断和平与发展的时代主题

改革开放以来，中国成功地走上了一条与本国国情和时代特征相适应的和平发展道路，体现了中国共产党深刻把握时代主题，回应时代要求的战略调整能力。时代主题，是指在一定历史时期内反映世界基本特征并对世界形势的发展具有全局性影响和战略性意义的问题，也是在一定历史条件下世界历史发展进程中需要解决的主要问题。随着国际形势的发展变化，时代主题也会发生转换。科学认识和准确把握时代主题，是一个国家制定正确发展战略和内外政策的重要依据。

世界形势和时代主题的变化，极大地影响了中国对社会主义发展战略的确定和发展道路的选择。新中国建立后到党的八大期间，毛泽东带领中国共产党人一方面沿用了列宁的"帝国主义与无产阶级革命的时代"的论断，另一方面也有创新性的认识。到了20世纪60年代，由于受到多种因素的影响，毛泽东和我们党逐渐改变了原来的看法，更多地

---

① 《邓小平文选》第三卷，人民出版社1993年版，第370—371页。

提出世界大战不可避免的观点，认为当时世界的主要发展方向仍然是革命，过高地估计了世界大战爆发的危险性和紧迫性，但在科学分析战争与和平问题的基础上，毛泽东仍然提出了"两个中间地带"和"三个世界划分"的科学战略。

20世纪80年代，世界的时代主题逐步发生变化，和平与发展成了世界两大主题。邓小平关于时代主题的判断成为我们认识时代的重要依据。早在20世纪80年代初，邓小平就已开始思考当代世界的和平与发展问题以及这两大问题的相互关系。1984年10月10日，在同联邦德国总理科尔的谈话中，邓小平说："我们感到战争危险仍然存在，仍要提高警惕，但防止新的世界战争爆发的因素在增长。"① 后来，他多次提出："对于总的国际局势，我的看法是，争取比较长期的和平是可能的，战争是可以避免的。"② 他认为，国际社会在反对霸权主义、反对战争威胁中不断为争取世界和平而斗争时，还必须始终不渝地关注和解决人类的发展问题。1985年3月4日，在会见日本友人时，他指出："现在世界上真正大的问题，带全球性的战略问题，一个是和平问题，一个是经济问题或者说发展问题。"③

邓小平对时代主题的判断，基本观点包括：一是世界大战在一个相当长的时期内可以避免，我们有可能争取较长时期的和平环境；二是和平与发展是当今世界两大带有全球性的战略问题，是东西方之间、发达国家与发展中国家之间矛盾的集中体现；三是和平与发展是相辅相成的，世界和平是促进各国共同发展的前提条件，各国的发展是保持世界和平的重要基础；四是和平与发展成为时代主题并不意味着这两个问题

---

① 《邓小平文选》第三卷，人民出版社1993年版，第82页。
② 《邓小平文选》第三卷，人民出版社1993年版，第233页。
③ 《邓小平外交思想学习纲要》编写组：《邓小平外交思想学习纲要》，世界知识出版社2000年版，第32页。

已经解决，要清醒地看到，当今世界和平与发展这两大问题一个都没有得到解决，还需要各国人民长期不懈地共同努力。

邓小平提出"和平与发展"的时代主题论，完成了我国外交思想上的拨乱反正，以此为立论依据并在这一思想的指导下，我国开始逐步调整对外政策，即由过去的"一条战线战略"转变为奉行独立自主和真正不结盟的外交战略。"和平与发展"的时代主题论为中国特色社会主义对外战略理论和实践的发展提供了根本前提。

（五）作出决定国家前途命运的改革开放决策

波澜壮阔的改革开放，是以邓小平同志为核心的党的第二代中央领导集体带领全党全国各族人民开创的，是邓小平和我们党作出的决定中华民族命运的关键抉择。作出这一抉择，有着深刻的历史动因。党的十七大报告明确指出："改革开放伟大事业，是在以毛泽东同志为核心的党的第一代中央领导集体创立毛泽东思想，带领全党全国各族人民建立新中国、取得社会主义革命和建设伟大成就以及艰辛探索社会主义建设规律取得宝贵经验的基础上进行的。"① 这充分说明，改革开放前后两个时期是有密切联系又有重大区别的两个历史时期。从 1978 年十一届三中全会到 1992 年邓小平南方谈话，在这将近 14 年的时间里，中国共产党以巨大的政治勇气和强烈的历史责任感，开启了改革开放的探索和试验。这一时期的典型特征是：压力巨大，缺少经验，改革开放在探索中不断前行，但其成果和经验极大地促进了中国特色社会主义的发展和壮大。

在改革方面，党和国家在这一重要时期的改革探索主要走过了以下三个阶段。

---

① 中共中央文献研究室编：《十七大以来重要文献选编》（上），中央文献出版社 2009 年版，第 6 页。

一是局部试验阶段。这一阶段大致是从 1978 年到 1984 年。这一阶段最重要的工作包括三方面：一是突破思想禁锢。实现了思想解放，为开启中国的社会主义改革奠定了思想基础。二是农村改革开始起步。农村改革初期取得的最大成效就是解决了长期没能解决的粮食短缺问题。农村改革的初战告捷，为开启城市改革奠定了思想基础，提供了实践经验。三是启动企业改革。企业改革从扩大企业自主权的改革试点开始，带动一些国有企业和集体企业走出困境。

二是推进拓展阶段。这一阶段大致从 1984 年到 1988 年底。在这一阶段，改革的重点从农村推进到城市，从经济领域拓展到政治、文化、教育、科技等领域，改革在深度和广度上都有显著进展。从 1984 年 10 月党的十二届三中全会做出在城市进行经济体制改革的决定，到 1988 年 9 月党的十三届三中全会做出治理经济环境、整顿经济秩序的决定，各项改革进入推进拓展阶段，但是也遇到了许多问题。

三是调整整顿阶段。这一阶段大致从 1988 年底到 1992 年邓小平南方谈话发表。在此阶段，由于各种因素叠加使中国改革开放进程陷入困境，改革开放在理论上遭遇诸多困扰，否定改革观点迅速抬头并开始影响社会思潮；对外开放也举步维艰，中国的改革也转入调整期。当时的中国如不能迅速摆脱这种困境，社会主义事业可能再次偏离正确的航向。在这关键时刻，邓小平强调对改革要有信心，"要总结现在，看到未来"①。他坚定而有力地回应了对改革的质疑，做出了继续推进改革开放的重大政治判断。

从 1978 年到 1992 年之前的改革，的确取得了很大的成就，有开创性的贡献，但总体看来，传统经济体制的基本框架仍然在发挥作用，1992 年邓小平的南方谈话彻底突破了传统体制的束缚，推动中国改革

————

① 《邓小平文选》第三卷，人民出版社 1993 年版，第 308 页。

进入新阶段。

在开放方面，党和国家在这一重要时期的开放探索实现了诸多突破。

开放也是改革。对外开放，一方面是指国家积极主动地扩大对外经济交往；另一方面是指放宽政策，放开或者取消各种限制，不再采取封锁国内市场和国内投资场所的保护政策，发展开放型经济。这是中国自1978年以来实行的一项基本国策，是探索具有中国特色发展道路的重大改革实践。自1978年中国实行改革开放以来，全方位、多层次、宽领域的对外开放格局已基本形成。区域开放，梯次推进，逐步扩大是中国对外开放的重要特色。在这个曲折起伏的进程中，在1978年至1996年中国对外开放实施的是以"引进来"为主的战略。

这一阶段大致分为4个步骤：

第一步是创办经济特区。1979年7月，党中央、国务院根据广东、福建两省靠近港澳，便于吸引外资等有利条件，决定对两省的对外经济活动实行特殊政策和灵活措施，把经济尽快搞上去。1980年5月，中央确定在深圳市、珠海市、汕头市、厦门市各划出一定范围的区域，试办经济特区。1988年4月的七届人大一次会议正式通过了建立海南省和海南经济特区两项决定。创办经济特区迈出了我国对外开放的第一步。

第二步是开放沿海港口城市。1984年5月，党中央、国务院批转了《沿海部分城市座谈会纪要》，决定全部开放中国沿海港口城市，从北到南包括大连、湛江和北海等共14个大中港口城市。这些城市的进一步对外开放，带动了整个沿海地带的开放和经济发展。1990年4月，党中央、国务院正式公布了开发开放浦东的重大决策。沿海开放城市是对外开展经济贸易活动和对内进行经济协作两个辐射扇面的交点，它直接影响全国改革开放形势的发展。

第三步是建立沿海经济开放区。1985年2月，党中央、国务院批准了《长江、珠江三角洲和闽南厦漳泉三角地区座谈会纪要》，将长江三角洲、珠江三角洲和闽南三角区划为沿海经济开放区，使我国从南到北形成了一条包括2亿多人口的开放地带。1988年初，推出环渤海开放区。沿海经济开放区经历了先"小三角"后"大三角"的发展过程，是我国改革开放和社会主义现代化建设具有重要战略意义的布局。

第四步是开放沿江及内陆和沿边城市。进入20世纪90年代以后，我国对外开放的步伐逐步由沿海向沿江及内陆和沿边城市延伸开发开放。到1993年，经过多年的对外开放实践，我国的对外开放由南到北、由东到西层层推进，基本上形成了"经济特区—沿海开放城市—沿海经济开放区—沿江和内陆开放城市—沿边开放城市"这样一个宽领域、多层次、有重点、点线面结合的全方位对外开放新格局。至此，我国的对外开放城市已遍布全国所有省区，真正进入了对外开放新时代。

经过多年努力，我国改革开放取得了很大成就，也遭遇了国内国际诸多挑战。在中国再次面临走什么路、向何处去的历史选择之际，1992年1月17日，邓小平前往武昌、深圳、珠海、上海等地考察，在历时35天的"南方之行"中，他所发表的"南方谈话"，对中国特色社会主义发展中遇到的一系列重大理论和实践问题进行了科学回答，有了重大突破，将建设有中国特色社会主义的理论与实践，大大地向前推进了一步。南方谈话是邓小平理论走向成熟的集大成之作，它将中国的改革开放和社会主义现代化建设推向了一个新阶段。

我们党将以上这些重大理论创新和实践探索，进行系统总结和科学概括，在党的十四大上将其命名为"建设有中国特色的社会主义理论"。在党的十五大上，进一步将其命名为"邓小平理论"。邓小平理论确立了坚持和发展中国特色社会主义的核心问题，即"什么是社会主义、怎样建设社会主义"的问题。在中国，进行社会主义建设，其首要前提和核心问题就是要回答"什么是社会主义、怎样建设社会主义"这一历史之问。邓小平理论围绕这个重大而基础的问题所进行的探索和解答，为中国特色社会主义道路的科学选择和中国特色社会主义理论体系的形成奠定了基础。邓小平理论的形成是中国特色社会主义成功开创的重要标志。

二、国内外严峻考验与中国特色社会主义的推进

在邓小平和我们党开辟了中国特色社会主义道路以后，中国特色社会主义事业在实践中不断推进。我们党从 1989 年十三届四中全会到 2002 年十六大的 13 年中，在坚持的基础上发展，在继承的前提下创新，面对新情况新问题，提出了一系列新观点和新论断，科学回答了中国特色社会主义在实践中迫切需要解决的理论和实践问题，把中国特色社会主义的发展推进到了新境界。

（一）应对世纪之交的新考验

20 世纪后期，国内改革问题积聚，国际局势挑战严峻，党的建设面临新问题，这些新情况新问题都对中国特色社会主义的发展提出了新考验。

在国内方面，随着改革不断推进，长期积累的一系列深层次矛盾和问题开始集中暴露，改革的重点转到治理经济环境和整顿经济秩序上来，但是受国际环境影响，1989 年春夏之交国内发生了一场严重政治风波。而随着改革开放的深入和社会主义市场经济的发展，中国的社会生活发生了广泛而深刻的变化，旧的平衡打破之后新的平衡尚处于建立和完善过程之中，人民内部矛盾日趋复杂化和多样化。同时，我国现代

化建设的第二步战略目标已经实现，开始实施第三步战略部署，从 21 世纪开始，我国进入了全面建设小康社会，加快推进社会主义现代化的新的发展阶段。

在国际方面，国际形势风云变幻。1989 年至 1991 年底，东欧剧变、苏联解体，在苏联和东欧社会主义国家长期执政的老党大党改旗易帜、失权下台。共产党执政的社会主义国家由 15 个减少到 5 个。除中国外，世界上共产党的总人数从最高时的 4400 万人减少到 1995 年的 1100 万人，世界共产党的数量由 180 多个减少到 130 多个，国际共产主义运动遭受严重挫折。在世界社会主义发展陷入低潮之际，资本主义却展示出科技发展、制度改良等相对较为良好的发展态势，国际上"社会主义崩溃论""历史终结论"甚嚣尘上。

在党的建设方面，由于改革开放正处在由传统计划经济向社会主义市场经济转轨的关键时刻，全党面临着能否"变革不变质""改革不改向"的严峻考验。在新的形势下，党内出现了一些不容忽视的问题：一部分党员干部存在着思想僵化、信念动摇问题；一部分党员干部存在着纪律涣散、作风漂浮问题。再加上中国共产党正进入整体性新老交替的关键时刻，从 2000 年起到新世纪头十几年，一大批年轻干部要走上中高级领导岗位。在这种情况下，从严治党，进一步全面提高全党特别是党的干部队伍的素质，成为十分紧迫的任务。

这些严峻挑战，都要求我们党必须紧密联系国际国内形势，积极探索在新形势下加强党的建设的有效途径和办法，用党的建设的新举措回应新时期的新挑战，使我们党在思想上政治上组织上进一步巩固起来，经得起任何风险的考验。

在邓小平的南方谈话高屋建瓴地回答了关系党和国家前途命运的一系列重大问题，推进党和国家实现新一轮思想解放之后，江泽民在 1992 年 10 月召开的党的十四大上提出："进一步解放思想，把握有利时机，加快改革开放和现代化建设步伐，夺取有中国特色社会主义事业的更大胜利。"① 这说明，面对国内外严峻的新考验，江泽民和我们党将坚定不移地沿着中国特色社会主义方向继续前进。

（二）建立社会主义市场经济体制

在新的历史条件下，中国选择什么样的经济体制，直接关系到社会主义现代化的全局和未来。经济体制是一个国家的经济结构和组织经济管理活动的方式方法、组织形式、组织机构的总称，主要包括市场经济和计划经济两种形式。我国长期以来选择的是计划经济体制，虽然取得了较好的成就，其弊端也逐渐凸显。改革开放以来，我国逐渐开始探索建立社会主义市场经济体制。

我国社会主义市场经济体制的确立首先经历了思想理论的突破过程。市场经济作为一种经济运行机制，它与计划经济相对应。传统观点都把市场经济看成是私有制的产物，是资本主义制度特有的范畴。列宁首先将市场引入了社会主义建设实践。毛泽东明确提出了"社会主义商品经济"② 的概念，并在体制上进行了几次调整和改革。但是这些可贵的探索并未得到真正落实和深化。改革开放开始后相当长的时期内，我国经济体制改革的核心问题是如何正确认识和处理计划经济与市场经济体制的关系。党的十二大提出了计划经济为主，市场调节为辅的要求；党的十二届三中全会指出，商品经济是社会主义发展不可逾越的阶段，我国社会主义经济是公有制基础上有计划的商品经济；党的十三大提出社会主义有计划的商品经济应该是计划与市场的内在统一的体制；

---

① 中共中央文献研究室编：《十四大以来重要文献选编》（上），人民出版社 1996 年版，第 2 页。

② 陈湘舸：《毛泽东经济哲学与经济思想》，华中理工大学出版社 1993 年版，第 142 页。

提出建立"计划和市场内在统一的体制";邓小平的南方谈话突破了计划经济和市场经济是社会制度属性的思想束缚,认为社会主义可以实行市场经济,开始逐渐形成社会主义市场经济理论。它的主要观点包括:一是计划经济和市场经济不是划分社会制度的标志,计划经济不等于社会主义,市场经济也不等于资本主义;二是计划和市场都是经济手段,对经济活动的调节各有优势和长处,社会主义实行市场经济要把两者结合起来;三是市场经济作为资源配置的一种方式不具有制度属性,可以和不同的社会制度结合。邓小平关于社会主义市场经济理论的科学阐述,为社会主义市场经济体制的确立奠定了思想基础。

江泽民继承了邓小平关于计划和市场都是经济手段的思想。党的十四大首次提出,"我国经济体制改革的目标是建立社会主义市场经济体制"①,以利于进一步解放和发展生产力。此后,我国的经济改革沿着建立和完善社会主义市场经济体制的方向加速推进。江泽民明确指出:"我们要建立的社会主义市场经济体制,就是要使市场在社会主义国家宏观调控下对资源配置起基础性作用。"② 他深入分析了社会主义市场经济体制的创造性和特色之所在,进一步指出:"社会主义市场经济体制是同社会主义基本制度结合在一起的。"③

江泽民在党的十四大上第一次提出和使用了"社会主义市场经济"这一概念,第一次明确提出我国经济体制改革的目标是建立社会主义市场经济体制。这是在计划与市场关系问题上,在社会主义经济理论上的重大突破。党的十五大将社会主义市场经济作为建设有中国特色社会主义基本经济纲领的重要内容,是江泽民在邓小平理论的指导下,在经济

---

① 《江泽民文选》第一卷,人民出版社 2006 年版,第 226 页。
② 《毛泽东 邓小平 江泽民论科学发展》,中央文献出版社、党建读物出版社 2008 年版,第 66 页。
③ 《江泽民文选》第一卷,人民出版社 2006 年版,第 227 页。

体制改革的理论上取得的新突破。同时，江泽民根据解放和发展生产力的要求，把以公有制为主体、多种所有制经济共同发展确立为社会主义初级阶段的基本经济制度；确立了劳动、资本、技术和管理等生产要素按贡献大小参与分配的原则，强调要坚持和完善以按劳分配为主体、多种分配方式并存的分配制度；强调要积极推进国有企业改革，建立现代企业制度；强调加快推进财政、税收、金融体制等一系列改革。这些理论和实践问题上的重大突破，把我们党对社会主义经济体制的认识上升到一个新的高度。

（三）确立全面建设小康社会的战略目标

中国特色社会主义发展的一个重要特点就是坚持远大目标的确定性和现实目标的阶段性。实现共产主义是中国共产党人坚定信仰的远大目标，为了实现这一远大目标，我们党制定了科学的阶段性目标。其中，"小康社会"和"全面小康"都是党的理论创新成果。

邓小平基于毛泽东和周恩来提出的"四个现代化"概念首次提出了"小康"概念，实现小康社会是中国共产党推进"四个现代化"进程的重要阶段性目标，"小康社会"的内涵伴随着"四个现代化"进程获得了自身的发展。邓小平在1979年12月会见日本首相大平正芳时讲到："我们要实现的四个现代化，是中国式的四个现代化。我们的四个现代化的概念，不是像你们那样的现代化的概念，而是'小康之家'。"[1] 针对"小康"，邓小平预设了一个初步的指标，那就是到20世纪末，我国可以成为第三世界中比较富裕的国家，且人均国民生产总值达到1000美元。为实现这个目标，党的十三大正式确立了我国社会主义现代化建设的"三步走"发展战略，"第一步，实现国民生产总值比

---

[1] 《邓小平文选》第二卷，人民出版社1994年版，第237页。

一九八〇年翻一番，解决人民的温饱问题。这个任务已经基本实现。第二步，到本世纪末，使民生产总值再增长一倍，人民生活达到小康水平。第三步，到下个世纪中叶，人均国民生产总值达到中等发达国家水平，人民生活比较富裕，基本实现现代化"①。经过全党全国人民的勤力同心，截至 2000 年，我国实现了"三步走"发展战略的前两步，这意味着中国共产党为完成第三步的发展战略奠定了坚实基础。

世纪之交的中国共产党人必须考量和回答的重大命题是如何实现第三步发展战略。党的十五大第一次明确提出了新"三步走"战略步骤，江泽民在报告中提出，"我们的目标是，第一个十年实现国民生产总值比二〇〇〇年翻一番，使人民的小康生活更加富裕，形成比较完善的社会主义市场经济体制；再经过十年的努力，到建党一百年时，使国民经济更加发展，各项制度更加完善；到世纪中叶建国一百年时，基本实现现代化，建成富强民主文明的社会主义国家"②。新"三步走"战略说明，我国的小康社会建设并不止于十三大提出的 20 世纪末实现的小康。在党的十五届五中全会上，党中央明确提出："从新世纪开始，我国将进入全面建设小康社会，加快推进社会主义现代化的新的发展阶段。"③党中央之所以提出"全面建设小康社会"这一重大命题和历史任务，是因为 20 世纪末我国实现的总体小康，只是"低水平的、不全面的、发展很不平衡的"④ 总体小康，"全面建设小康社会"的提出，标志着我国迈向实现小康社会的崭新阶段，我国现代化建设的战略目标开始由总体小康转向全面小康，中国共产党推进实施小康社会蓝图规划，拥有

---

① 中共中央文献研究室编：《十三大以来重要文献选编》（上），人民出版社 1991 年版，第 16 页。

② 《江泽民文选》第二卷，人民出版社 2006 年版，第 4 页。

③ 中共中央文献研究室编：《十五大以来重要文献选编》（中），人民出版社 2001 年版，第 1369 页。

④ 《江泽民文选》第三卷，人民出版社 2006 年版，第 542 页。

了更加清晰的新的时间表和路线图，我们党关于小康社会思想实现了创造性飞跃。

（四）提出依法治国新方略

江泽民积极推进政治体制改革和民主政治建设，早在 1990 年就提出政治体制改革的目标是建设中国特色的社会主义民主政治。他通过总结社会主义历史经验，根据邓小平关于民主与法制建设的设想，提出了依法治国、建设社会主义法治国家的战略决策。这标志着中国特色社会主义法治建设进入一个新的历史阶段，也反映了中国共产党在治国理政方面达到一个新高度。

1996 年 2 月，中共中央在中南海举办以《关于依法治国、建设社会主义法制国家的理论和实践问题》为题的第三次法制讲座。江泽民在讲座后发表讲话，首次对依法治国的重大意义、基本要求等进行了全面阐述。他强调："加强社会主义法制建设，依法治国，是邓小平同志建设有中国特色社会主义理论的重要组成部分，是我们党和政府管理国家和社会事务的重要方针。"[1] 江泽民认为："依法治国是社会进步、社会文明的一个重要标志，是我们建设社会主义现代化国家的必然要求。"[2] 坚持依法治国，就是使国家各项工作走向法制化和规范化。在党的十五大报告中，江泽民进一步把依法治国提高到了治国方略的高度，明确提出了建设社会主义法治国家的目标。报告指出："依法治国，是党领导人民治理国家的基本方略，是发展社会主义市场经济的客观需要，是社会文明进步的重要标志，是国家长治久安的重要保障。"[3]

---

[1]　中共中央文献研究室编：《江泽民论有中国特色社会主义》（专题摘编），中央文献出版社 2002 年版，第 326 页。

[2]　《江泽民文选》第一卷，人民出版社 2006 年版，第 513 页。

[3]　《江泽民文选》第二卷，人民出版社 2006 年版，第 29 页。

把依法治国作为治国方略，标志着中国共产党执政方式和社会主义国家治理方式的重大发展和提升，这一项具有全局性、根本性和深远历史意义的战略决策，是我国民主法制进程中的一个新的里程碑。

2001年1月，江泽民在全国宣传部长会议上第一次提出了"政治文明"的概念，并在党的十六大报告中把"依法治国"纳入社会主义政治文明范畴，第一次明确地对建设社会主义政治文明作出战略部署，将其与社会主义物质文明、精神文明一起，确定为我国社会主义现代化建设的三大基本目标。"发展社会主义民主政治，建设社会主义政治文明，是社会主义现代化建设的重要目标。"① 他进一步提出建设社会主义政治文明，最根本的是要坚持党的领导、人民当家作主和依法治国的有机结合和辩证统一。总之，在社会主义政治发展史上，江泽民首次提出了社会主义政治文明的新命题，这是对马克思主义政治理论的重大发展，深化了党对社会主义建设规律的认识。

（五）推进党的建设新的伟大工程

中国共产党作为中国特色社会主义事业的领导核心，直接承担着实现社会主义现代化和实现中华民族伟大复兴的历史重任，执政党的建设问题始终是中国特色社会主义发展的核心问题，它直接关系到中国特色社会主义的命运，也直接关系到国家和民族的未来发展状况。江泽民针对党的建设面临的新情况和新问题，根据中国共产党所处的历史方位、历史任务和自身状况的新变化以及面临的新考验，提出并科学回答了"建设什么样的党和怎样建设党"的问题。

党的十四届四中全会明确提出了党的建设"新的伟大工程"，即"在当代世界风云变幻的条件下，在当代中国改革开放和现代化建设的

---

① 《毛泽东 邓小平 江泽民论科学发展》，中央文献出版社、党建读物出版社2008年版，第120页。

伟大变革中，把党建设成为用建设有中国特色社会主义理论武装起来、全心全意为人民服务、思想上政治上组织上完全巩固、能够经受住各种风险、始终走在时代前列的马克思主义政党，这是以邓小平同志为核心的第二代中央领导集体开创的、以江泽民同志为核心的第三代中央领导集体正在领导全党继续进行的新的伟大的工程"①。

在总结党的建设历史经验的基础上，江泽民提出要加强党的执政能力建设，提高党的领导水平和执政水平，提高拒腐防变和抵御风险能力。2000年2月25日，他在广东考察时提出："在新的历史条件下，我们党如何更好地做到这'三个代表'，是一个需要全党同志特别是党的高级干部深刻思考的重大课题。"② 这是江泽民第一次正式提出"三个代表"重要思想。2001年7月，江泽民代表党中央在庆祝中国共产党成立八十周年大会上发表重要讲话，系统阐述了"三个代表"重要思想的科学内涵和基本内容，明确指出，"我们党要始终代表中国先进生产力的发展要求""我们党要始终代表中国先进文化的前进方向""我们党要始终代表中国最广大人民的根本利益"，标志着"三个代表"重要思想的成熟。党的十六大报告中进一步阐述了"三个代表"重要思想的时代背景、实践基础、科学内涵、精神实质和历史地位，阐明了贯彻"三个代表"重要思想的根本要求，提出要把"三个代表"重要思想贯彻到社会主义现代化建设的各个领域，体现在党的建设的各个方面，党的十六大把"三个代表"重要思想同马克思列宁主义、毛泽东思想、邓小平理论一道确立为党必须长期坚持的指导思想并写入党章，实现了党的指导思想的又一次与时俱进，对全面开创中国特色社会主义事业新局面产生重要的推动作用。

---

① 中共中央文献研究室编：《十四大以来重要文献选编》（中），人民出版社1997年版，第957页。

② 江泽民：《论"三个代表"》，中央文献出版社2001年版，第2页。

"三个代表"重要思想，科学地概括出我们党的立党之本、执政之基、力量之源，围绕建设一个什么样的党、怎样建设党这一时代课题，对党的性质、宗旨、历史任务做出了新概括。它不仅进一步丰富和深化了党的建设总目标的内涵，深化了对共产党执政规律的认识，而且提供了衡量我们党执政兴衰成败的标准，是对党的建设理论的新发展。这一重要思想，贯通中国特色社会主义建设和党的建设两大工程，进一步明确了中国特色社会主义的未来走向和中国共产党的历史使命，深化了对共产党执政规律的认识。

三、在新的历史起点上丰富和发展中国特色社会主义

以胡锦涛同志为总书记的党中央从新世纪新阶段党和国家事业发展的全局出发，回应新时期提出的新课题，立足社会主义初级阶段基本国情，深刻把握时代特征和我国经济社会发展的阶段性特征，不断进行实践创新和理论提升，推动中国特色社会主义在新的历史起点上得到了更好的丰富和发展。

（一）新时期提出的新课题

新世纪新阶段提出的新任务新挑战，要求我们党对新课题做出新回答。

首先，全面建设小康社会的历史任务提出了新要求。党的十六大提出全面建设小康社会，这是为实现中华民族伟大复兴、建设社会主义现代化国家必须完成的目标和要求。但是，我国虽然在总体上已经进入了小康社会，可仍是低水平的、不完全的、发展很不平衡的小康社会，仍然存在城乡差别、地区差别和经济社会发展不协调。因此，我国要全面

建设小康社会，面临的一个艰巨的任务，就是如何解决好城乡差别问题、区域差距问题，以及如何解决经济与社会发展不协调问题。同时，2003 年 4 月突如其来的非典疫情，促使党深化对于科学发展的认识。

其次，复杂多变的国际形势提出了新挑战。进入新世纪，和平、发展、合作成为时代潮流，我国经济对外依存度不断提高，世界经济对我国发展的影响明显加深；同时，国际环境复杂多变，影响和平与发展的因素不断增多。我国发展虽然已具备了较好的国际空间，但世界仍然很不安宁，霸权主义和强权政治依然存在，影响世界和平与发展的不稳定不确定因素在增多。新时期的国际环境既给我国带来发展机遇，也给我们带来严峻挑战。要在错综复杂的国际环境中把握主动权，在国际竞争中立于不败之地，中国必须抓住机遇、发展自己，坚定不移地走科学发展、和平发展的道路。

再次，世界各国发展的经验教训要求我们提升发展理念。近半个世纪以来，世界各国的发展实践表明，发展不仅仅是经济增长，更应该是经济、政治、文化、社会全面协调发展，应该是人与自然和谐地持续发展。世界上许多国家在人均国民生产总值处于 1000 美元到 3000 美元之间的时候，往往是"黄金发展期"与"矛盾凸显期"并存的时期。我国进入 21 世纪以后，在全面建设小康社会阶段，正处于这一特殊的发展时期，因此在重视发展社会主义市场经济的同时，必须处理好经济社会协调发展问题。

最后，社会发展提出新要求。进入新世纪新阶段，随着经济体制深刻变革、社会结构深刻变动、利益格局深刻调整、思想观念深刻变化，我国经济社会发展呈现出一系列新的阶段性特征。它表明我国已进入发展的关键期、改革的攻坚期和社会矛盾的凸显期。这是一个既有巨大发展潜力和动力，又有各种困难和风险的发展阶段，是不进则退、无序推进则乱的发展阶段。要适应新的阶段性特征，解决新课题新矛盾，作为执政党必须改变传统的发展思路和发展模式，以新的思路、新的方式推进现代化建设，更加自觉地走科学发展、文明发展、和谐发展的道路。

（二）提出科学发展观

作为一个科学命题，科学发展观是在党的十六大之后提出来的。2003 年 4 月，胡锦涛在广东考察时，针对"非典"肆虐带来的严重损失，提出了"全面的发展观"概念，要求做到集约发展、全面发展、系统发展、可持续发展。2003 年 7 月，在全国防治"非典"工作会议上，胡锦涛强调：我们讲发展是执政兴国第一要务，绝不只是指经济增长，而是要坚持以经济建设为中心、在经济发展的基础上实现社会全面发展，要更好地坚持全面发展、协调发展、可持续发展的发展观。2003 年 8 月，胡锦涛在江西考察时首次提出了"科学发展观"的概念，要求牢固树立协调发展、全面发展、可持续发展的科学发展观。同年 10 月召开的党的十六届三中全会正式提出了科学发展观。全会通过的《中共中央关于完善社会主义市场经济体制若干问题的决定》指出："坚持以人为本，树立全面、协调、可持续的发展观，促进经济社会和人的全面发展。"[①] 2007 年 10 月，胡锦涛在党的十七大报告中强调："科学发展观，第一要义是发展，核心是以人为本，基本要求是全面协调可持续性，根本方法是统筹兼顾。"[②] 报告系统阐述了科学发展观的时代背景、实践基础、科学内涵、精神实质和根本要求。党的十七大把科学发展观写入了党章，成为全党全国各族人民的重要指导方针和发展中国特色社会主义的重大战略思想。2012 年 11 月，党的十八大报告强

---

① 中共中央文献研究室编：《十六大以来重要文献选编》（上），中央文献出版社 2005 年版，第 465 页。

② 中共中央文献研究室编：《十七大以来重要文献选编》（上），中央文献出版社 2009 年版，第 11—12 页。

调，科学发展观是中国特色社会主义理论体系最新成果，是中国共产党集体智慧的结晶，是指导党和国家全部工作的强大思想武器。科学发展观同马克思列宁主义、毛泽东思想、邓小平理论、"三个代表"重要思想一道，是党必须长期坚持的指导思想。

科学发展观的内涵和要求，包含着对中国发展实践经验的总结，对世界发展趋势的把握，对国外发展经验的借鉴，也包含着对新的发展要求的回应，坚持科学发展观，从理论认识上看，是对中国特色社会主义发展理念的进一步深化，从实践上看，是对中国特色社会主义发展道路的推进。

（三）构建社会主义和谐社会

构建社会主义和谐社会是我国社会发展深刻变化的必然要求。作为中国特色社会主义总体布局的重要组成部分，它贯穿于中国特色社会主义事业的全过程，是需要不断更好完成的历史任务。进入新世纪，我国经济社会发展处于急剧转型期，这种转型一方面有利于促进经济社会的发展，另一方面也带来诸多冲突和矛盾。构建社会主义和谐社会这一重大任务的提出，适应了我国改革发展进入关键时期的客观要求，体现了广大人民群众的根本利益和共同愿望。

党的十六大第一次将"社会更加和谐"作为全面建设小康社会的重要奋斗目标。2004 年 9 月，党的十六届四中全会上做出了《中共中央关于加强党的执政能力建设的决定》，鲜明地提出要把建设和谐社会摆到重要位置，要求全党必须不断提高构建社会主义和谐社会的能力。这是第一次在党的重要文件中将构建社会主义和谐社会能力作为党的执政能力之一，显示出我党对构建社会主义和谐社会问题认识的深入与提高。

党的十六届六中全会做出的《中共中央关于构建社会主义和谐社会若干重大问题的决定》（以下简称《决定》），深刻阐明了社会主义和谐社会的性质和定位，指明了建设社会主义和谐社会的指导思想、目标任务、工作原则和重大部署。《决定》提出的构建社会主义和谐社会的基本原则包括：一是必须坚持以人为本。二是必须坚持科学发展。三是必须坚持改革开放。四是必须坚持民主法治。五是必须坚持正确处理改革发展稳定的关系。六是必须坚持在党的领导下全社会共同建设。①

建设和谐社会是贯穿中国特色社会主义事业全过程的长期历史任务，其目标和主要任务是一个不断提升的过程。党的十七大继续对社会主义和谐社会建设进行了具体部署，指明了社会主义和谐社会建设的具体方向和内容。党的十八大反复强调建设社会主义和谐社会的重要性，并将社会建设纳入中国特色社会主义事业的总体布局中。党的十九大提出提高保障和改善民生水平，加强和创新社会治理。这一系列论述都体现了我们党社会建设理念在不断完善和提升。建设社会主义和谐社会，是中国特色社会主义发展的重大战略任务，体现了全党全国各族人民的共同愿望，对于推进党和人民的事业发展，保证党和国家的长治久安，实现国家富强、民族振兴、人民幸福具有十分重要的意义。

（四）拓展中国特色社会主义总体布局

中国特色社会主义是全面发展的事业。如何推进社会主义建设的总体布局，一直是中国共产党历代中央领导集体高度关注的问题。党的十二届六中全会依据邓小平提出的现代化建设战略思想，首次提出中国社会主义现代化建设的总体布局，这就是"以经济建设为中心，坚定不移地进行经济体制改革，坚定不移地进行政治体制改革，坚定不移地加

---

① 参见中共中央文献研究室编：《十六大以来重要文献选编》（下），中央文献出版社2008年版，第651—652页。

强精神文明建设，并且使这几个方面互相配合，互相促进"①。关于总体布局有了两个方面内容的界定。随着中国特色社会主义事业的不断发展，中国特色社会主义事业总体布局不断拓展。2002 年，在党的十六大报告中，江泽民提出："发展社会主义民主政治、建设社会主义政治文明，是全面建设小康社会的重要目标。"② 将总体布局拓展为三个方面。进入 21 世纪，以胡锦涛同志为总书记的党中央提出了构建社会主义和谐社会，将社会建设纳入中国特色社会主义事业的总体布局，使总体布局有了新发展。从经济建设、文化建设、政治建设"三位一体"拓展为包括社会建设在内的"四位一体"，与之相适应，我国社会主义现代化建设的奋斗目标也不断得到充实和提升，在原来的富强、民主、文明基础上增加了"和谐"，构成了社会主义现代化建设的新的整体目标。在党的十七大上，胡锦涛从中国特色社会主义事业长远发展的角度出发，对中国特色社会主义事业总体布局进行了系统阐述，对经济建设、政治建设、文化建设和社会建设的战略任务作出全面部署，强调"要按照中国特色社会主义事业总体布局，全面推进经济建设、政治建设、文化建设、社会建设，促进现代化建设各个环节、各个方面相协调，促进生产关系与生产力、上层建筑与经济基础相协调"③。随着生态文明建设的提出，在党的十七届四中全会上，把生态文明上升到与经济建设、政治建设、文化建设、社会建设并列的战略高度。由此，中国特色社会主义总体布局便由"三位一体"拓展为"五位一体"。这个"五位一体"总体布局，是在中国特色社会主义事业不断推进中逐步形成的，是中国共产党人对中国特色社会主义建设规律不断深化的结果，

---

① 中共中央文献研究室编：《十二大以来重要文献选编》（下），人民出版社 1988 年版，第 1173—1174 页。

② 中共中央文献研究室编：《十六大以来重要文献选编》（上），中央文献出版社 2005 年版，第 24 页。

③ 《胡锦涛文选》第二卷，人民出版社 2016 年版，第 624 页。

也是中国特色社会主义事业不断发展的体现。

在这一时期，党的最重要的理论成果是形成了科学发展观。科学发展观的提出，标志中国特色社会主义理论体系的形成，在党的理论建设和理论发展进程中具有重要的标志性意义，也意味着我们党在领导社会主义现代化建设过程中，在对"为什么要发展"深刻认识的基础上，加深了对"什么是发展""怎样发展"这一重要问题的认识。

党的十七大做出我们党"开辟了中国特色社会主义道路，形成了中国特色社会主义理论体系"的科学判断。第一次全面系统地阐述了"中国特色社会主义道路"的科学内涵："中国特色社会主义道路，就是在中国共产党领导下，立足基本国情，以经济建设为中心，坚持四项基本原则，坚持改革开放，解放和发展社会生产力，巩固和完善社会主义制度，建设社会主义市场经济、社会主义民主政治、社会主义先进文化、社会主义和谐社会，建设富强民主文明和谐的社会主义现代化国家。"[1] 而且，特别指出："在当代中国，坚持中国特色社会主义道路，就是真正坚持社会主义。"[2] 同时，报告第一次提出了"中国特色社会主义理论体系"这个重要命题，并对其内涵做出了科学界定："中国特色社会主义理论体系，就是包括邓小平理论、'三个代表'重要思想以及科学发展观等重大战略思想在内的科学理论体系。"[3] 这是我们党第一次从理论和实践两个方面揭示了中国特色社会主义的科学内涵。

2011 年 10 月，在庆祝中国共产党成立 90 周年大会上的讲话中，

---

[1] 中共中央文献研究室编：《十七大以来重要文献选编》（上），中央文献出版社 2009 年版，第 9 页。

[2] 中共中央文献研究室编：《十七大以来重要文献选编》（上），中央文献出版社 2009 年版，第 9 页。

[3] 中共中央文献研究室编：《十七大以来重要文献选编》（上），中央文献出版社 2009 年版，第 9 页。

胡锦涛第一次提出"确立了中国特色社会主义制度"① 的重要判断，党的十八大报告中首次界定了中国特色社会主义制度的科学内涵："中国特色社会主义制度，就是人民代表大会制度的根本政治制度，中国共产党领导的多党合作和政治协商制度、民族区域自治制度以及基层群众自治制度等基本政治制度，中国特色社会主义法律体系，公有制为主体、多种所有制经济共同发展的基本经济制度，以及建立在这些制度基础上的经济体制、政治体制、文化体制、社会体制等各项具体制度。"② 党的十九大提出了"中国特色社会主义文化"的命题："中国特色社会主义文化，源自于中华民族五千多年文明历史所孕育的中华优秀传统文化，熔铸于党领导人民在革命、建设、改革中创造的革命文化和社会主义先进文化，根植于中国特色社会主义伟大实践。"③ 并首次提出"中国特色社会主义道路、理论、制度、文化不断发展"④ 的重要判断。至此，中国特色社会主义所包含的实践道路、理论体系、制度体制和文化理念四个方面得到全面揭示和科学展现。

中国特色社会主义已经走过了 40 多年的光辉历程，成为指导中国全面建成小康社会，建设社会主义现代化强国，实现中华民族伟大复兴的光辉旗帜。在它的指导和引领下，中国特色社会主义道路取得了辉煌成就，中国特色社会主义理论体系不断创新，中国特色社会主义制度不断完善，中国特色社会主义文化不断发展。我们党能够带领全国人民创

---

① 中共中央文献研究室编：《十七大以来重要文献选编》（下），中央文献出版社 2013 年版，第 435 页。

② 中共中央文献研究室编：《十八大以来重要文献选编》（上），中央文献出版社 2014 年版，第 10 页。

③ 中共中央党史和文献研究院编：《十九大以来重要文献选编》（上），中央文献出版社 2019 年版，第 29 页。

④ 中共中央党史和文献研究院编：《十九大以来重要文献选编》（上），中央文献出版社 2019 年版，第 8 页。

造一个又一个人间奇迹，充分展现了中国特色社会主义的真理光辉和实践威力。推进党和人民的伟大事业，实现社会主义现代化、实现中华民族伟大复兴必须高举中国特色社会主义伟大旗帜。

第十一讲
夺取新时代中国特色社会主义伟大胜利

党的十八大以来，以习近平同志为核心的党中央团结带领全党全国各族人民，全面审视国际国内新的形势，通过总结实践、展望未来，深刻回答了新时代坚持和发展什么样的中国特色社会主义、怎样坚持和发展中国特色社会主义这个重大时代课题，形成了习近平新时代中国特色社会主义思想，坚持统筹推进"五位一体"总体布局、协调推进"四个全面"战略布局，坚持稳中求进工作总基调，对党和国家各方面工作提出一系列新理念新思想新战略，推动党和国家事业发生历史性变革、取得历史性成就，中国特色社会主义进入了新时代。①党的十九大进而就新时代的新征程作出周密部署和战略安排。中国人民在中国共产党的坚强领导下，正在谱写新时代中国特色社会主义的崭新篇章。

一、提出中国梦，形成"四个全面"战略布局

党的十八大不仅确立了科学发展观的指导思想地位，就全面建成小康社会作出新的部署，还选举产生了新一届党中央领导集体。以党的十八大召开为标志，中国不但有了新的奋斗目标，还进入了一个新

---

① 参见习近平：《论坚持全面深化改革》，中央文献出版社 2018 年版，第 506 页。

的发展阶段。

（一）召开党的十八大，部署全面建成小康社会

2012 年 11 月 8 日至 14 日，党的十八大在北京召开。大会批准了胡锦涛同志代表十七届中央委员会所作的《坚定不移沿着中国特色社会主义道路前进 为全面建成小康社会而奋斗》的报告，通过了《关于〈中国共产党章程（修正案）〉的决议》和《关于中央纪律检查委员会工作报告的决议》等。

大会的主题是：高举中国特色社会主义伟大旗帜，以邓小平理论、"三个代表"重要思想、科学发展观为指导，解放思想，改革开放，凝聚力量，攻坚克难，坚定不移沿着中国特色社会主义道路前进，为全面建成小康社会而奋斗。[①]

大会分析了国际国内形势的发展变化，回顾总结了过去五年的工作和党的十六大以来的奋斗历程及取得的历史性成就，对新的时代条件下推进中国特色社会主义事业作出了全面部署，对全面提高党的建设科学化水平提出了明确要求。大会明确提出夺取中国特色社会主义新胜利必须坚持的八个基本要求，提出建设中国特色社会主义，总依据是社会主义初级阶段，总布局是"五位一体"，总任务是实现社会主义现代化和中华民族伟大复兴，概括了中国特色社会主义道路、理论体系和制度的丰富内涵。大会确定了全面建成小康社会和全面深化改革的目标，提出到 2020 年实现全面建成小康社会的宏伟目标，并从经济持续健康发展，人民民主不断扩大，文化软实力显著增强，人民生活水平全面提高，资源节约、环境友好型社会建设取得重大进展等五个方面提出要求。报告还对全面深化改革作出部署，提出全面建成小康社会，必须以更大的政

---

① 《中国共产党第十八次全国代表大会文件汇编》，人民出版社 2012 年版，第 1 页。

治勇气和智慧，不失时机深化重要领域改革，坚决破除一切妨碍科学发展的思想观念和体制机制弊端，构建系统完备、科学规范、运行有效的制度体系，使各方面制度更加成熟更加定型。

大会报告系统阐述了科学发展观的时代背景、历史地位、精神实质，明确指出科学发展观是党必须长期坚持的指导思想，要求全党必须更加自觉地把推动经济社会发展作为深入贯彻落实科学发展观的第一要义，必须更加自觉地把以人为本作为深入贯彻落实科学发展观的核心立场，必须更加自觉地把统筹兼顾作为深入贯彻落实科学发展观的根本方法。大会通过的党章修正案把科学发展观作为党的行动指南写入党章，成为全党要长期坚持的指导思想。

大会顺利实现中共中央领导集体的新老交替。在 11 月 15 日召开的党的十八届一中全会上，习近平同志当选中央委员会总书记。

党的十八大勾画了在新的历史条件下全面建成小康社会、加快推进社会主义现代化、夺取中国特色社会主义新胜利的宏伟蓝图，是中国共产党团结带领全国各族人民沿着中国特色社会主义道路继续前进、为全面建成小康社会而奋斗的政治宣言和行动纲领，为新一届中央领导集体的工作指明了方向。

（二）提出实现中华民族伟大复兴的中国梦

2012 年 11 月 29 日，习近平总书记在参观复兴之路展览时，第一次提出实现民族复兴中国梦的概念和命题。他明确指出："实现中华民族伟大复兴，就是中华民族近代以来最伟大的梦想。这个梦想，凝聚了几代中国人的夙愿，体现了中华民族和中国人民的整体利益，是每一个中华儿女的共同期盼。"①

---

①　中共中央文献研究室编：《十八大以来重要文献选编》（上），中央文献出版社 2014 年版，第 84 页。

2013 年 3 月 17 日，习近平总书记在十二届全国人民代表大会第一次会议上的讲话中，进一步阐明了中国梦的本质，强调实现全面建成小康社会、建成富强民主文明和谐的社会主义现代化国家的奋斗目标，实现中华民族伟大复兴的中国梦，就是要实现国家富强、民族振兴、人民幸福。

实现中国梦必须走中国道路。这就是中国特色社会主义道路。这条道路来之不易，它是在改革开放 30 多年的伟大实践中走出来的，是在中华人民共和国成立 60 多年的持续探索中走出来的，是在对近代以来 170 多年中华民族发展历程的深刻总结中走出来的，是在对中华民族 5000 多年悠久文明的传承中走出来的，具有深厚的历史渊源和广泛的现实基础。中华民族是具有非凡创造力的民族，我们创造了伟大的中华文明，我们也能够继续拓展和走好适合中国国情的发展道路。全国各族人民一定要增强对中国特色社会主义的道路自信、理论自信、制度自信，坚定不移沿着正确的中国道路奋勇前进。

实现中国梦必须弘扬中国精神。这就是以爱国主义为核心的民族精神，以改革创新为核心的时代精神。这种精神是凝心聚力的兴国之魂、强国之魂。爱国主义始终是把中华民族坚强团结在一起的精神力量，改革创新始终是鞭策我们在改革开放中与时俱进的精神力量。全国各族人民一定要弘扬伟大的民族精神和时代精神，不断增强团结一心的精神纽带、自强不息的精神动力，永远朝气蓬勃迈向未来。

实现中国梦必须凝聚中国力量。这就是中国各族人民大团结的力量。中国梦是民族的梦，也是每个中国人的梦。只要我们紧密团结，万众一心，为实现共同梦想而奋斗，实现梦想的力量就无比强大，我们每个人为实现自己梦想的努力就拥有广阔的空间。生活在我们伟大祖国和伟大时代的中国人民，共同享有人生出彩的机会，共同享有梦想成真的机会，共同享有同祖国和时代一起成长与进步的机会。有梦想，有机会，有奋斗，一切美好的东西都能够创造出来。全国各族人民一定要牢记使命，心往一处想，劲往一处使，用 13 亿人的智慧和力量汇集起不可战胜的磅礴力量。①

中国梦归根到底是人民的梦，必须紧紧依靠人民来实现，必须不断为人民造福。中国梦生动形象表达了全体中国人民的共同理想追求，昭示着国家富强、民族振兴、人民幸福的美好前景，为坚持和发展中国特色社会主义注入新的内涵和时代精神，成为凝聚党心民心、激励中华儿女为实现中华民族伟大复兴而奋斗的强大精神力量。当然，伟大梦想是等不来、喊不来的，而是拼出来、干出来的。党的十八大以后，以习近平同志为核心的党中央，带领全党全国各族人民积极向着实现民族复兴的中国梦奋勇前行。

（三）统筹推进"四个全面"战略布局

党的十八大以来，以习近平同志为核心的党中央日益明晰地展示治国理政的大思路和新特点。2014 年 8 月，习近平总书记阐述了全面推进依法治国与全面建成小康社会和全面深化改革的关系，要求把握好这"三个全面"的逻辑联系。到 12 月，在江苏考察调研时，习近平总书记在"三个全面"后增加了一个"全面从严治党"，要求协调推进全面建成小康社会、全面深化改革、全面推进依法治国、全面从严治党，推动改革开放和社会主义现代化建设迈上新台阶。② 2015 年 1 月 23 日，在十八届中央政治局第 20 次集体学习时，习近平总书记指出"这'四个全面'是当前党和国家事业发展中必须解决好的主要矛盾"③。2015

---

① 参见中共中央文献研究室编：《十八大以来重要文献选编》（上），中央文献出版社 2014 年版，第 234—235 页。

② 习近平：《论坚持全面深化改革》，中央文献出版社 2018 年版，第 147 页。

③ 习近平：《论坚持全面深化改革》，中央文献出版社 2018 年版，第 148 页。

年 2 月 2 日，在省部级主要领导干部研讨班开班式上，习近平总书记又明确指出："党的十八大以来，党中央从坚持和发展中国特色社会主义全局出发，提出并形成了全面建成小康社会、全面深化改革、全面依法治国、全面从严治党的战略布局。"① 从此，"四个全面"以战略布局的身份出现在全党全国人民面前。在这一布局中，全面建成小康社会是战略目标，其他三个全面是战略举措，每个"全面"相互之间具有紧密的内在逻辑，是一个整体战略部署的有序展开。

从实践上看，党的十八届三中、四中、五中、六中全会相继就全面深化改革、全面依法治国、全面建成小康社会、全面从严治党进行了专题研究，完成了"四个全面"战略布局顶层设计。

2013 年 11 月，党的十八届三中全会通过《中共中央关于全面深化改革若干重大问题的决定》，提出全面深化改革的总目标是完善和发展中国特色社会主义制度，推进国家治理体系和治理能力现代化；经济体制改革的核心问题是处理好政府和市场的关系，使市场在资源配置中起决定性作用和更好发挥政府作用。同年 12 月 30 日，中央全面深化改革领导小组成立，习近平总书记任组长。就这次全会的历史地位，习近平总书记曾评价说："党的十八届三中全会也是划时代的，开启了全面深化改革、系统整体设计推进改革的新时代，开创了我国改革开放的新局面。"②

2014 年 10 月，党的十八届四中全会通过《中共中央关于全面推进依法治国若干重大问题的决定》，强调全面推进依法治国，总目标是建设中国特色社会主义法治体系，建设社会主义法治国家。这就是，在中国共产党领导下，坚持中国特色社会主义制度，贯彻中国特色社会主义法治理论，形成完备的法律规范体系、高效的法治实施体系、严密的法

---

① 习近平：《论坚持全面深化改革》，中央文献出版社 2018 年版，第 148 页。
② 《习近平谈治国理政》第三卷，外文出版社 2020 年版，第 111 页。

治监督体系、有力的法治保障体系，形成完善的党内法规体系，坚持依法治国、依法执政、依法行政共同推进，坚持法治国家、法治政府、法治社会一体建设，实现科学立法、严格执法、公正司法、全民守法，促进国家治理体系和治理能力现代化。

2015 年 10 月，党的十八届五中全会通过《中共中央关于制定国民经济和社会发展第十三个五年规划的建议》，对"十三五"时期完成全面建成小康社会做出部署，提出了坚持创新、协调、绿色、开放、共享的发展理念，强调新发展理念是关系我国发展全局的一场深刻变革。习近平总书记指出："这五大发展理念不是凭空得来的，是我们在深刻总结国内外发展经验教训的基础上形成的，也是在深刻分析国内外发展大势的基础上形成的，集中反映了我们党对经济社会发展规律认识的深化，也是针对我国发展中的突出矛盾和问题提出来的。""这五大发展理念相互贯通、相互促进，是具有内在联系的集合体，要统一贯彻，不能顾此失彼，也不能相互替代。"①

2016 年 10 月 24 日至 27 日，党的十八届六中全会在北京举行。全会明确了习近平总书记在党中央和全党的核心地位，审议通过了《关于新形势下党内政治生活的若干准则》和《中国共产党党内监督条例》这两个推进全面从严治党的重要党内法规，系统总结了党的十八大以来全面从严治党的理论和实践，就新形势下加强党的建设作出新的重大部署，充分体现了党中央坚定不移推进全面从严治党的坚强决心和历史担当。

"四个全面"战略布局是从我国发展现实需要中得出来的，从人民群众的热切期待中得出来的，是为推动解决我们面临的突出矛盾和问题提出来的，是中国共产党在新的时代条件下推进改革开放和社会主义现

---

① 《习近平谈治国理政》第二卷，外文出版社 2017 年版，第 197、200 页。

代化建设、坚持和发展中国特色社会主义的战略抉择。

二、决胜全面建成小康社会，党的
指导思想实现与时俱进

（一）党的十九大实现党的指导思想又一次与时俱进

2017 年 10 月 18 日至 24 日，党的十九大在北京举行。习近平总书记代表十八届中央委员会在大会上作了《决胜全面建成小康社会 夺取新时代中国特色社会主义伟大胜利》的报告。大会在回顾和总结过去工作基础上，作出中国特色社会主义进入新时代、社会主要矛盾发生转化等重大政治论断。强调这个新时代，是承前启后、继往开来、在新的历史条件下继续夺取中国特色社会主义伟大胜利的时代，是决胜全面建成小康社会，进而全面建设社会主义现代化强国的时代，是全国各族人民团结奋斗、不断创造美好生活、逐步实现全体人民共同富裕的时代，是全体中华儿女勠力同心、奋力实现中华民族伟大复兴中国梦的时代，是我国日益走近世界舞台中央、不断为人类作出更大贡献的时代。大会报告指出，中国特色社会主义进入新时代，我国社会主要矛盾已经转化为人民日益增长的美好生活需要和不平衡不充分的发展之间的矛盾。我国社会主要矛盾的变化是关系全局的历史性变化，但我国仍处于并将长期处于社会主义初级阶段的基本国情没有变，我国是世界最大发展中国家的国际地位没有变。我们要牢牢把握社会主义初级阶段这个基本国情，牢牢立足社会主义初级阶段这个最大实际，牢牢坚持党的基本路线这个党和国家的生命线、人民的幸福线。

新时代呼唤新思想。大会把习近平新时代中国特色社会主义思想确立为党的指导思想，实现了党在指导思想上的又一次与时俱进。大会用

"八个明确"概括了这一思想的核心内容，用"十四个坚持"概括了这一新思想的实践要求。强调这一思想，从理论和实践的结合上系统回答了新时代坚持和发展什么样的中国特色社会主义、怎样坚持和发展中国特色社会主义等重大时代课题；是对马克思列宁主义、毛泽东思想、邓小平理论、"三个代表"重要思想、科学发展观的继承和发展，是马克思主义中国化最新成果，是党和人民实践经验和集体智慧的结晶，是中国特色社会主义理论体系的重要组成部分，是全党全国人民为实现中华民族伟大复兴而奋斗的行动指南，必须长期坚持并不断发展。

新时代有新要求新目标。大会就决胜全面建成小康社会，开启全面建设社会主义现代化国家新征程作出战略部署。大会将全面建设社会主义现代化国家的新征程分为两个阶段来安排。第一个阶段，从 2020 年到 2035 年，在全面建成小康社会的基础上，再奋斗 15 年，基本实现社会主义现代化。第二个阶段，从 2035 年到本世纪中叶，在基本实现现代化的基础上，再奋斗 15 年，把我国建成富强民主文明和谐美丽的社会主义现代化强国。为实现新的战略安排，大会对中国特色社会主义经济、政治、文化、社会、生态文明建设等以及国防和军队建设、港澳台工作、外交工作、新时代推进党的建设新的伟大工程等作出全面部署。

2017 年 10 月 25 日，党的十九届一中全会召开，选举习近平总书记为中央委员会总书记。党的十九大在政治上、理论上、组织上取得的一系列重大成果，必将对我们党团结带领人民决胜全面建成小康社会、夺取新时代中国特色社会主义伟大胜利产生重大而深远的影响。

（二）推动党和国家机构改革，总结改革开放经验

进入新时代，党和国家机构设置和职能配置面临新课题。在充分准备的基础上，2018 年 2 月 26 日至 28 日党的十九届三中全会审议通过《中共中央关于深化党和国家机构改革的决定》和《深化党和国家机构

改革方案》，标志着改革开放以来力度最大的党和国家机构改革拉开帷幕。

此次改革的目标是构建系统完备、科学规范、运行高效的党和国家机构职能体系，形成总揽全局、协调各方的党的领导体系，职责明确、依法行政的政府治理体系，中国特色、世界一流的武装力量体系，联系广泛、服务群众的群团工作体系，推动人大、政府、政协、监察机关、审判机关、检察机关、人民团体、企事业单位、社会组织等在党的统一领导下协调行动、增强合力，全面提高国家治理能力和治理水平。这次改革遵循了坚持党的全面领导、坚持以人民为中心、坚持优化协同高效、坚持全面依法治国的四条原则。根据中央部署，改革从上到下有条不紊推进，在一年多时间内就完成了这次历史性变革。2019 年 7 月 5 日，中共中央召开深化党和国家机构改革总结会议。习近平总书记在会上指出："深化党和国家机构改革是对党和国家组织结构和管理体制的一次系统性、整体性重构。我们整体性推进中央和地方各级各类机构改革，重构性健全党的领导体系、政府治理体系、武装力量体系、群团工作体系，系统性增强党的领导力、政府执行力、武装力量战斗力、群团组织活力，适应新时代要求的党和国家机构职能体系主体框架初步建立，为完善和发展中国特色社会主义制度、推进国家治理体系和治理能力现代化提供了有力组织保障。"① 当然，完成组织架构重建、实现机构职能调整，只是解决了"面"上的问题，真正要发生"化学反应"，还有大量工作要做。

在改革开放步入 40 周年之际，2018 年 12 月 18 日，中共中央、国务院召开大会隆重庆祝，习近平总书记在会上发表讲话强调：改革开放是党和人民大踏步赶上时代的重要法宝，是坚持和发展中国特色社会主

---

① 《习近平谈治国理政》第三卷，外文出版社 2020 年版，第 105 页。

义的必由之路，是决定当代中国命运的关键一招，也是决定实现"两个一百年"奋斗目标、实现中华民族伟大复兴的关键一招。改革开放已走过千山万水，但仍需跋山涉水，中国绝不能有半点骄傲自满、固步自封，也绝不能有丝毫犹豫不决、徘徊彷徨，必须统揽伟大斗争、伟大工程、伟大事业、伟大梦想，勇立潮头、奋勇搏击，把改革开放进行到底。

（三）聚焦制度建设，推动国家治理体系和治理能力现代化

制度优势是一个国家的最大优势，制度竞争是国家间最根本的竞争。新中国成立以来，中华民族之所以能迎来从站起来、富起来到强起来的伟大飞跃，最根本的是因为党领导人民建立和完善了中国特色社会主义制度。[①] 制度更加成熟更加定型是一个动态过程，对待中国特色社会主义制度，既要坚持，更要完善。2019 年 10 月 28 日至 31 日，党的十九届四中全会在北京举行。会议审议通过了《中共中央关于坚持和完善中国特色社会主义制度、推进国家治理体系和治理能力现代化若干重大问题的决定》（以下简称《决定》）。这个决定是坚持和完善中国特色社会主义制度、推进国家治理体系和治理能力现代化的政治宣言和行动纲领。

全会概括了中国国家制度和国家治理体系的 13 个方面的显著优势，这是坚定中国特色社会主义道路自信、理论自信、制度自信、文化自信的基本依据。全会通过的《决定》不仅明确坚持和完善中国特色社会主义制度、推进国家治理体系和治理能力现代化的指导思想、重大意义，还提出了总体目标，到中国共产党成立一百年时，在各方面制度更加成熟更加定型上取得明显成效；到二〇三五年，各方面制度更加完

---

① 参见《习近平谈治国理政》第三卷，外文出版社 2020 年版，第 119 页。

善，基本实现国家治理体系和治理能力现代化；到新中国成立一百年时，全面实现国家治理体系和治理能力现代化，使中国特色社会主义制度更加巩固、优越性充分展现。全会聚焦坚持和完善支撑中国特色社会主义的根本制度、基本制度、重要制度，明确了各项制度必须坚持和巩固的根本点、完善和发展的方向。党的领导制度是国家的根本领导制度，统领和贯穿其他各个方面制度。党的十九届四中全会是一次具有开创性、里程碑意义的重要会议。

（四）统筹新冠肺炎疫情防控和经济社会发展

2020 年初暴发的新冠肺炎疫情，是百年来全球发生的最严重的传染病大流行，是新中国成立以来我国遭遇的传播速度最快、感染范围最广、防控难度最大的重大突发公共卫生事件。面对突如其来的严重疫情，中国共产党坚持人民至上、生命至上，以坚定果敢的勇气和坚忍不拔的决心，同时间赛跑、与病魔较量，迅速打响疫情防控的人民战争、总体战、阻击战，用 1 个多月的时间初步遏制疫情蔓延势头，用 2 个月左右的时间将本土每日新增病例控制在个位数以内，用 3 个月左右的时间取得武汉保卫战、湖北保卫战的决定性成果，进而又接连打了几场局部地区聚集性疫情歼灭战，夺取了全国抗疫斗争重大战略成果。在此基础上，统筹推进疫情防控和经济社会发展工作，抓紧恢复生产生活秩序，取得显著成效。

抗击疫情，坚强领导是关键。中共中央统揽全局、果断决策，以非常之举应对非常之事。坚持把人民生命安全和身体健康放在第一位，第一时间实施集中统一领导，中央政治局常委会、中央政治局召开 21 次会议研究决策，领导组织党政军民学、东西南北中大会战，提出坚定信心、同舟共济、科学防治、精准施策的总要求，明确坚决遏制疫情蔓延势头、坚决打赢疫情防控阻击战的总目标，周密部署武汉保卫战、湖北保卫战，因时因势制定重大战略策略。我们成立中央应对疫情工作领导小组，派出中央指导组，建立国务院联防联控机制。在党中央的坚强领导下，全国迅速形成统一指挥、全面部署、立体防控的战略布局，有效遏制了疫情大面积蔓延，有力改变了病毒传播的危险进程，最大限度保护了人民生命安全和身体健康。中国人民风雨同舟、众志成城，构筑起疫情防控的坚固防线。中国举全国之力实施规模空前的生命大救援。武汉人民、湖北人民识大体、顾大局，不畏艰险、顽强不屈，自觉服从疫情防控大局需要，主动投身疫情防控斗争，为阻断疫情蔓延、为全国抗疫争取了战略主动，作出了巨大牺牲和重大贡献。

在抗击疫情的艰难时刻，中共中央准确把握疫情形势变化，立足全局、着眼大局，及时作出统筹疫情防控和经济社会发展的重大决策，坚持依法防控、科学防控，推动落实分区分级精准复工复产，最大限度保障人民生产生活。加大宏观政策应对力度，扎实做好"六稳"工作，全面落实"六保"任务，制定一系列纾困惠企政策，出台多项强化就业优先、促进投资消费、稳定外贸外资、稳定产业链供应链等措施，促进新业态发展，推动交通运输、餐饮商超、文化旅游等各行各业有序恢复，实施支持湖北发展一揽子政策，分批分次复学复课。以更大的决心、更强的力度推进脱贫攻坚，支持扶贫产业恢复生产，优先支持贫困劳动力务工就业，防止因疫致贫或返贫。中国成为疫情发生以来第一个恢复增长的主要经济体，在疫情防控和经济恢复上都走在世界前列。

同时，中国同世界各国携手合作、共克时艰，为全球抗疫贡献了智慧和力量。中国本着公开、透明、负责任的态度，积极履行国际义务，第一时间向世界卫生组织、有关国家和地区组织主动通报疫情信息，第一时间发布新冠病毒基因序列等信息，第一时间公布诊疗方案和防控方案，同许多国家、国际和地区组织开展疫情防控交流活动70多次，开设疫情防控网上知识中心并向所有国家开放，毫无保留同各方分享防控和救治经验。中国以实际行动帮助挽救了全球成千上万人的生命，以实际行动彰显了中国推动构建人类命运共同体的真诚愿望。

在这场同严重疫情的殊死较量中，中国人民和中华民族以敢于斗争、敢于胜利的大无畏气概，铸就了生命至上、举国同心、舍生忘死、尊重科学、命运与共的伟大抗疫精神。伟大抗疫精神，同中华民族长期形成的特质禀赋和文化基因一脉相承，是爱国主义、集体主义、社会主义精神的传承和发展，是中国精神的生动诠释，丰富了民族精神和时代精神的内涵。

三、新时代中国特色社会主义取得历史性 成就、发生历史性变革

在党的十八大以来这段极不平凡的岁月中，中国共产党坚持以习近平新时代中国特色社会主义思想为指导，解决了许多长期想解决而没有解决的难题，办成了许多过去想办而没有办成的大事，实现全面建成小康社会的宏伟目标，推动党和国家事业取得历史性成就、发生历史性变革。

（一）经济社会发展取得重大成就

发展理念、发展方式发生深刻变革，经济建设取得重大成就。面对世界经济形势低迷和国内经济"三期叠加"等不利条件和复杂形势，中共中央果断作出经济发展进入新常态的重要论断，坚决落实创新、协调、绿色、开放、共享的新发展理念，加快完善使市场在资源配置中起决定性作用、更好发挥政府作用的体制机制，还坚定不移推进供给侧结构性改革，坚定不移推进"三去一降一补"，并在党的十九大上提出建设现代化经济体系推动经济高质量发展，从而推动发展的质量和效益不

断提升。成效具体表现在：2013 年至 2019 年经济保持中高速增长，在世界主要国家中名列前茅，国内生产总值从 54 万亿元增长到 99.1 万亿元，稳居世界第二，多年对世界经济增长贡献率超过 30%。2020 年虽受新冠肺炎疫情影响，但第二季度实现 3.2% 的增长实属不易。供给侧结构性改革深入推进，经济结构不断优化，数字经济等新兴产业蓬勃发展，高铁、公路、桥梁、港口、机场等基础设施建设快速推进。农业现代化稳步推进，粮食生产能力超过 1.2 万亿斤。城镇化率超过 50%。区域发展协调性增强，"一带一路"建设、京津冀协同发展、长江经济带发展成效显著。创新驱动发展战略大力实施，创新型国家建设成果丰硕，天宫、蛟龙、天眼、悟空、墨子、大飞机等重大科技成果相继问世。开放型经济新体制逐步健全，对外贸易、对外投资、外汇储备稳居世界前列。

全面依法治国发生深刻变革，民主法治建设迈出重大步伐。针对我国法制建设相对滞后，有法不依、执法不严、违法不究、司法不公等问题严重影响社会公平正义与和谐稳定的状况，党中央成立中央全面依法治国领导小组（后改为中央全面依法治国委员会），统筹协调全面依法治国工作，全面推进司法体制改革，果断解决重大刑事冤假错案，中国特色社会主义法治体系日益完善，全社会法治观念明显增强。同时，积极发展社会主义民主政治，党的领导、人民当家作主、依法治国有机统一的制度建设全面加强，党的领导体制机制不断完善，社会主义民主不断发展，党内民主更加广泛，社会主义协商民主全面展开，爱国统一战线巩固发展，民族宗教工作创新推进。国家监察体制改革取得实效，行政体制改革、司法体制改革、权力运行制约和监督体系建设有效实施。如浙江"最多跑一次"等举措让人们见证了改革实效。

意识形态工作发生深刻变革，思想文化建设取得重大进展。意识形态工作是一项极端重要的工作。以习近平同志为核心的党中央，多次召开思想宣传领域工作会议，强调牢牢坚持马克思主义在意识形态领域指导地位的根本制度，不断建立健全意识形态工作责任制，加强舆论宣传阵地管理，加强网络舆论监管，对错误思想敢于亮剑、敢于斗争，坚决遏制各种错误思想炒作和蔓延，极大加强了党对意识形态工作的领导，大大扭转了意识形态领域一度出现的被动局面。同时，思想文化建设方面，中国特色社会主义和中国梦深入人心，社会主义核心价值观和中华优秀传统文化广泛弘扬，群众性精神文明创建活动扎实开展。公共文化服务水平不断提高，文艺创作持续繁荣，文化事业和文化产业蓬勃发展，互联网建设管理运用不断完善，全民健身和竞技体育全面发展。主旋律更加响亮，正能量更加强劲，文化自信得到彰显，国家文化软实力和中华文化影响力大幅提升，全党全社会思想上的团结统一更加巩固。

社会治理体系更加完善，人民生活水平不断提高。坚持以人民为中心的发展思想，推出一大批惠民举措，人民的幸福感、获得感、安全感显著增强。脱贫攻坚战取得决定性进展，贫困发生率在 2019 年底下降到 0.6%，数千万人摆脱绝对贫困。教育事业全面发展，中西部和农村教育明显加强。就业状况持续改善，城镇新增就业年均一千三百万人以上。城乡居民收入增速超过经济增速，中等收入群体持续扩大。覆盖城乡居民的社会保障体系基本建立，人民健康和医疗卫生水平大幅提高，保障性住房建设稳步推进。社会治理体系更加完善，社会大局保持稳定。国家安全全面加强，中国成为世界上最具安全感的国家之一。

生态文明建设发生深刻变革、建设成效十分显著。针对导致发展不可持续和人民群众反映强烈的生态环境恶化问题，党中央把生态文明建设纳入中国特色社会主义总体布局，倡导"绿水青山就是金山银山"的理念，强调"要像保护眼睛一样保护生态环境"，全面加强生态文明制度建设，实行最严格的生态环境保护制度，从快从严推动环保督查，全党全国贯彻绿色发展理念的自觉性和主动性显著增强，忽视生态环境保护的状况明显改变。生态文明制度体系加快形成，主体功能区制度逐步健全，国家公园体制、河长制、湖长制积极推进。全面节约资源有效推进，能源资源消耗强度大幅下降。重大生态保护和修复工程进展顺利，森林覆盖率持续提高。生态环境治理明显加强，环境状况得到改善。引导应对气候变化国际合作，成为全球生态文明建设的重要参与者、贡献者、引领者。

（二）中国特色大国外交发生深刻变革，全方位外交布局深入展开

党中央强调党管外交原则，对外交总体布局作出战略谋划，坚持统筹国内国际两个大局，全面推进中国特色大国外交，形成全方位、多层次、立体化的外交布局，为我国发展尽力营造良好外部条件。

党的十八大以来，中国共产党不仅提出构建人类命运共同体、坚持正确义利观、阐明全球治理观等新的理念，还先后实施共建"一带一路"倡议，发起创办亚洲基础设施投资银行，设立丝路基金，举办"一带一路"国际合作高峰论坛、亚太经合组织领导人非正式会议、二十国集团领导人杭州峰会、金砖国家领导人厦门会晤、亚信峰会、国际进口博览会等，积极承担国际责任，促进全球治理体系变革，在对外工作上取得一系列新突破。新冠肺炎疫情暴发后，创新方式积极开展外交活动。同时，积极开展钓鱼岛维权斗争，划设东海防空识别区并实施常态化管控，强化对南海重点岛礁和海域管控，抓住时机推进海南岛礁扩建工程建设，取得了经略海洋、维护海权的历史性突破。

（三）国防和军队现代化发生深刻变革，强军兴军开创新局面

以习近平同志为核心的党中央着眼于实现中国梦强军梦，制定新形势下军事战略方针，明确建设世界一流军队目标，全力推进国防和军队

现代化。

坚持政治建军，2013 年在古田召开全军政治工作会议，推动恢复和发扬我党我军光荣传统和优良作风，坚定不移开展党风廉政建设和反腐败斗争，人民军队政治生态得到有效治理。坚持改革强军，在强军目标指引下，全面深化国防和军队改革，构建起军委管总、战区主战、军种主建新格局，人民军队组织架构和力量体系实现革命性重塑，国防和军队改革取得历史性突破。坚持依法治军、从严治军，推进治军方式根本性转变。坚持战斗力这个唯一的根本的标准，推进科技兴军，加强练兵备战。坚持统筹发展和安全两件大事，提出总体国家安全观，2013 年 11 月组建中央国家安全委员会，全面加强国家安全工作，突出抓好维护政治安全。几年来，我国军方有效遂行海上维权、反恐维稳、抢险救灾、国际维和、亚丁湾护航、人道主义救援等重大任务，武器装备加快发展，军事斗争准备取得重大进展。人民军队在中国特色强军之路上迈出坚定步伐。

（四）全面准确贯彻"一国两制"方针，港澳台工作取得新进展

党中央坚持"和平统一、一国两制"方针，牢牢掌握宪法和基本法赋予的中央对香港、澳门全面管治权。近年来，不断深化内地和港澳地区交流合作，将港澳发展纳入国家整体规划，大力建设粤港澳大湾区，港珠澳大桥建成通车。2020 年制定实施《中华人民共和国香港特别行政区维护国家安全法》，确保香港稳定，维护国家总体安全。

坚持一个中国原则和"九二共识"，推动两岸关系和平发展，加强两岸经济文化交流合作，实现两岸领导人历史性会晤。2019 年 1 月 2 日，中共中央隆重纪念《告台湾同胞书》发表 40 周年，习近平总书记发表的重要讲话，郑重宣示了新时代坚持"一国两制"和推进祖国和

平统一的五项重大主张。习近平总书记郑重倡议，在坚持"九二共识"、反对"台独"的共同政治基础上，两岸各政党、各界别推举代表性人士，就两岸关系和民族未来开展广泛深入的民主协商，就推动两岸关系和平发展达成制度性安排。五项重大主张系统阐释了实现国家统一的目标内涵、基本方针、路径模式，指明了今后一个时期对台工作的基本思路、重点任务和前进方向，既有原则的坚定性又有极强的针对性和极大的包容性。讲话宣示了坚决反对"台独"分裂、外来干涉的严正立场，重申中国政府、中国人民维护国家主权和领土完整的坚定决心和强大能力。

四、新时代中国特色社会主义的
坚强领导和坚强保障

坚持和发展中国特色社会主义，关键在党。中国共产党的领导，是中国特色社会主义最本质的特征，是中国特色社会主义制度的最大优势。党的十八大以来，中国改革开放和社会主义现代化建设之所以能取得历史性的成就，发生历史性的变革，其最根本原因就是坚持和加强党的全面领导、坚持全面从严治党，勇于自我革命。夺取新时代中国特色社会主义伟大胜利，依然需要坚持党的全面领导、全面从严治党、勇于自我革命。

（一）坚持和加强党的全面领导

党政军民学，东西南北中，党是领导一切的，党是最高政治领导力量。

制度是管根本管长远的，坚持和加强党的全面领导，必须从制度上下功夫。首先是建立健全党对重大工作的领导体制机制。在中央政治局及其常委会领导下，优化党中央决策议事协调机构。其他方面的议事机构要同党中央议事协调机构的设立调整相衔接。党的十八大以来，中共中央成立多个高层领导机构以推进国家治理体系建设，如中央全面深化改革领导小组（2018 年 3 月改为中央全面深化改革委员会）、中央国家安全委员会、中央网络安全和信息化领导小组（2018 年 3 月改为中央网络安全和信息化委员会）、中央军委深化国防和军队改革领导小组、中央反腐败协调小组国际追赃工作办公室、中央军民融合发展委员会，等等。强化组织体系建设，不断强化党的组织在同级组织中的领导地位，实现党的组织的全覆盖，为实现党的领导奠定组织和制度基础。其次，严格执行向党中央的请示报告制度。中央政治局每年应向党中央和总书记书面述职，中央书记处、中央纪律监察委员会，全国人大常委会党组以及国务院党组等机构要每年向中央政治局及其常委会报告工作，各地区各级党委遇有突发性重大问题和工作中的重大问题也要及时向党中央请示报告。近年来，中国共产党也加强了请示报告制度的执行力度。同时，还要完善严格执行民主集中制的具体制度。坚持民主基础上的集中和集中指导下的民主相结合，坚持集体领导与个人分工负责相结合，既坚持纪律又保持活力，努力在全党形成又有集中又有民主、又有纪律又有自由、又有统一意志又有个人心情舒畅的生动活泼的政治局面。

2019 年 10 月召开的党的十九届四中全会不仅把党的领导制度作为根本制度，还就坚持和完善党的领导制度做出安排，明确党的领导制度体系由 6 个方面的制度组成。一是建立不忘初心、牢记使命的制度。二是完善坚定维护党中央权威和集中统一领导的各项制度。三是健全党的全面领导制度。四是健全为人民执政、靠人民执政的各项制度。五是健全提高党的执政能力和领导水平制度。六是完善全面从严治党制度。这六个方面的制度，构成党的领导制度体系的"四梁八柱"，为确保党总揽全局、协调各方的领导核心地位提供坚强制度保障。

坚持和加强党的全面领导是具体的，不是空洞的、抽象的，体现在治国理政的方方面面，体现在国家政权的机构、体制、制度等的设计、安排和运行之中，体现在坚决维护习近平总书记党中央的核心、全党的核心地位，坚决维护党中央权威和集中统一领导，体现在党严格依法依规办事，确保党的领导更加坚强有力。

（二）党的建设全面加强、全面从严治党持续发力

全面从严治党是党的十八大以来党的建设的鲜明主题。以习近平同志为核心的党中央把全面从严治党纳入战略布局，从作风建设这个环节突破，把党的政治建设作为根本性建设，大力抓思想建设、组织建设、纪律建设、制度建设，坚持零容忍反腐败，使中国共产党始终成为中国特色社会主义事业的坚强领导核心，确保中国特色社会主义阔步前行。

从加强党的作风建设切入。2012 年 12 月 4 日，中共中央政治局会议审议通过《十八届中央政治局关于改进工作作风、密切联系群众的八项规定》①。为进一步加强作风建设，2013 年 4 月，中共中央政治局决定在全党自上而下分批开展党的群众路线教育实践活动。此次活动以为民务实清廉为主要内容，坚决反对形式主义、官僚主义、享乐主义和奢靡之风（简称"四风"），以"照镜子、正衣冠、洗洗澡、治治病"为总要求，主要任务是教育引导党员、干部树立群众观点，弘扬优良作

---

① 该规定要求，中央政治局全体同志要改进调查研究，切忌走过场、搞形式主义；要轻车简从、减少陪同、简化接待。要精简会议活动，切实改进会风；提高会议实效，开短会、讲短话，力戒空话、套话。要精简会议简报，切实改进文风，没有实质内容、可发可不发的文件、简报一律不发。要规范出访活动，严格控制出访随行人员，严格按照规定乘坐交通工具。要改进警卫工作，减少交通管制，一般情况下不得封路、不清场闭馆。要改进新闻报道，进一步压缩报道的数量、字数、时长。要严格文稿发表，除中央统一安排外，个人不公开出版著作、讲话单行本，不发贺信、贺电，不题词、题字。要厉行勤俭节约，严格执行住房、车辆配备等有关工作和生活待遇的规定。

风，解决突出问题，保持清廉本色，使党员、干部思想进一步提高，作风进一步转变，党群干群关系进一步密切，进一步树立党的良好形象。2015 年 4 月，中共中央印发《关于在县处级以上领导干部中开展"三严三实"专题教育方案》。这是党的群众路线教育实践活动的延展，是持续深入推进党的思想政治建设和作风建设的重要举措，是严肃党内政治生活、严明党的政治纪律和政治规矩的重要抓手。"三严三实"专题教育，使广大县处级以上领导干部在思想、作风、党性上得到升华，推动党内政治生态不断改善。2016 年 2 月，中共中央决定在全体党员中开展"两学一做"学习教育活动，坚持用党章党规规范党员干部的言行，用习近平总书记系列重要讲话精神武装全党，引导全体党员做"四讲四有"① 的合格党员。"两学一做"学习教育，是推动党内教育从"关键少数"向广大党员拓展、从集中性教育向经常性教育延伸的重要举措。2017 年 3 月，中共中央决定推进"两学一做"学习教育常态化制度化，以保证党的组织履行职责、发挥核心作用；保证党员领导干部忠诚干净担当、发挥表率作用；保证广大党员以身作则、发挥先锋模范作用。2019 年又根据党的十九大部署在全党开展了"不忘初心、牢记使命"主题教育活动，让全党再次受到震撼和教育。

突出加强党的政治建设。2017 年 10 月召开的党的十九大，第一次以党代会名义在党的历史上提出加强党的政治建设，而且把政治建设作为全党的根本性建设，明确对党的建设其他方面起统领作用，党的建设总体布局上实现了历史性突破。2018 年 6 月 29 日，习近平总书记在中央政治局第六次集体学习时发表重要讲话，专门就加强党的政治建设进行深刻阐述，明确提出要把准政治方向、坚持党的政治领导、夯实政治根基、涵养政治生态、防范政治风险、永葆政治本色、提高政治能力等

---

① "四讲四有"，即讲政治、有信念，讲规矩、有纪律，讲道德、有品行，讲奉献、有作为。

要求。中央出台的关于加强党的政治建设的意见，是贯彻习近平新时代中国特色社会主义思想和党的十九大精神的重大举措，是党中央深刻总结历史经验和新鲜经验对新时代加强党的政治建设作出的重大决策部署。

把思想建设作为基础性建设。党的十八大以来，党中央强调革命理想高于天，强调全党要注意补钙壮骨，坚定理想信念；强调思想滑坡是最危险的，思想上出了问题，政治上、经济上就会出问题。为加强思想建设、坚定理想信念，明确马克思主义在意识形态领域的领导地位的根本制度，强化理论武装，尤其是强化习近平新时代中国特色社会主义思想的学习贯彻。

从严治党首先从党内政治生活管起严起。党的十八大后，中共中央把严肃党内政治生活、净化党内政治生态、建构健康政治文化摆在突出位置。2016 年 10 月，党的十八届六中全会深刻总结了党内政治生活的历史经验，审议通过了《关于新形势下党内政治生活的若干准则》和《中国共产党党内监督条例》，为新时代加强和规范党内政治生活、净化政治生态提供了基本遵循和制度性保障。此后，从上到下各级党组织严格党的组织生活制度、坚持和改进"三课一会"① 等党内政治生活方式，切实开展批评和自我批评，有效解决了党组织生活不经常、不认真、不严肃的问题，加强和规范了党内政治生活，净化了党内政治生态。

把纪律建设摆在重要位置，纳入党建布局。党的十八大以来，以习近平同志为核心的党中央高度重视党的纪律建设，推动党的纪律建设不断深化。2013 年 1 月，中共十八届中央纪委二次全会提出要严明党的政治纪律。习近平总书记指出，严明党的纪律，首要的是严明政治纪

---

① "三课一会"，是中国共产党党内组织生活制度的一部分，是对党员进行教育的重要形式，即定期召开支部党员大会、支部委员会、党小组会，按时上好党课。

律。党的纪律是多方面的，但政治纪律是最重要、最根本、最关键的纪律，遵守党的政治纪律是遵守党的全部纪律的重要基础。2014年1月，中共十八届中央纪委三次全会提出加强党的组织纪律要求。2015年1月，中共十八届中央纪委五次全会强调把守纪律讲规矩摆在更加重要的位置。习近平总书记指出，要坚持思想建党和制度治党，加强纪律建设，使纪律真正成为"带电的高压线"。2016年1月，中共十八届中央纪委六次全会强调纪严于法、纪在法前。在党的十九大上，纪律建设被纳入党的建设的总体布局，成为党的建设的重要环节。为了加强纪律建设，2013年12月，中共中央印发《中国共产党纪律处分条例》；2015年10月又进行了修订，明确违反政治纪律、组织纪律、廉洁纪律、群众纪律、工作纪律和生活纪律等六类违纪行为，划出了党组织和党员不可触碰的底线；2018年8月，又公布了新修订的纪律处分条例，把十八大以来党的建设经验尤其是纪律建设的宝贵经验写了进来，强调"两个维护"。

培养造就忠诚干净担当的高素质干部队伍。2013年6月，习近平总书记在全国组织工作会议上提出新时代好干部标准。他说，我们党历来高度重视选贤任能，始终把选人用人作为关系党和人民事业的关键性、根本性问题来抓。"好干部要做到信念坚定、为民服务、勤政务实、敢于担当、清正廉洁。"① 2014年10月，习近平总书记在对云南工作的指示中，要求党员干部要"对党忠诚、个人干净、敢于担当"。2015年1月，又对县委书记提出"四有"要求，实际上也是要求全党干部做到心中有党、心中有民、心中有责、心中有戒。在2018年7月的全国组织工作会议上，习近平总书记在党的历史上第一次概括了新时代党的组织路线，即：全面贯彻新时代中国特色社会主义思想，以组织

---

① 中共中央文献研究室编：《十八大以来重要文献选编》（上），中央文献出版社2014年版，第337页。

体系建设为重点，着力培养忠诚干净担当的高素质干部，着力集聚爱国奉献的各方面优秀人才，坚持德才兼备、以德为先、任人唯贤，为坚持和加强党的全面领导、坚持和发展中国特色社会主义提供坚强组织保证。新时代党的组织路线的提出为加强党的组织建设提供了科学遵循，为增强党的创造力、凝聚力、战斗力提供了重要保证。要贯彻落实好新时代党的组织路线，不断把党建设得更加坚强有力。

制度建设贯穿党的建设全过程。党的十八大以来，中国共产党扎实推进党的制度改革，扎紧制度的笼子，不断提升制度治党、依规治党的水平。2013 年 12 月，中共中央成立党的建设制度改革专项小组。不久，出台了《深化党的建设制度改革实施方案》，为加强党的制度建设提供了重要依据和遵循。2014 年 10 月，党的十八届四中全会提出加强党内法规制度建设，形成完善的党内法规体系。2016 年 12 月，中国共产党历史上第一次召开全国党内法规工作会议，通过了《中共中央关于加强党内法规制度建设的意见》，提出党内法规制度建设的指导思想、总体目标和重大举措，作出总体部署。2019 年 10 月召开的党的十九届四中全会又对坚持和完善党和国家监督体系、强化对权力运行的制约监督作出部署，提出构建一体推进不敢腐、不能腐、不想腐体制机制。

党内法规制度体系建设取得重要进展。2013 年 11 月，中共中央出台《中央党内法规制定工作五年规划纲要（2013—2017 年）》，提出在五年时间内形成涵盖党的建设和党的工作主要领域、适应管党治党需要的党内法规制度体系框架。2014 年 10 月，中共中央印发《关于再废止和宣布失效一批党内法规和规范性文件的决定》。党的十八大以来，中国共产党先后制定或修订出台了 100 多部党内法规，基本形成了涵盖党的建设和党的工作主要领域、适应管党治党需要的党内法规体系。为让制度成为硬约束、真正带电的"高压线"，中共中央不仅出台一系列改革举措，而且加大对违规行为的惩治和处罚力度。仅 2019 年，全国纪检监察机关共查处违反中央八项规定精神问题 6.4 万起，处理党员、干部 8.6 万人。

反腐败斗争取得压倒性胜利。以习近平同志为核心的党中央，以巨大的政治勇气，以"得罪千百人，不负十三亿"的历史担当，以壮士断腕的坚强决心，坚持反腐败无禁区、全覆盖、零容忍，坚定不移"打虎""拍蝇"，开展"猎狐""天网"行动，"坚持追逃防逃两手抓"①，经过持续艰苦努力，反腐败斗争取得压倒性胜利，海晏河清的政治生态正在形成。当然要看到，反腐败还没取得彻底性胜利，反腐败还在路上。全面强化党内监督，充分发挥巡视利剑作用。党的十八大以来，以习近平同志为核心的党中央积极探索完善党内监督制度的途径和办法，不断创新党内监督方式。一是推动建立中央统一领导、党委（党组）全面监督、纪律检查机关专责监督、党的工作部门职能监督、党的基层组织日常监督、党员民主监督的党内监督体系。二是实践监督执纪"四种形态"，即经常开展批评和自我批评、约谈函询，让"红红脸、出出汗"成为常态；党纪轻处分、组织调整成为违纪处理的大多数；党纪重处分、重大职务调整的成为少数；严重违纪涉嫌违法立案审查的成为极少数。三是明确巡视是政治巡视不是业务巡视，发挥巡视利剑作用。四是实现派驻监督全覆盖，向中央一级党和国家机关全面派驻纪检组，充分发挥"派"的权威和"驻"的优势。同时，深化了国家监察体制改革，实现了对公权力运行的监督全覆盖。

（三）将党的自我革命进行到底

自我革命是中国共产党最鲜明的品格，也是中国共产党最大的优

---

① 《习近平谈治国理政》第三卷，外文出版社 2020 年版，第 511 页。

势。习近平总书记鲜明指出，中国共产党能够带领人民进行伟大的社会革命，也能够进行伟大的自我革命，要"以勇于自我革命的精神打造和锤炼自己"，"把党的伟大自我革命进行到底"。一般而言，自我革命指主体对自己自觉、自发、自动的革命性行动。中国共产党的自我革命，就是通过不断的自我净化、自我完善、自我革新、自我提高，经常解决自身存在的问题，不断克服自身存在的缺点，始终保持生机活力的过程。自我净化、自我完善、自我革新、自我提高这"四个自我"，既相互区别又相互联系，既有破又有立，既有施药动刀的治病之法又有固本培元的强身之举，是勇于自我革命的生动实践和具体体现。

习近平总书记指出："党的自我革命任重而道远，决不能有停一停、歇一歇的想法。"进入新时代，中国共产党肩负的历史使命和自身性质决定了在新时代必须继续自我革命。同时还要看到，继续进行自我革命是发扬党的优良传统的必然选择，是马克思主义政党建设和发展的内在需要，是党实现伟大社会革命的巨大动力。将党的自我革命进行到底，是党回应时代之问、答好时代考卷的重大课题。继续进行自我革命，需要全党旗帜鲜明讲政治、在"四个自我"上下功夫、持续完善全面从严治党制度、把党的自我革命和社会革命统一起来。

党的十八大以来，"我们探索出一条长期执政条件下解决自身问题、跳出历史周期率的成功道路"①。只要勇于自我革命，敢于直面问题、努力解决问题、不断克服自身不足，中国共产党就一定会保持旺盛的生命力和强大的战斗力，就一定能够带领中国人民跨过一道道沟坎，取得一个又一个胜利，顺利实现中华民族伟大复兴的中国梦。

---

① 《习近平谈治国理政》第三卷，外文出版社 2020 年版，第 547 页。

第十二讲
当代世界社会主义发展态势

社会主义是一个世界性的历史进程，既有丰富的历史内涵也有广阔的现实发展空间。习近平总书记曾郑重谈到，"我讲了社会主义从空想到科学、从理论到实践、从一国到多国的历程，那么现在是个什么状况呢？很值得深入研究"①。事实上，苏东剧变后尤其是进入 21 世纪以来，社会主义经历了全方位、深刻的变化，并呈现出一系列新的发展趋势和特点：社会主义观念在更新，政策在变化，组织在调整。虽然就总体而言，世界社会主义还远没有整体突破，新时代也面临着诸多难题，但在现实生活中社会主义仍然以一种必然性体现出旺盛的生命力。

一、当代世界社会主义的基本内涵

"当代世界社会主义"，这一大概念虽然时间、空间范围指向非常明确，但事实上其中的所有的小概念都有很大的弹性："当代"从哪里算起？这个时间点很重要，因为不同时间段的世界是不同的，世界不仅仅是个地理概念。确定了时间点、确定了世界，还要回答什么样的主义才是社会主义？标准是什么？当所有概念都进一步明晰后，我们也就对当代世界社会主义的基本内涵有了初步把握。

---

① 《习近平关于"不忘初心、牢记使命"重要论述选编》，党建读物出版社、中央文献出版社 2019 年版，第 298 页。

（一）当代

世界历史的几乎全部领域，在谈及"当代"时都是从二战后算起，即 20 世纪四五十年代，因为这个分界点之前与之后的世界有非常明显的变化，这个变化延续到现在。但有一个例外，那就是社会主义的发展史。在 20 世纪 80 年代末 90 年代初，社会主义发生了一个重大的历史性事件——苏东剧变，从那之后，世界社会主义的面貌为之一变。这就是社会主义当代史的起点。当然，这之前，我们讲当代世界社会主义，也是从二战后算起的。事实上，在苏东剧变这一重大变化之后，不仅仅是社会主义国家数量和版图减少的问题，社会主义运动的重心和主体、已有理论和实践方式都发生了质的变化。

（二）世界

简单说，20 世纪 80 年代末 90 年代初以来的世界是一个全球化进程快速推进的世界，这一现实决定了社会主义的基本形态和发展状况。实际上，这一点在社会主义的发展过程中体现得非常明显。社会主义发端于欧洲，19 世纪 40 年代，马克思恩格斯创立了科学社会主义，欧洲工人阶级开展了轰轰烈烈的社会主义运动。但直到 19 世纪末 20 世纪初之前，从地理范围看，那时的社会主义，确切地说，只能算是"欧洲社会主义"。社会主义从欧洲走向世界，源于资本主义的全球发展。《共产党宣言》中明确讲到，"不断扩大产品销路的需要，驱使资产阶级奔走于全球各地。它必须到处落户，到处开发，到处建立联系"。"资产阶级，由于开拓了世界市场，使一切国家的生产和消费都成为世界性的了"，"物质的生产是如此，精神的生产也是如此"，"它迫使一切民族——如果它们不想灭亡的话——采用资产阶级的生产方式；它迫使它们在自己那里推行所谓文明，即变成资产者。一句话，它按照自己的面貌为自己创造出一个世界。"① 由于资本对利润的强烈追逐,工业资本主义必将走向垄断,走向世界,成为殖民主义和帝国主义。所以,资本主义以强者的姿态,进入落后国家。于是,反对资本主义就在被动的情况下,在反对殖民主义和帝国主义的旗帜下,成为落后国家求生存的民族意识和历史任务。这就是20世纪世界社会主义运动发生发展的最重要的现实基础。现在全球化发展已经进入第三阶段,一方面世界联系更加紧密,科技以前所未有的速度发展;另一方面也出现了诸多全球问题,各种全球性危机此起彼伏。与此同时,各地区之间仍存在极大的差异。这就是当代"世界"——当代社会主义的现实基础。

(三)社会主义

邓小平早在1982年《建设有中国特色的社会主义》中就讲过:"什么叫社会主义,什么叫马克思主义? 我们过去对这个问题的认识不是完全清醒的"。我们曾以制度为标志,以马克思主义为分水岭来判断社会主义的真伪,但随着社会主义实践的加深,我们对社会主义的认识也在加深。马克思主义是社会主义,这是确定无疑的,但这个公式反过来倒推是错误的。马克思主义不等于全部的社会主义,如果是这样,我们就无视了现时代社会主义运动蓬勃发展的现实。马克思主义经典作家所设想的社会主义是一种世界现象,历史也正如马克思所预言的那样,"在愈来愈大的程度上成为全世界的历史"②,但就当前而言,我们仍处在民族国家的时代。在这个意义上,社会主义更多地体现为民族化的多样性,这也是与世界历史发展的阶段性特点紧密相连:社会主义实践根源于不同的世情和国情,更根源于依然存在的资本主义基本矛盾的不平衡发展。所以,我们理解社会主义首先要理解资本主义,社会主义的发

---

① 《马克思恩格斯文集》第2卷,人民出版社2009年版,第35—36页。
② 《马克思恩格斯全集》第3卷,人民出版社1960年版,第51页。

展进程同资本主义矛盾的发展变化是直接相关的。

恩格斯曾一针见血地指出："实际的社会主义是在于对资本主义生产方式各个方面的正确认识。"① 事实上，在 20 世纪，有三种类型的社会主义实践，分别出现于不同的生产力或者说是不同的资本主义发展水平之上。

第一种类型是科学社会主义理论指导下的社会实践。以苏联为代表的 15 个国家曾经是这类社会主义实践的主体。科学社会主义在落后国家的实践，基于列宁的天才设想，他说："既然建立社会主义需要有一定的文化水平，我们为什么不能首先用革命手段取得达到这个一定水平的前提，然后在工农政权和苏维埃制度的基础上赶上别国人民呢？"② 先革命后建设，这是落后国家建设社会主义的理论依据。毋庸置疑，科学社会主义是 20 世纪社会主义运动的主流。共产党人作为身份明确的社会主义者，构成了世界社会主义力量无可争议的主体。

第二种类型是民主社会主义思想影响下的社会改良。19 世纪末，在工业化程度比较高的欧洲国家——德国，一些被后人称之为修正主义者的社会主义者们意识到资本主义必将迅速崩溃的"大灾变"并不是指日可待的，"现存社会制度有比过去所假定的更长的寿命和更强的伸缩性"，那就必须"按照这一预计来展开我们的斗争实践"③。他们选择在资本主义制度框架内实现社会主义：以民主参与和社会改良作为维护自身利益的基本途径。民主社会主义就其实质来说是改良主义，不过，虽然它与科学社会主义有本质区别，但从现实看它有其产生的客观基

① 《马克思恩格斯全集》第 18 卷，人民出版社 1964 年版，第 321 页。
② 《列宁选集》第 4 卷，人民出版社 1995 年版，第 777 页。
③ ［德］爱德华·伯恩施坦著，殷叙彝编：《伯恩施坦文选》，人民出版社 2008 年版，第 120 页。

础：西欧从近代以来具有以社会主义为方向的工人阶级运动的传统，但由于资本主义的迅速发展（这得益于近代科技革命的支持，以及对殖民地国家的掠夺），西方资本主义国家的社会生产和社会生活环境有很大改善，于是，暴力革命的社会基础减弱，工人群体逐步融入国家体制内。在这个意义上看，民主社会主义的"社会主义"身份应该是明确的，它是建立在"现实基础之上"的。

第三种类型是发展中地区的民族社会主义。二战后，亚非拉被压迫民族被压迫国家反对帝国主义、霸权主义，争取和维护国家独立的民族民主运动进入了一个新的时期——民族民主运动和社会主义运动汇合在一起，在亚非拉地区形成了一股强大的社会主义思潮，在新独立的国家当中，有许多国家宣布信奉社会主义。据统计，从1955年到1990年，先后有近60个民族独立国家的执政党宣称要搞社会主义，占战后新独立国家总数的59%。它们的社会主义通称为发展中国家的民族社会主义——顾名思义，即是将社会主义与民族主义结合在一起，对社会主义施以民族主义的改造，以自己的民族传统阐释社会主义，其实质是民族主义。因此，它不同于经典意义上的科学社会主义，二者在目标、性质、任务、价值取向上都有原则区别；但它们在反帝、反殖、反霸的许多方面却有相通之处。一定程度上，我们可以把发展中地区的各种社会主义实践，看成是发展中各国对本国模式的社会主义道路的一种探索。其社会主义身份应该也是明确的。

苏东剧变后，各类型社会主义都出现不同程度的发展变化。

科学社会主义变化最大。据统计，目前世界上约有一百多个国家中一百三十多个政党仍保持共产党名称或坚持马克思主义性质，其中有30多个共产党或党员人数过万，或在国家和地方参政，或拥有议席，成为本国政坛的一支重要政治力量。发达国家基本上都有共产主义性质的政党，有的国家还有多个共产党，如英国现有英国共产党、新英国共产党、英国共产党（马列）等共产党。① 2017 年 11 月，共产党和工人党国际会议在圣彼得堡召开了第 19 次会议，当时有 103 个党的 342 名代表参会。

民主社会主义加速发展。据社会党国际官网统计，它目前有 135 个成员，有 28 个成员党是执政或参政党。事实上，苏东剧变后，民主社会主义在亚非拉地区发展迅速，尤其是在非洲：20 世纪 90 年代之前，社会党国际仅有两个非洲成员党，即毛里求斯工党和塞内加尔社会党。截至 2008 年，共有 19 个非洲政党成为社会党国际的正式成员，另有 8 个咨询成员党和 4 个观察员党。这一发展态势与社会党国际的策略和理论调整有关，早在 20 世纪 70 年代后期，社会党国际就提出实行非欧化的目标，开始向亚非拉地区扩展势力并施加影响，于 1978 年设立了拉丁美洲和加勒比地区委员会，1981 年成立了"亚太地区社会党组织""非洲社会党联盟"。1977 年《东京宣言》声称，民主社会主义不仅适用于欧洲，而且也适用于亚非拉、太平洋地区和中东，"民主社会主义是国际性的"。苏东剧变后又宣称：民主社会主义是不同于资本主义，也不同于共产主义的"第三条道路"。可以看出，民主社会主义在其发展过程中，还是能比较敏锐地观察到时代的社会的变化，并根据这种变化不断地调整自己的路线、方针、政策。

发展中地区的民族社会主义是拉美一枝独秀。20 世纪末 21 世纪初，在反抗全球化、挽救拉丁美洲民族经济的过程中，拉美一些左翼执政的国家的领导人，相继举起社会主义的旗帜。自 20 世纪 90 年代中期以来，先后有 14 个国家是左翼上台执政，不过，2016 年之后拉美形势有所变化，出现了所谓"左退右进"。

总体上看，苏东剧变后各类型社会主义的发展是向好的。而且，在

① 柴尚金：《百年大变局中的世界社会主义》，《人民论坛·学术前沿》2019 年第 16 期。

当代，人们对从各自的历史传统、文化背景、生产力状况等来理解和接受社会主义给予了相当程度的宽容。但无论前面加了何种定语，关键词都应当是"社会主义"，就必然要遵循社会主义的基本价值和基本原则。这是基本的标准，而不是什么主义都可以称之为"社会主义"。那么，社会主义要遵循哪些基本原则，需要何种制度支撑？作为世界社会主义的引领性力量，中国特色社会主义已经就此给出了初步回答：我们逐步明晰了社会主义的本质，同时更深刻理解了社会主义的"现实基础"，最重要的是，我们找到了从既有现实基础出发去实现社会主义本质的有效手段和途径。

二、当代世界社会主义的基本图景

20 世纪将近百年的、以苏联为代表的社会主义国家的建设实践内容丰富，影响深远。可以说，社会主义思想和实践深刻地影响了 20 世纪人类社会发展的方向。但同时，也教训深刻。在一定意义上，苏东剧变实际上意味着苏联模式的社会主义实践在与资本主义的较量当中失败了，在资本主义全球化的过程中被"化"掉了。这一事件彻底改变了世界政治的版图，是社会主义必须面对的一个现实，也是形塑"当代世界"社会主义的起点和契机。

（一）"丰富"的历史遗产

根据联合国 1987 年的统计，15 个社会主义国家占世界总人口的33%，经济规模占全球的 8.9% 左右。社会主义不仅仅是对政治经济发展相对落后的国家产生了强大的吸引力，而且对资本主义国家的影响也是有目共睹的。1945 年 7 月，英国工党获得了大选胜利，工党政府立即实行了一系列国有化和社会改革的政策，把银行、煤炭、航空、铁路、邮政等八大领域收归国有。同时，工党政府还大力推行"福利国家"政策，奠定了今天英国福利国家的制度基础，并影响了战后欧洲各国。20世纪80年代中期，以法国共产党、意大利共产党和西班牙共产党为代表的欧洲共产主义，是西欧社会的重要政治力量。奉行社会主义的发展中国家在国内建设的各个方面也取得了一定的发展，尤其重要的是它们能比较公正地处理分配、教育、医疗等涉及社会不同群体利益关系的问题。总之，二战以后，一批社会主义国家的建设实践、以民主社会主义改良为基调的资本主义世界的自我调整，以及亚非拉国家民族社会主义的探索，都给20世纪人类社会的发展打上了深深的烙印。

与此同时，苏联模式社会主义实践中的封闭、教条主义等弊端也给社会主义事业和社会主义的声誉带来一定程度的损害。在冷战的时代背景下，社会主义独自发展是一种被动的选择。但在这个问题上，以苏联为首的社会主义阵营至少犯了两个错误：第一个错误，是在处理社会主义与资本主义的关系上，决绝反对资本主义的一切。"凡是敌人反对的，我们就要拥护，凡是敌人拥护的，我们就要反对。"毛泽东在1939年讲的这段话，曾经是我们的行为准则，也是共产国际的组织原则。但是，实践表明，资本主义是人类历史发展的一个文明阶段，它包含了近代以来的人类智慧，创造了社会主义必要的高度发达的物质前提，是社会主义生长和发展的文明基础。消除资本主义的弊端和丑恶是社会主义的历史任务，但绝不是消除资本主义所创造的一切文明成果。这实际上是抽掉了自身发展的基础。列宁早就说过："社会主义能否实现，就取决于我们把苏维埃政权和苏维埃管理组织同资本主义最新的进步的东西结合得好坏。"① 他明确提出，要利用资本主义建设社会主义。他还批评"左派共产主义者"那种所谓"不向资产阶级学习也能够实现社会

---

① 《列宁全集》第34卷，人民出版社2017年版，第170—171页。

主义"的观点，是"中非洲居民的心理"①。

第二个错误，是经济的自我封闭。苏联一直致力于建立独立于资本主义世界市场之外的一种经济体系，即斯大林的"两个平行市场"，一个是计划经济，一个是市场经济，二者在实力上具有平行地位，相互独立、相互对立、自成体系且各具特点。当时人们相信，似乎这样就可以突破国际垄断资本主义体制性的影响与制约，但结果只是把自己封闭起来了。在社会主义阵营内，虽然以经互会为纽带，建立了与资本主义并存的社会主义经济体系，然而这一体系却是构筑在"计划经济"的基础之上，因而无法使商品、资金、劳动力和技术等生产要素自由流动，无法实现资源的优化配置。且对于东欧地区的小国来说，还被迫成为社会主义苏联的附庸。最终社会主义国家不仅把自己搞僵化了，也没能抵御资本主义全球化的冲击。列宁认为，随着生产力和世界交往的普遍发展，资本主义国家不可避免地与社会主义国家发生经济联系。他指出："有一种力量胜过任何一个跟我们敌对的政府或阶级的愿望、意志和决定，这种力量就是世界共同的经济关系。正是这种关系迫使它们走上这条同我们往来的道路。"② 而作为落后的一方，"社会主义共和国不同世界发生联系是不能生存下去的"③。

回顾 20 世纪社会主义，其成就与教训都是宝贵的历史遗产，都将推动社会主义理论创新和实践探索。

（二）目前定位：仍处于重大转折期

当代世界社会主义的发展是与当今世界的现实状况紧密联系在一起的。正如习近平总书记所讲，当今世界正经历百年未有之大变局。世界

---

① 《列宁全集》第 34 卷，人民出版社 2017 年版，第 252 页。
② 《列宁全集》第 42 卷，人民出版社 2017 年版，第 343 页。
③ 《列宁全集》第 41 卷，人民出版社 2017 年版，第 167 页。

社会主义如何定位自身愈发是一个关乎其未来发展的重大问题。面对资本主义世界的剧烈动荡，当前世界社会主义运动的目标、策略、阶级力量配置等，都发生了深刻、全面的变化。从表象上说，大致有以下几个特点。

第一，社会主义思想和实践形式日益多元。或者说，社会主义力量开始"各美其美"。20世纪社会主义国家实践的很多重要特征已经不存在了，如没有了社会主义阵营，虽有新形式的联合，但基本是各干各的；没有了领导核心，即老子党；没有了固定的制度模式和思想理论上的教条，而是各自"摸着石头过河"。在思想来源方面，如西欧以社会民主党、社会党和工党为代表的欧洲中左翼政党，不仅在世纪之交提出了超越左与右的"第三条道路"，而且认为，民主社会主义的思想原则是自由主义的历史的逻辑延伸。再如朝鲜劳动党认为，朝鲜社会主义的内涵就是金日成的主体思想和金正日的先军思想，所以删除了党章、宪法中有关马列主义、共产主义的字句。在实践方面，由于对社会主义的认识不同，各种社会主义的实践形式和阶段性目标也是各具特点。如中国进行了以市场化为导向的改革。欧洲社会民主党进行了政策调整。

事实上，各种社会主义之间，目前还缺少具有普遍性的内容。主要原因可能在于，各种社会主义力量在对什么是社会主义以及怎样建设社会主义问题的认识上不太一致。有时，社会主义的概念在一定程度上，只是作为一种朦胧的未来而被用来反对现实中存在的不公正，还不具备指导实践的理论能力。如查韦斯多次声明，他不会使"21世纪社会主义"成为苏联式的社会主义。但是，21世纪社会主义将会成为什么样子，他始终没有做过比较清晰的描述。

第二，民粹主义崛起挤压社会主义运动空间。虽然金融危机充分暴露了资本主义内在矛盾，客观上为社会主义发展创造了有利的外部环境，但社会主义力量并没有抓住机遇实现逆势而上，民粹主义力量反而成为资本主义危机的"获利者"。作为当代国际政治格局变化的伴生品，民粹主义打着反精英、反体制旗帜，赢得众多民众支持，异军突起，将在或已经在欧美和许多发展中国家常态化，同左翼争夺支持者的趋势非常明显。我们可以看到，随着民粹政党崛起，社会主义及左翼力量的生存空间、政策空间和民众基础已经被挤压了。比如，传统劳工阶层在现实压力和民粹主义蛊惑下，已不再是社会主义力量"天然"的社会基础。

第三，中国成为世界社会主义运动的焦点。中国社会主义改革开放取得的伟大成就、中国特色社会主义制度优越性的成功彰显，充分验证了邓小平的论断："讲社会主义，首先就要使生产力发展，这是主要的。只有这样，才能表明社会主义的优越性。"①

苏东剧变之初，当时在我国学术界对世界社会主义运动形势的判断大致有三种观点：失败论、低潮论、转折论。近年来，国内学界又有若干新提法，如"21世纪是世界社会主义复兴的世纪"②"当前世界社会主义正进入谋求振兴期"③"社会主义及左翼力量仍未走出低潮"④"世界社会主义发展迎来了有利的发展窗口期"⑤"21世纪世界社会主义在变革发展中走向振兴"⑥，等等。这些提法都各有依据。我们判断，当今世界"资强社弱"基本格局未变，西方资本主义国家科技实力和经济实力依然强大，并牢牢掌握国际话语权，它们也丝毫未放松对世界社

① 《邓小平文选》第二卷，人民出版社1994年版，第314页。
② 吕薇洲：《21世纪是世界社会主义复兴的世纪》，《中国社会科学报》2017年3月14日。
③ 姜辉：《当前世界社会主义正进入谋求振兴期》，《人民论坛》2016年第9期。
④ 邹国煜、孙豫宁：《国外社会主义及左翼现状与未来选择》，《当代世界》2017年第1期。
⑤ 柴尚金：《百年大变局中的世界社会主义》，《人民论坛·学术前沿》2019年第16期。
⑥ 姜辉：《21世纪世界社会主义在变革发展中走向振兴》，《中国党政干部论坛》2020年第9期。

会主义的压力和攻势。总体上，苏东剧变以来世界社会主义的发展仍然呈现复苏与衰退共存的鲜明阶段性特征：一方面，不断出现的新实践、新亮点，孕育着新的力量增长点；另一方面，整体上的弱势地位，又决定了其需要继续探寻摆脱困境的新方向。基于此，我们认为，当代世界社会主义仍处于重大转折期，挑战与机遇并存。

（三）成就与困难交织的现实图景

1. 社会主义国家

苏东剧变后，越南、朝鲜、老挝、古巴的执政党顶住冲击，坚持社会主义道路，继续推进政策调整和经济革新进程，探索适合本国国情的社会主义发展道路。同时，积极应对外部挑战，为国内政治社会稳定发展争取良好的国际环境。进入新世纪以来，各国的社会主义事业都取得了不同程度的进展。

1986 年 12 月，越南共产党召开六大，开启了越南革新进程。经过 30 多年的革新开放，越南摆脱了贫穷落后面貌，经济和民生问题都有很大改善，2007 年 1 月，越南正式加入世界贸易组织。越南经济连续十多年保持 7% 以上的增长，2017 年国内生产总值 2206 亿美元，人均 GDP 翻番，达到 2385 美元，一跃成为中等收入的发展中国家。在世界经济形势总体复杂多变的情况下，2018 年越南经济增长 7.08%、2019 年增长 7.02%，跻身世界经济增速最快国家行列。2019 年 2 月 19 日，越南政府总理阮春福在视察计划投资部时提出经济社会发展"两个一百年"的愿景目标：第一步，到 2030 年建党 100 年时，越南进入中等收入高水平国家行列，成为"创新型社会、公平的社会、民主文明的社会"；第二步，到 2045 年建国 100 年时，越南建成为一个"繁荣的发达国家"。[①]

---

① 潘金娥等：《百年未有之大变局背景下国际共产主义运动的新机遇——2019—2020 年国际共产主义运动发展报告》，《世界社会主义研究》2020 年第 6 期。

2016 年 5 月，朝鲜劳动党召开七大，提出了"2016—2020 年国家发展五年战略"，核心任务是发展经济，从根本上改善人民生活。值得一提的是，2019 年 4 月劳动党还修订通过了新宪法，一个明显变化就是删除了诸多关于"先军政治"的内容，这符合其以经济建设为中心的战略转变。从具体实践看，实际上进入 21 世纪后，朝鲜就在计划经济框架内逐步进行了一些经济政策调整，如对部分企业实行"社会主义企业责任管理制"，扩大独立核算及经营上的自主权，以增强企业生产积极性；农业领域继续推行"责任田制"，农民可单独或以生产小组方式进行承包经营；进一步放松对农贸市场的限制，个体经商蔚然成风，农贸市场交易活跃。同时，设立自由经济贸易区和工业园区，积极寻求对外合作机会，借外力发展经济。此外，为缓和朝鲜半岛紧张形势，近年来朝鲜积极谋求改善同美国的关系，2018 年 6 月在新加坡，朝鲜与美国实现了历史上第一次首脑会晤，2019 年 2 月，金正恩赴越南出席第二次美朝首脑会晤，就美朝关系进行建设性对话。不过，虽然朝鲜内外政策有所调整，但美国仍不放松对朝制裁，朝鲜所处国际环境依然严峻，国内经济建设仍存在诸多困难。

1986 年老挝人民党四大提出革新开放，1991 年五大正式实施。近30 年来，老挝积极推进城市和企业改革，逐步革新农村和农业经营模式，粮食基本实现自足有余。成为东盟成员国后，老挝同周边国家及世界其他国家和地区的贸易往来日益增多。近年，老挝经济年均增长 7%以上。2019 年全年，经济仍增长 6.4%，人均 GDP 达到 2620 美元，减贫工作取得积极成效。在 2016 年 1 月召开的十大上，老挝人民党总结了老挝革新开放以来取得的七条成功经验，其中第一条是"坚持党的有原则的全面革新路线并创造性地运用和发展马克思列宁主义、凯山思想"，这是老挝人民党第一次系统地提出凯山·丰威汉思想，并将其写入党章与马列主义一起作为党的思想和理论基础、组织与行动指南。这表明，老挝在探索本国特色社会主义道路和理论上已有一定进展。

2011 年古共六大后，古巴加快了经济社会模式更新步伐，启动国有企业改革，兴建经济开发区，出台了各种吸引外国投资和外国游客的优惠政策。2016 年古共七大引入"中小私营企业"概念，强调"能者多劳，多劳多得"分配原则，对古巴过去经济模式更新和社会主义经济建设进行了理论总结，首次提出了古巴社会经济发展模式理论。古共七大重申要坚持社会主义道路，将古巴建成一个主权、独立、民主、繁荣、可持续的社会主义国家。古共七大后，古巴个体经济发展迅速，截至 2016 年底，古巴共有 53.5 万名个体从业者，占古巴劳动人口总数的 10%左右，个体经济已成为古经济社会生活中不可或缺的重要组成部分。近年来，古巴经济社会模式更新进展缓慢，未能完成预期目标。从国际看，美国对古巴封锁制裁是首要原因。从国内看，古巴长期实行计划经济，导致许多官员和群众存在等、靠、要的依赖思想，要真正实现解放思想、转变观念还比较难。

2. 苏东地区

"苏东地区"是一个特殊的存在：既拥有深厚的共产主义传统，也有着因深刻感受而来的对现实社会主义的厌恶与唾弃。这使得这一地区的左翼运动与社会主义思潮带有自己鲜明的特点，既不同于它今日的榜样——社会主义的发源地却没有实行过社会主义制度的西欧，也不同于它昔日的兄弟——其他没有转型仍然实行社会主义制度的国家。苏东剧变后，"苏东地区"这一带有强烈意识形态色彩的地缘政治概念本身已失去了意义。原来的苏联与东欧 8 国裂变为 28 个国家，这是拥有不同语言和不同文化传统的 28 个"个体"。原先在"苏东"一体隐藏下的社会主义个性化特征也清晰地显现出来。

在剧变初期非理性的反共狂潮中，苏东地区的社会主义力量均受到排挤、打压。但在现行政体框架基本搭建起来之后，依托多党原则的政党制度，社会主义力量显示了强大的适应性，并表现出鲜明的多层化和多样化，以不同以往的样貌延续下来——这意味他们要遵守新的政治游戏规则、在现行政治体制内活动以及在没有权力垄断的情况下与其他政治力量展开竞争。目前，经过 30 年的发展变化以及选举政治大浪淘沙式的磨炼，一些左翼政党被淘汰，一些保留下来，还有一些新成员不断出现。现在，苏东地区在社会主义旗帜下的力量可分为两大类，共产党类型的政党和社会党类型的政党，它们基本都有了自己相对稳定的位置和相应的影响力。

从力量的地区分布来看，自剧变以来形成的共产党组织"东强西弱"、社会党组织"西强东弱"的格局并未改变。大致上，苏联地区共产党组织的发展势头较东欧地区强，在前一地区共产党大多是社会主义力量的主体（波罗的海沿岸三国除外），而在后一地区，只有捷摩共具有一定的影响力。但总的来说，作为资本主义社会中一种较为激进的政治力量，以及背负有历史的包袱、共产党类型的政党在这些地区基本都不太受欢迎。而民主社会主义本来就在原东欧地区拥有较为深厚的思想和社会基础，早在一百多年前这里就出现过社会党类型的组织。基本上，原东欧地区的原共产党组织大多改名为社会民主主义政党。目前，社会民主主义政党在原东欧各国大都有了可以与右翼等政治力量相抗衡的实力，在国内也基本形成了左右翼轮流执政的局面。而在苏联地区，社会民主党的影响力很弱。

除上述两大类社会主义力量，在苏东地区还有些政治力量可以算在左翼阵营之中，可称之为"第三类"力量，如工联主义者和左派农民党等。实际上，这基本是一些民粹主义势力。

从理论建设上看，由于绝大多数左翼政党基本都把自己定位为选举党，这样，其理论的政治理想主义色彩必然减少。大致上，左翼政党的意识形态色彩以及原有的反体制特征都在逐步减弱。这一点在一些以执政为目标的社会民主党身上有非常明显的反映。因此，相较于组织建设，苏东地区的左翼力量在思想理论上的建树就要逊色一些，从意识形态的表达到纲领的阐述基本都没有形成严密、完整的理论体系。不过，由于每个左翼政党都要在竞争中获得自己的空间，因此其纲领建设倒也呈现出一片多元化的热闹景象。

需要说明的是，在苏东地区，虽然左翼政党有了相对稳定的位置，但"左翼"还远不能作为一个整体发挥政治作用。左翼力量之间的矛盾并不比左右翼之间的差异小——这其中既有政治意识的分歧，亦有权力斗争的因素，还有一些历史纠葛。作为原东欧地区社会主义力量的主体，社会民主党很少与共产党合作，如在捷克，捷克和摩拉维亚共产党（简称"捷摩共"，该党是原东欧地区国家中唯一坚持不更改名称并在本国政坛保持一定影响力的共产党）在捷克独立后的历届选举中虽然保持10%—20%的稳定支持率，但是从没有机会进入执政联盟——因为其他政党拒绝与其合作。像捷克社会民主党，甚至在1995年党代会的决议上列入了"禁止与捷摩共进行政治合作"的内容，在2006年党代会的决议上又承诺"不与捷摩共组成执政联盟"，其领导人一直公开表示，该党不会与捷摩共联合执政。当然，近年来，出于选举政治的考量，左翼力量也尝试联合。

3. 发达国家

苏东剧变以来，各发达国家左翼力量为适应国内外形势变化而不断进行了理论革新和战略调整，不仅积极参加本国中央和地方议会选举，还积极加强与他国左翼力量的沟通、协作与联合。

发达国家左翼力量的构成极为复杂，虽然统称左翼，但在政治光谱中是有区别的。以欧洲为例，大致可分为中左翼、激进左翼和极端左翼。作为欧洲左翼的主流政党代表，社会民主党（包括社会民主党、社会党、工党）是欧洲左翼中的稳定执政力量，它们也以执政为主要目标。国际金融危机爆发以来，社会民主党历经磨难，一度表现出明显的政治下滑趋势。2018 年，在 28 个欧盟成员国中，只有西班牙是中左翼政党执掌政权。不容否认，欧洲社会民主党依然拥有强大的选举能力，但其未来的政治前景并不乐观。20 世纪 90 年代欧洲各国社会民主党普遍对自己的传统政治战略和政策进行了调整，以英国工党和德国社会民主党为代表的"第三条道路"是其典型表现。政治战略上的中间化和政策手段方面对市场的灵活态度是这一转型的主要特征。但这种转型同时也蕴含了一种长期的政治风险：中间化导致社会民主党疏远了作为其传统稳定支持力量的传统工人阶级。"中间道路"难以为继。

进入 21 世纪后，尤其是在国际金融危机蔓延到欧洲后，当主流政党纷纷因应对危机乏力而陷入政治困境之时，激进左翼进入了一个活跃时期。欧洲激进左翼主要由三种力量构成：一些对资本主义态度相对温和的共产党或由其演变而来的政党，从一些传统社会民主主义力量中分化出来的左翼政党，以及随新社会运动发展起来的新的激进团体。作为欧洲政坛的一个跨国联合政体，欧洲左翼党现有 27 个正式成员党，8 个观察员党和 3 个伙伴党，在欧洲议会拥有 51 个议席，为欧洲议会第六大党团。目前，欧洲左翼党中有一定影响的共产党主要是西班牙、葡萄牙、希腊、法国等国的共产党。激进左翼可以看作是传统的欧洲共产主义的一种转型，它对资本主义的批判比社民党更激烈，但并不主张以暴力革命推翻资本主义制度，而是在资本主义框架内实行改良。不过，激进左翼在政治上活跃只是相对的，由于不能提供有效的替代性政策，所以很快被边缘化了。

在欧洲，极左翼力量本身的构成也很复杂，包括了一些依然持传统革命立场的共产党、依然强调战斗性的托派组织和毛派组织，以及一些无政府主义和工团主义组织。这类力量的共同特征是以激烈对抗的态度（包括主张诉诸革命手段）反对资本主义，主张消除社会的不平等。总体而言，这类组织对现实政治的影响力有限。

近年来，欧洲出现了一批具有民粹主义色彩的新兴左翼政党，包括希腊的"激进左翼联盟"、西班牙的"我们能"党和意大利的"五星运动"党等。与传统中左翼、激进左翼政党不同，欧洲新兴左翼政党没有成体系的政治纲领，组织结构高度分散，主要通过互联网社交媒体组织活动。但是，这些具有民粹主义色彩的新左翼政党却给欧洲政治格局造成了很大冲击。它与传统左翼的最大区别是阶级基础由"工人阶级"转化为欧债危机背景下的"愤怒者"，包括中低收入者、失业者和青年学生等，不少人受教育程度很高。欧洲新兴左翼政党大都利用互联网社交媒体采取平行组织的形式，这与传统政党的科层制结构完全不同，显得更加民主、开放、灵活，因此吸引了大批民众支持。但是，新兴左翼的缺陷也是显而易见的，它们普遍缺乏治国理政的经验，很多诉求不切合实际，对欧洲政治的解构能力远远强于建构能力。

欧洲之外，在发达国家，值得特别关注的还有日本共产党，以及美国的社会主义。日本共产党是目前发达资本主义国家中党员人数最多、发展最好的共产党组织之一，也是日本国会中最古老的政党、日本最大的左翼政党。因日共的政治主张不为日本主流大众及政治立场迥异政党赞同，一直被孤立，往往在国会中的朝野政治协商时被排除在外。近年日共积极转型，吸引了许多年轻人入党，在近年多次选举中得以扩大党势。

2015 年末美国总统初选以来，美国社会出现了一个引人注目的现象。因民主党竞选人伯尼·桑德斯在党内选举中倡导的"民主社会主义"和"政治革命"论而引发热议。桑德斯来自人口很少的佛蒙特州，实际上是一位 75 岁的老人，长期以独立身份参与政治活动，只是在总统初选前才投入民主党阵营参与竞选。人们以为他不会获得什么支持，但最终他赢得了大约 1300 万人的选票，也由此卷起美国有史以来最大的所谓"社会主义"政治旋风。事实上，美国近年这种朝向社会主义的趋势并非由桑德斯的竞选所引爆，它已经在那里。真正将美国人推向社会主义的动力是金融危机以及由此而带来的美国资本主义的失败。

另外，值得关注的还有发达国家的新社会运动。新社会运动是20世纪60年代以来新自由主义思潮扩张的产物。2008年国际金融危机爆发后，发达国家新社会运动表现出有别于以往社会运动发展的新趋势。从"愤怒者"运动、"占领华尔街"运动到"黑夜站立"运动，等等，新一轮群众性反抗运动此起彼伏，其基本诉求是捍卫民众基本权利、呼吁进行政治变革。在一定程度上，新社会运动已经成为发达国家内部社会主义因素的现实表现，并在发展前景上展现出较为显著的社会主义倾向。在这个意义上可以说，新社会运动已经成为一支推动和促进资本主义制度变革的重要社会力量。

发达国家不仅有形式多样的社会主义运动，也有对社会主义理论的各种思考，甚至提出了一些具有前瞻性的社会主义设想。发达国家的左翼学者们已经在信息革命的基础上着手勾画出社会主义3.0的方案。德国左翼党理论家米夏埃尔·布里就提出，苏联的解体是可被称为3.0的社会主义的诞生时刻。社会主义3.0代表了一种新文明的产生——可称之为和谐文明：保持现代资本主义的成果，同时使人与自然的关系，人与社会的关系达到新平衡。[①] 有些学者确信，信息技术革命为21世纪的社会主义的未来准备了基本要素，他们提出了信息社会主义、数字共产主义、数字社会主义等理论设想。这些对社会主义理论创新都是颇有启发的。

4. 发展中地区

长期以来，在发展中地区存在两类社会主义力量：共产党和民族主

---

① ［德］米夏埃尔·布里：《社会主义的第三次浪潮——一位欧洲学者的观点》，《科学社会主义》2016年第1期。

义政党，而后者构成了 20 世纪发展中国家民族社会主义的绝对主体。苏东剧变前，信奉民族社会主义的执政党多数已经放弃或转型了。其余国家在苏东剧变后基本都迅速进行和完成了所谓民主化转变，纷纷修改宪法，取消一党制，并删除了原宪法中与社会主义有关的全部内容。在这个意义上可以说，苏东剧变对发展中国家社会主义有打击，但不是特别大。因为对于民族主义政党来说，社会主义本身也不是目标，民族利益才是。但失落是有的，非洲一些追随苏联的国家，同时失去了精神和物质支柱。

20 世纪 90 年代中期以来在拉美上台执政的左翼大多没有党派背景，可称之为新一代个人魅力型社会主义倡导者，诸如查韦斯、莫拉莱斯等等。2005 年初，委内瑞拉总统查韦斯在巴西举行的世界社会论坛上明确提出，要建设"21 世纪的社会主义"——有别于苏联和东欧国家的、有委内瑞拉特色的社会主义。这可以看作是新世纪版的"发展中国家的民族社会主义"。2006 年 1 月 22 日，玻利维亚总统莫拉莱斯在就职当天宣布："要在玻利维亚建设循序渐进式的'印第安社会主义'。"随后，拉美一度掀起了左翼力量上台执政的"粉色浪潮"。实际上，自从 1999 年查韦斯首次执政起，委内瑞拉就一直在进行着与"社会主义"相关的一些努力，比如从 2001 年起，委政府开始着手没收闲置与非法占有的土地，然后分配给无地农民，以求达到查韦斯竞选时所提出的"耕者有其田"的目标。随着查韦斯的连任，委内瑞拉的社会主义进程也开始进入一些关键性领域。但自 2013 年查韦斯去世后，委内瑞拉国内政局时有动荡，不确定因素增多。且自 2015 年下半年以来，拉美左翼政权相继陨落。应当说，拉美左翼在社会主义理论发展方面有一些颇具创新性的想法，他们试图探索通往社会主义的"21 世纪模式"。但就现实而言，所谓"21 世纪社会主义"在很大程度上体现执政者个人的政治理念，没有得到足够广泛的社会认同，由于左派政府都是选举政治的产物，一旦发生朝野轮替，这一进程很可能发生逆转，从而出现"人走政息"的结果。事实上，查韦斯的 10 年执政让他在委国内得到了两个极端的评价：来自社会中下层的民众赞誉他为"勇敢的改革者"；同时，利益受损者和知识分子则指责他是一个"彻底的独裁者"。作为具有高度个人魅力的政治领袖，查韦斯可以大刀阔斧地推行他的社会主义，但其继任者马杜罗就逊色得多，委内瑞拉的局势因而动荡不已。可以看出，"21 世纪社会主义"就本质及基本主张而言，基本属于民主社会主义范畴，在一定程度上迎合了选举政治中的大众诉求，表现出其政治立场的模棱两可和社会改造方案的空想性，其理论体系、道路探索和制度建设还远未成熟。从具体实践看，以"21 世纪社会主义"为指导的改革实质上仍然在走一条中间道路，难以突破现行体制框架或既有的游戏规则。

在某种意义上，苏东剧变后的情形对发展中国家的共产党来说是利好消息：苏东剧变给各国共产党组织提供了一次解放思想的机会。剧变后，广大发展中国家的共产党在较短时间内摆脱了苏共的影响，适时进行了总结和反思，开始了独立自主的探索。南亚是共产党和左翼政党比较活跃的地区之一。尼共（联）同尼共（毛）于 2018 年 5 月合并成立尼泊尔共产党，成为尼泊尔执政党。印共（马）党员人数目前已突破100 万，是世界上党员人数最多的非执政共产党。有着近百年历史的南非共产党近年来党员人数迅速增加，由 10 年前的几万人增加到迄今28.5 万人，在非国大领导机构和南非各级政府中任职的南非共党员人数增多。拉美现有 20 多个共产党，巴西、智利、委内瑞拉、厄瓜多尔、秘鲁等国共产党稳定发展，均是本国政坛中的一支重要力量。

比较独特的是尼泊尔共产党。尼共成立于 1949 年，随尼泊尔的政局变化经历了一段曲折的发展历程，自身也多次发生分裂。由于在斗争策略和道路上的分歧，尼共后来形成主张议会和平道路的尼共（联合马列）和主张暴力武装斗争的尼共（毛主义中心）两大力量。但两派殊途同归，2018 年 5 月，尼共（联）同尼共（毛）合并成立尼泊尔共产党，并在大选中获胜，成为尼泊尔执政党。可以说，尼共成功地走出了一条武装斗争与议会斗争相结合的新道路。

以上，我们大致描绘了当代世界社会主义的基本图景。事实上，在全球化背景下，不同类型、不同地区的各种社会主义并不是也不可能是孤立发展的。20 世纪末 21 世纪初以来，世界社会主义力量一直在努力探索社会主义国际团结合作的新形式。其中最主要的形式，是组织各种层面的交流与合作平台，如定期召开国际会议。现在已形成规模的有：1990 年由巴西劳工党发起的圣保罗论坛，该党在 2001 年又组织了世界社会论坛，与世界经济论坛分庭抗礼，旗帜鲜明地提出"另一个世界是可能的"；此外，还有 1998 年由希腊共产党发起的世界共产党工人党国际会议，迄今已召开了 21 次会议；2004 年由美国"社会主义学者大会"重组而来的"全球左翼论坛"召开，现在已经成为北美最重要的社会主义集会；2009 年，由中国社会科学院倡议发起了世界社会主义论坛，目前已成为全球马克思主义者深入交流的平台，同时也成为中国特色社会主义全面外宣的窗口；在欧洲，2011 年起召开欧洲共产党会议；2015 年由北京大学发起了世界马克思主义大会，目标是要打造一个世界级论坛，"以此汇聚世界各国顶尖的马克思主义理论研究者和社会主义运动实践者，共同探讨人类文明发展中的重大问题，推动中国的进步和世界文明的发展"。

新型国际团结形式具有一些新的特征，如国际会议的基本原则是去中心性与平等性，即采取较为松散的组织形式，没有会议纲领和章程，不设领导中心，各党独立自主、互不干涉、相互尊重、平等协商、团结互助。

除了会议，在一体化程度很高的欧洲，社会主义力量还有组织平台。2004 年 5 月 8—9 日，来自欧洲部分国家的 15 个共产党和左翼政党在罗马宣布成立欧洲左翼党，试图整合国内乃至整个欧洲的左翼政党和组织，主张在政治上建立"另一个欧洲"，即民主的、福利的、生态主义的、女权主义的、和平的欧洲。

三、当代世界社会主义的发展趋向

总体上看，当代世界社会主义实践发展中呈现出较为明显的不平衡性和不稳定性。现实社会主义国家以外的各国共产党大多依然处于边缘地位，其他左翼力量也大多处于积聚力量、等待时机逆境突围的阶段。但同时，当代世界社会主义理论实践上的探索性也表现得极为鲜明。目前许多社会主义力量都认识到，社会主义面临的最大挑战是内部，即现实社会主义成熟和发展的不足。为此，必须创造性地对时代特征、当代资本主义发展阶段、实现社会主义的方式路径等一系列基本问题做出有说服力的回答，进而在此基础上，进行深刻的观念革新、理论突破和策略调整。各种社会主义力量在今后相当长一段时期内的首要任务就是积蓄力量、凝聚民心、扩大政治影响，从而为实现世界社会主义新发展打下坚实基础。

新的探索正展现出 21 世纪世界社会主义发展的一些新趋势，这包括：

第一，新一轮科技革命正成为社会主义发展的重要动力。马克思主义揭示的社会发展规律表明：生产力与生产关系的矛盾运动将推动人类走向共产主义，生产力水平将对此发挥决定性作用。在当代，科学技术成为第一生产力；科学技术在多大程度上主导了生产力，也就在多大程度上影响着社会主义。当代科技革命已经在新的规模和程度上展示了生产力发展的态势，这将极大改变人类的生产方式和生活方式。正如习近平总书记所指出的:"当前,世界正处在新科技革命和产业革命的交汇点上。科学技术在广泛交叉和深度融合中不断创新,特别是以信息、生命、纳米、材料等科技为基础的系统集成创新,以前所未有的力量驱动着经济社会发展"。① 事实上,马克思主义一开始就是与科技革命联系在一起的。而未来社会主义的发展,只能越来越依靠科技进步的支撑。目前,中国改革正在吸纳当代科技革命的成果,做好了迎接新一轮科技产业革命高潮的充分准备。

第二,全球化将成为世界社会主义的历史舞台。社会主义与资本主义就像一枚硬币的两面。随着资本主义的世界性扩张,社会主义也走出了欧洲,走向世界。资本主义的全球化最初始于它工业化基础上的全球贸易,以殖民地体系为表现形式。后来,在社会主义以及民族民主运动的冲击下,殖民地体系瓦解;资本主义被迫改变了全球扩张的模式。二战后,在信息革命的技术支持下、资本主义对世界范围内的生产方式进行了适应性调整。信息化基础上的全球生产以 WTO 为表现形式。20 世纪末以来,人类社会进入了全球化第三阶段,全世界的社会主义者应该既立足民族国家,又从全球视野去思考社会主义运动,深刻认识、准确把握全球化时代的社会发展趋势,创新社会主义理论和实践,共同推进世界社会主义运动。

第三,多样化将成为世界社会主义运动的常态形式,且这种态势将在未来的世界社会主义运动中更加突出地表现出来。正如列宁所言:"一切民族都将走向社会主义,这是不可避免的,但是一切民族的走法却不会完全一样,在民主的这种或那种形式上,在无产阶级专政的这种或那种形态上,在社会生活各方面的社会主义改造的速度上,每个民族

---

① 中共中央文献研究室编:《习近平关于科技创新论述摘编》,中央文献出版社 2016 年版,第 85 页。

都会有自己的特点。"① 目前社会主义实践形式的多样化也正越来越多地表现为民族或地域特点。比如，查韦斯主张的"21 世纪社会主义"中的"玻利瓦尔革命"因素，朝鲜金日成的"主体思想"，越南共产党的"胡志明思想"，欧洲民主社会主义中的基督教因素，等等。这些不同的社会主义思想内容，无一不是与本国的文化传统和民族精神相联系。

第四，社会主义目标越来越直接地与国家的现代化目标相联系。马克思曾经设想的社会主义，是建立在资本主义的一切肯定成就基础之上的。然而，领导伟大的世界运动的光荣落到了落后国家的身上。自经济文化比较落后的俄国成为人类历史上第一个社会主义国家之后，在世界社会主义运动的范围内，除了欧洲的民主社会主义，其他的社会主义运动无一例外都出现在经济文化比较落后甚至非常落后的国家和地区。也因此，世界社会主义运动的一个核心内容，始终就是能够比资本主义更快更好地发展生产力，实现现代化进而体现出社会主义的优越性。社会主义中国的改革成就，使得"社会主义现代化"成为强有力的模式。如果中国的社会主义现代化在 21 世纪中叶得以实现，那么改变的不仅是世界现代化的图景，更是世界社会主义的图景，全球范围内的资本主义与社会主义的力量对比有可能发生历史性逆转。当然，现代化也包括人的现代化和社会政治发展的现代化，但经济发展的现代化显然是发展中国家的重要内容。

第五，人与自然和谐共生将是社会主义的重要特征。从 16 世纪开始的空想社会主义到 19 世纪中期的马克思主义经典社会主义理论，再到 20 世纪苏联模式的社会主义实践，都是围绕着人类社会内部的矛盾斗争。但是，随着工业化现代化的进程，资本主义生产方式的危机从

---

① 《列宁全集》第28卷，人民出版社1990年版，第163页。

"经济"发展到"生态","人类只有一个地球"已经成为世界人民的共识。人类社会的可持续发展成为世界各民族人民的共同任务。因此，解决好人与自然的关系是关乎人类命运的大事，已经成为社会主义的题中应有之义和重要特征。本质上，"生态文明"的意识形态基础是社会主义，因为它的利益诉求不是为少数资本集团，而是覆盖全人类的根本利益。因此，生态问题具有超越种族、民族、文化、国家的性质，具有最大的人类共性。中国共产党已经规划了"美丽中国"建设蓝图，就是：到21世纪中叶，物质文明、政治文明、精神文明、社会文明、生态文明全面提升，绿色发展方式和生活方式全面形成，人与自然和谐共生，生态环境领域国家治理体系和治理能力现代化全面实现，建成美丽中国。

第六，中国特色社会主义正成为世界社会主义运动的重要推动力量。习近平总书记曾总结说："科学社会主义在中国的成功，对马克思主义、科学社会主义的意义，对世界社会主义的意义，是十分重大的。"[①] 当今世界正经历百年未有之大变局，世界多极化、经济全球化深入发展，社会信息化、文化多样化持续推进，而与此同时，西方治理理念、体系和模式日益暴露出与新的国际格局和时代潮流的矛盾，不稳定性、不确定性突出。在这一复杂多变的局势下，中国特色社会主义在破解当前诸多全球性问题时显示了社会主义的优越性，鼓舞了世界社会主义力量。在一些左翼政党看来，"共产主义的幽灵"之所以至今仍在欧洲和世界游荡，在很大程度上恰恰得益于以中国为代表的社会主义实践。中国特色社会主义的成功极大地激励和鼓舞了各国共产党人为社会主义奋斗的信心，在抵御国际资本主义的进攻中发挥了重要作用。正如民主德国总理汉斯·莫德罗所说："我们今天谈论世界社会主义，不能指望一种放之四海而皆准的模式。然而，在探索社会主义前景的答案

---

① 《习近平谈治国理政》第三卷，外文出版社2020年版，第70页。

时，中国特色社会主义却是新时代的一个重要楷模。"① 可以说，中国特色社会主义为世界各国探索社会主义提供了一种道路选择，为解决人类问题贡献了中国智慧和中国方案。

迄今为止，社会主义走过了 500 年，社会主义的理想已经被广泛接受，但社会主义的最终实现还需要世界所有社会主义力量的共同努力。诚如习近平总书记所说："资本主义最终消亡、社会主义最终胜利，必然是一个很长的历史过程。我们要深刻认识资本主义社会的自我调节能力，充分估计到西方发达国家在经济科技军事方面长期占据优势的客观现实，认真做好两种社会制度长期合作和斗争的各方面准备。在相当长时期内，初级阶段的社会主义还必须同生产力更发达的资本主义长期合作和斗争，还必须认真学习和借鉴资本主义创造的有益文明成果，甚至必须面对被人们用西方发达国家的长处来比较我国社会主义发展中的不足并加以指责的现实。我们必须有很强大的战略定力，坚决抵制抛弃社会主义的各种错误主张，自觉纠正超越阶段的错误观念。最重要的，还是要集中精力办好自己的事情，不断壮大我们的综合国力，不断改善我们人民的生活，不断建设对资本主义具有优越性的社会主义，不断为我们赢得主动、赢得优势、赢得未来打下更加坚实的基础。"②

---

① ［德］汉斯·莫德罗：《新中国 70 年与世界社会主义》，《世界社会主义研究》2019 年第 12 期。

② 中共中央文献研究室编：《十八大以来重要文献选编》（上），中央文献出版社 2014 年版，第 117 页。

后　记

本书分十二讲，对社会主义 500 多年发展进程中的若干重大问题作了扼要梳理讲解，可作为开展"四史"教育、学习社会主义发展史的辅助性读本。

各讲作者皆为中央党校（国家行政学院）相关领域的专家学者，具体分工如下：序言、第九讲，曹普教授；第一讲，郭强教授；第二讲，张源副教授；第三讲，李志勇教授；第四讲，何海根副教授；第五讲，徐浩然教授；第六讲，郇雷副教授；第七讲，赵宏副教授；第八讲，李拓教授；第十讲，孟鑫教授；第十一讲，沈传亮教授；第十二讲，朱可辛教授。

书中错讹之处在所难免，敬请读者批评指正。

曹　普

2021 年 2 月